TUBERKULOSE
Geschichte einer Krankheit

Jürgen Voigt

Tuberkulose
Geschichte einer Krankheit

Mit einem Vorwort von
Professor Dr. Rudolf Ferlinz

vgs

Die Deutsche Bibliothek — CIP-Einheitsaufnahme

Voigt, Jürgen:
Tuberkulose: Geschichte einer Krankheit / von Jürgen Voigt.
Mit einem Vorw. von R. Ferlinz. – Köln: vgs, 1994
ISBN 3-8025-1284-7

Umschlaggestaltung: Papen Werbeagentur, Köln
Lektorat: Susanne Breuer
Produktion: Wolfgang Arntz
Satz: Lichtsatz Groß, Euskirchen-Wüschheim
Druck und Bindung: Mohndruck, Gütersloh
Printed in Germany
ISBN 3-8025-1284-7

Inhalt

Was ist Tuberkulose?

Eine tückische, schleichende Krankheit,
die ihre Opfer – Arme und Reiche –
langsam und qualvoll tötet.
Sie wird weitergereicht von Mensch
zu Mensch, heimlich im verborgenen
und überfällt mit Vorliebe junge,
unerfahrene oder durch andere
Leiden geschwächte Organismen.
Immer wieder entzieht der Erreger sich
dem Zugriff menschlicher Forschung.
Tb läßt keine Epidemien ausbrechen wie
Pest und Cholera – sie ist eine Seuche
und überzieht die Erde wie Ausschlag.
Sie ist eine alte Krankheit und
hat die Menschheitsgeschichte mit-
geschrieben von Anbeginn. Und sie trägt
viele Namen: Schwindsucht, Auszehrung,
Lungensucht, Phthisis, Weiße Pest.
Wir glauben sie zu kennen, doch sie
ist voller Rätsel und Geheimnis.
Wird weiter der alten Rolle gerecht:
zu töten, ohne Unterschied.

Jürgen Voigt

Vorwort

Die Tuberkulose gehört sicherlich zu den faszinierendsten Phänomenen, die die Geschichte der Menschheit begleiteten und bis heute begleiten. Sie war, wie keine andere Krankheit, seit der jungen Steinzeit in der alten Welt und, wie wir heute dank moderner gentechnologischer Verfahren wissen, auch schon im präkolumbianischen Amerika verbreitet. Sie war immer eine Krankheit, die in Phasen des Umbruchs zu epidemieartigen Höhepunkten ausbrach. Sie war immer eine Krankheit der sozial schlechter gestellten Menschen und derjenigen, die sich im Leben nicht mehr zurechtfinden. Not in Krieg und Frieden, Hunger, Zusammenleben auf engem Raum, Landflucht, aber auch Alkohol, Leben ohne festen Wohnsitz und ohne „Nestwärme" sind ihr Nährboden. Ihr gehäuftes Auftreten markiert meist auch die Umbruchphasen der Menschheit. So hat jede Periode der Kulturgeschichte auch ihre Tuberkuloseepidemie von den ersten Stadtkulturen im alten Ägypten bis heute, wo in den sogenannten Entwicklungsländern ein kultureller Umbruch eingesetzt hat, dessen Endergebnisse wir wohl noch nicht absehen können.

AIDS ist ein moderner, neuer Teilaspekt dieses Ablaufes, aber weltweit gesehen ein eher marginales Phänomen.

Wie bei jeder echten Infektionskrankheit können natürlich auch sozial gutgestellte Menschen von der Tuberkulose betroffen werden. Bei tuberkulosekranken schöpferischen Personen findet man sehr oft eine rastlose Besessenheit, immer Neues zu schaffen. Wir wissen bis heute nicht, warum das so ist.

Jürgen Voigt wurde von diesem eigenartigen kulturellen Phänomen Tuberkulose so gefesselt, daß er darüber das vorliegende Buch schrieb. Ein Buch, zu dem die geradezu leidenschaftliche Verfallenheit zu dem Kulturphänomen Tuberkulose ebenso Pate stand wie eine ins kleinste Detail gehende Quellensuche und nicht zuletzt die Liebe eines begabten Journalisten zu seinem Thema. So entstand ein sehr subjektives Buch, das eine durchaus emotionelle Sicht mit akribisch zusammengetragenem Detailwissen verbindet, ein Buch, das man voll Spannung in einem Zug von Anfang bis Ende liest und das gleichzeitig eine Fundgrube von Daten zu dem Thema darstellt. Es wäre schön, wenn es in der deutschen Literatur mehr solche Schriften gäbe, auch zu anderen Themen.

Ich wünsche diesem Werk zum besseren Verständnis unser selbst, aber auch unserer Umwelt, die uns prägt und die wir prägen, eine weite Verbreitung.

Mainz, April 1994

Rudolf Ferlinz

Bill

Immer samstagmorgens geht Bill den weiten Weg zum Times Square, wo das Feuer der Reklamen zum Himmel schießt und die CDs jaulen und rumsen den letzten Hit für die tauben Ohren der Teenies, die da zu MacDonald's latschen und kreischen, als ob jemand sie kitzelt. Aber irgendwie ist hier das, was Bill Leben nennt, und er fühlt es pulsieren in den steifen Gliedern, die weh tun am frühen Morgen von der klammen Pappe neben der Tonne in der Lower Eastside, wo das Leben ihm aus dem Leibe rinnt, Nacht für Nacht, bis nichts mehr da ist, womit Bill Luft holen kann. Eben achtzehn geworden und schon am Ende, Bill weiß das. Hat kaum hingehört, als der Doc was sagte von Tb und Pillen schlucken. Deshalb steht er am Times Square und schluckt lieber das Leben in sich hinein, damit er vielleicht doch noch einen Monat hat oder zwei. Zum Da-Sein, zum Klauen: Wieso rennt der Typ mit der braunen Tasche? Wegreißen, abhauen. So schnell ist Bill noch, auch wenn er teuflisch schwitzt beim Rennen und keucht und die Brust sich anfühlt wie ein Sack voll Scheren. Manchmal wird ihm schwarz vor Augen – mag Hunger sein. Und die Beine knicken weg. Es ist bunt und laut am Times-Square, aber niemand, mit dem er reden kann, – wo er's doch nicht mehr lange macht. Aber wie ist das, nichts im Kopf und schwarz und krank? Kümmert keine Sau, wenn er hier krepiert, höchstens morgen früh die Müllabfuhr. Na ja, da ist noch der schwule John, Nachbartonne, AIDS, letztes Stadium. Der redet – manchmal –, wenn er kann. Bill wandert langsam zurück, die vier, fünf Stunden, zur kalten Pappe in der Lower Eastside.

Orkkh

Sie nannten ihn Orkkh, und die Jungen rissen sich drum, dem Alten die blakende Steinlampe zu halten in der tiefdunklen Höhle, wenn er weiter malen mußte im Liegen, weil das Riesenbild vom verwundeten Stier doch einmal fertig werden sollte, das schon der Vater begonnen hatte, oder war es dessen Vater gewesen? Orkkh war stark gewesen in seiner Jugend. Damals traf keiner mit dem Wurfspeer das galoppierende Wildpferd so sicher, zerbrach niemand den Bärenschädel so schnell mit dem Steinbeil. Sie hatten zugestimmt, als Orkkh sich damals zum Clanführer erhob, und waren gut mit ihm gefahren über die Jahre. Aber seit Monaten verließen ihn die Kräfte, und am Lagerfeuer redeten sie schon leise vom möglichen Nachfolger. Der Clan brauchte die Starken an der Spitze, die Erfahrenen, Listigen, denn die Welt zwischen Fluß und Savanne war unheimlich und gefährlich wegen der schleichenden Räuber und gierigen Nachbarn. Konnte Orkhh seine Großfamilie noch wirksam schützen und sicher führen? Manchmal hustete er so komisch und wischte sich den Mund unterm Bart, und kein Kraut und Honig hatte bisher geholfen, und ihm zitterten auch die Hände beim Malen. Wenn er nun wirklich krank wurde? Essen wollte er auch nicht. Dann würden die Frauen den Alten pflegen und warten, das waren sie gewöhnt. Und nach dem Tod würden sie roten Ocker auf den Körper streuen als Farbe des Lebens und bunte Blumen aufs Grab legen, wie es Brauch war seit undenklicher Zeit. Ein Clan, so hatte der Medizinmann gesagt, hält immer zusammen, sonst ist er in dieser Welt verloren.

Zusammen-Leben

Zwei nicht ganz gesunde Männer. Orkkh vor der Höhle von Trois Frères im schönen Tal der Dordogne vor 35 000 Jahren, am Beginn der Zivilisation... und Bill von der Lower Eastside auf der feuchten Pappe neben der Tonne im Jahre 1993, in dem manche schon das Ende jeder Zivilisation zu erblicken glaubten.

In der ungeheuren Zeitspanne zwischen Orkkh und Bill, die keine Geschichtsschreibung zu erhellen in der Lage ist, spielt sich das Mit- und Gegeneinander zweier grundverschiedener Lebensformen ab: hier der kleine, mit bloßem Auge unsichtbare Bazillus mit dem ihm später verliehenen Namen *Mycobacterium tuberculosis* und dort ein Großsäugetier, der Mensch mit dem wissenschaftlichen Namen *Homo sapiens sapiens.* Myriaden von Jahren gemeinsamer Existenz, neben- und miteinander im selben Lebensraum. Sollte man nicht glauben, das wäre Zeit genug gewesen, sich aneinander und an eine friedliche Koexistenz zu gewöhnen, wie es mit den Bakterien des Darmes funktionierte. Nein, es blieb über Äonen beim ewigen Krieg um Sein oder Nichtsein, und es war keineswegs immer klar, ob *Homo sapiens* diesen Krieg gewinnen würde.

Die endlose Geschichte kann niemand nacherzählen, zu viele Glieder der Kette fehlen. Wir wollen aber ein paar der auf- und anregenden Kapitel aufschlagen und die Erlebnisse herausragender Protagonisten nacherzählen. Dabei wird unter anderem ein kurioses Phänomen zutage treten: Der menschliche Wirt kennt das schadenstiftende Wirken, die „Handschrift“ des Erregers, schon lange, mindestens seit dreitausend Jahren. Und er ließ sich immer auch etwas einfallen, um dem ungebetenen Gast das Handwerk zu legen.

Kleinere Scharmützel hier und dort konnte der Mensch gewinnen, aber die großen, entscheidenden Schlachten gingen meist verloren. Wer gewinnt das gefährliche Spiel zwischen Mensch und Tuberkulose? Der Einsatz ist hoch – noch werden Wetten angenommen.

„Schnee von gestern, mit den Antituberkulotika alles kein Thema“, ließ sich mancher hören. War es auch nicht, in den 60er, den 70er Jahren dieses Jahrhunderts. Da gab es junge Ärzte, die eine Tb nicht diagnostizieren konnten, weil ihnen keine akuten Fälle unter die Augen kamen. Nach 1985 haben sie umlernen müssen: Immer mehr Fälle von Tuberkulose wurden registriert, und manche Klinik in den USA mußte sehen, daß ihre gepriesenen Medikamente nichts mehr gegen den Erreger ausrichteten, weil dessen Stämme eine Resistenz gegen Chemikalien erworben hatten. Und *Mycobacterium tuberculosis* erhielt Unterstützung von unerwarteter Seite: Das HIV-Virus schwächte die Widerstandskräfte von Befallenen so, daß die Mykobakterien wieder leichtes Spiel mit der Infektion hatten. Tb und AIDS gingen ihre unheilige Allianz ein (siehe auch Seite 193).

Wer sind die neuen Opfer? Menschen wie Bill: arm, schlecht ernährt, drogengeschwächt, AIDS-geschwächt, obdachlos – durchs soziale Netz gerutscht, wenn überhaupt eines vorhanden ist. Daß die alte Tuberkulose heuer in manchen Ländern fröhliche Urständ feiert, hat nicht zuletzt mit einer fehlgesteuerten staatlichen Gesundheitspolitik zu tun, mit einer rasch sich ausbreitenden Verarmung großer Bevölkerungsteile, auch in den Industriestaaten.

Mit dem Einsetzen der Bevölkerungsexplosion etwa seit dem Ende des Zweiten Weltkrieges haben sich auch die Beziehungen und Wechselwirkungen zwischen menschlichen Bevölkerungsgruppen und ihren Infektionskrankheiten verändert. So muß über die Frage „Mensch und Erreger" neu nachgedacht werden, denn die alten Waffen, die Antibiotika, drohen stumpf zu werden, weil den Erregern etwas Neues „eingefallen" ist.

Umzingelt?

Wir hören es nicht gern und doch ist es wahr: Jeder Mensch steckt voller fremder Organismen. Der menschliche Körper dient als Gefäß – oder fachmännisch gesprochen als „Wirt" – für ungezählte Schmarotzer und Mitesser, schädliche und unschädliche, nützliche und unnütze. Wir mögen sie nicht, nennen die Schädlinge Gewürm, Plagegeister, Ungeziefer, die schleunigst zu vernichten sind. Der Zoologe Günther Osche (1) aber sieht in Parasiten „Organismen mit einer meist hochspezialisierten Lebensweise, mit einer Fülle bewundernswerter Anpassungen, die in einer langen stammesgeschichtlichen Entwicklung erworben worden sind". Der Fachmann versucht, Einblicke in die Welt der Schmarotzer zu gewinnen. Die meisten betreiben ihr „Geschäft" seit Millionen von Jahren. Der Kieler Ökologe Wolfgang Tischler dachte über die Herkunft der im Menschen lebenden Parasiten nach (2): „Woher sie kommen und seit wann sie sich an den neuen Wirt angepaßt haben, läßt sich nicht mit genügender Sicherheit beantworten. Die meisten Parasiten des Menschen sind viel älter als er selbst; sie müssen also schon Tiere befallen haben, die vor seinem Auftreten lebten."

Parasiten sind Organismen, die sich auf Kosten anderer Lebewesen, ihrer Wirte, ernähren, sie schädigen, aber in der Regel ohne sie zu töten; denn ein toter Wirt nützt dem Parasiten nichts. Deshalb meinte der englische Ökologe Elton: „Der Räuber lebt vom Kapital, der Parasit vom Einkommen." Der Wirt – z. B. der Mensch – bietet dem Parasiten nicht nur schützende Unterkunft, sondern auch bestimmte Umweltbedingungen wie Temperatur, Sauerstoffgehalt u. a., auf die er sich spezialisiert hat. In den Augen des Mediziners ist ein Parasitenbefall ein pathologisches Phänomen, etwas Abnormes. Viel häufiger haben Parasiten und Wirte im Verlauf langer Entwicklung ein Gleichgewichtsverhältnis von Angriff und Abwehr erworben, das es ihnen erlaubt, in erträglicher Koexistenz miteinander auszukommen.

Das heute recht gespannte Verhältnis zwischen Mensch und Mikroorganismen betrachtete der amerikanische Genetiker Joshua Lederberg (3) kritisch. Er sprach von einer „Rache der Kleinsten". Uns sei nicht bewußt, daß man unser Verhältnis zu den Mikroben als einen dauernden Evolutionsprozeß sehen muß. Wir seien weit entfernt von einem Gleichgewicht. „Unsere Selbstgefälligkeit vertraut der Gutartigkeit der Natur; unsere Arroganz läßt uns glauben, wir seien vom natürlichen Wettbewerb ausgenommen. Aber die größte Bedrohung unserer Vorherrschaft geht, abgesehen von unseren eigenen Artgenossen, von den Kleinstlebewesen aus: den Viren, Bakterien und Parasiten. Sie sind eine permanente Gefahr für unser Fortbestehen." Die Schlacht, meint Lederberg, könne durchaus auch verlorengehen. Eine Warnung in den Wind gesprochen?

Aus der Fülle der Humanparasiten greifen wir einen heraus, der im Laufe der Jahrhunderte Geschichte mitschrieb: *Mycobacterium tuberculosis,* im gefärbten Ausstrich erscheinen die Bakterien als unbewegliche, dünne, etwa „fiedelbogenartig" gekrümmte Stäbchen. Sie sind säurefest und beständig gegen chemische und physikalische Einflüsse wie Austrocknung, Hitze, Kälte durch einen hohen Anteil an Lipiden in der Zellwand. Ein bis vier Tausendstel Millimeter sind sie klein.

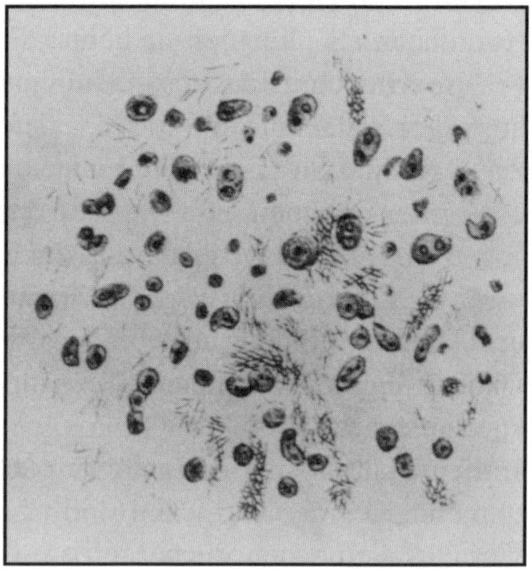

Mykobakterien in einem Ausstrich von Robert Koch

Hatte Orkkh Tb?

Mykobakterien lieben es feucht und dunkel; so liegt der Verdacht nicht fern, sie hätten schon – unerkannt, ungebeten – in den Höhlen von Orkkh und seinem Clan gesiedelt und ihr schadenstiftendes Wesen getrieben. Begeben wir uns an den Ort des frühen Geschehens.

Wie Heilungsuchende nach Lourdes, pilgern Eiszeitfans ins Land der Dordogne und machen Station im verträumten Örtchen Les Eyzes, wo der knollige steinerne Neandertaler finster über die geduckten Dächer blickt in Richtung des klaren Flüßchens Vezere. Darüber ragen schroffe weiße Felsen, die vor Urzeiten das Flußufer bildeten. Gorge d'Enfer heißt eine der großen Höhlen, wo tausend Vögel und anderes Geziefer unter dem weit vorhängenden Felsdach nisten. Gebückt kann man hineintauchen in die stille Tiefe und davon träumen, irgendwo auf Aylas Gruppe zu stoßen, wie sie ums Feuer sitzt und dem Zauberer lauscht, der Geschichten erzählt von der großen Göttin.

Aber: Haben die frühen Ahnen der Menschheit in diesen Höhlen gewohnt? Wohl nicht. Der Urgeschichtler Hansjürgen Müller-Beck (4) notiert: „... diese Höhlen wurden offenbar nur sporadisch benutzt, für Stunden, Tage oder Wochen. Als dauerhafter Aufenthaltsort waren die Höhlen, in denen es feucht und kalt war, auch mit Sicherheit nicht geeignet. Sie brachten Rheuma, Gicht und andere Leiden, mit denen Jäger nicht leben konnten." Gerhard Bosinski (5) weist für sein „Pompeji im Neuwieder Becken" – Gönnersdorf – nach, daß die Jäger in Fell-Tipis wohnten. Waren sie gesund, die alten Jäger, oder suchten Krankheiten, Epidemien sie heim?

Präzise Krankheitsdiagnosen und -namen darf niemand erwarten, es ist alles zu lange her. Paläoanthropologen versuchen, auf indirektem Wege etwas herauszubekommen. Sie graben die Böden der Höhlen auf, sie bergen Skelette, und sie erforschen an ihnen das Alter und das Geschlecht der Verstorbenen. Ziemlich gewiß an manchen Orten ist, daß dort ein Drittel aller Neugeborenen starb. Nur wenn ein Kind die ersten zwölf Monate hinter sich brachte, hatte es Aussichten, ein Alter von fünfzig Jahren zu erreichen. Es sei denn, einer vom feindlichen Clan schlug dem Kleinen kurzerhand den Schädel ein, um das Gehirn zu verspeisen.

In den Clans aber sorgte man füreinander. So hatte der Besitzer des Skeletts „Shanidar I" im Nord-Irak (6) einige schwere Verletzungen überlebt, wie die verheilten Knochenbrüche zeigen. Ohne seinen Clan hätte der Mann nicht überlebt, denn er mußte ja auf dem Krankenlager geschützt und ernährt werden. Es war nicht gut bestellt um die Gesundheit der Vorfahren: Ihre Knochen belegen, daß viele an Arthritis und Rheuma litten, an Zahnverfall und Rachitis – Folgen der harten Umweltbedingungen, denen sie in den Eiszeiten ausgesetzt waren. Daß damals auch die eine oder andere Form von Tuberkulose ihre Opfer forderte, läßt sich nicht hieb- und stichfest beweisen, aber mit einiger Sicherheit doch vermuten. Je weiter wir uns den ersten Zivilisationen nähern, um so sicherer werden die Diagnosen über das Wirken „unseres" Parasiten.

Geschichte ist nicht nur das Register von Königsnamen und ihren heroischen Taten bzw. Untaten, im verborgenen ist Geschichte auch das niemals endende Mit- und Gegeneinander von Menschen und ihren Parasiten. Ob unser Mykobakterium schon in den Höhlen der Dordogne Kavernen in die Lungen der Bewohner fraß, werden wir nie wissen. Daß aber Menschen und Mykobakterien alte Bekannte sind, lehrt die frühe Geschichte. Sie zeigt auch, daß die Mikroben immer mitgespielt haben bei den vielfältigen Bemühungen der Menschen, Kulturen und Zivilisationen zu bauen, wie in Luxor am Nil.

Der Reisende ist den listigen ägyptischen Lederhändlern entkommen und trocknet sich den Schweiß im Schatten der himmelhohen Säulen des Tempels. Er entstand, als Königin Hatschepsut (1490—1468 v. Chr.) ihre Segelruderer nach Afrika schickte. Über fünftausend Jahre bestand eine Hochkultur an den Ufern des Nil, die viel vom Getreideanbau verstand, aber auch viel von den Wissenschaften. Sie glaubten zwar fest an die Fortexistenz im Jenseits, aber die Ägypter bildeten für das Diesseits hervorragende Ärzte aus, die einiges von Heilkräutern und vom Operieren verstanden. Die alten Texte auf Papyrus vermitteln uns ihre Kenntnisse über das Nähen von Wunden, über das Entfernen von Geschwüren; Wurmbefall und falsche Ernährung machte man verantwortlich für manche Krankheiten. Daß auch die Tuberkulose dazu gehörte, wissen wir u. a. durch den Bakteriologen Armand Ruffer (7). 1893 reiste er auf der Suche nach Heilung von einer schweren Erkrankung nach Ägypten, wo er genas und sich alsbald dem Studium von Mumien widmete. Er machte Röntgenaufnahmen und erhielt damit detailreiche Darstellungen der Mumienskelette, ohne die einbalsamierten Körper antasten zu müssen.

Mit dieser eleganten Methode waren für den Kenner krankhafte Veränderungen leicht festzustellen. 1910 erlaubte man Ruffer, die Mumie eines Prominenten zu untersuchen: Es handelte sich um Herrn Nesper ehaps, Priester am Tempel des Amun um 1000 v. Chr. Ruffer bemerkte im Rücken des Priesters sofort jene für die Wirbelsäulen-Tuberkulose typischen Veränderungen, und im Len-

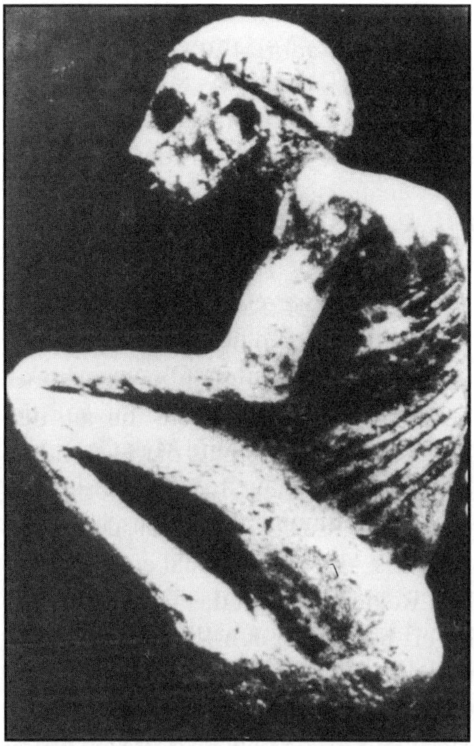

denmuskel beobachtete er die Höhle eines Abzesses. Ansammlungen tuberkulösen Eiters unter einem bestimmten Lendenmuskel sind sichere Anzeichen für die Pottsche Krankheit. Sie trägt ihren Namen zu Ehren Percival Potts, der als erster Wissenschaftler 1779 die Symptome der Wirbelsäulen-Tb beschrieb. In Ägypten fand sich auch eine kleine Statuette aus Lehm, die einen hokkenden Mann mit vorstehendem Buckel darstellt – auch dies ein lebendiges Abbild der Pottschen Krankheit.

An der Pottschen Krankheit leidender Mann (ägyptische Skulptur)

Ein Sprung vom Nil zum Euphrat: In den imposanten Ruinen der uralten Metropole Babylon fanden Archäologen große Bibliotheken von über zweitausend Jahre alten tönernen Keilschrifttafeln. Auf ihnen sind unter anderem exakte Daten für Sonnenfinsternisse verzeichnet, doch auch Texte zu den Symptomen der Tuberkulose: „Der Kranke hustet ständig, der Auswurf ist dick und enthält manchmal Blut. Sein Atem ist wie eine Flöte. Seine Hand ist kalt, aber seine Füße sind warm. Er schwitzt leicht und sein Herz ist gestört. Wenn die Krankheit heftig ist, leidet er an ständigen Durchfällen."

Herodot, griechischer Geschichtsreporter, staunte über das Facharztwesen Ägyptens um 450 v. Chr.: „Jeder ist dort Arzt für eine Krankheit und nicht für mehrere, und alles ist voll von Ärzten!" (8). 200 Jahre n. Chr. notierte Philostratos: „Niemand kann die ganze Medizin umfassen; sondern der eine versteht sich auf Verletzungen, der andere auf Fieber, ein dritter auf Augenleiden, ein vierter auf die Schwindsucht." Wenn Philostratos die Tb eigens erwähnt, muß ihr Krankheitsbild den Ärzten seiner Zeit geläufig gewesen sein. Leider gingen die vielen, unersetzlichen, unschätzbaren Kostbarkeiten antiken Wissens, antiker Kultur, mit einem Schlag verloren, weil Fanatiker im Jahre 47 v. Chr. die größte, umfassendste Bibliothek der Welt in Alexandria anzündeten.

Das Leben ist kurz, die Kunst ist lang . . .

Wenn Agrippos sich unwohl fühlte – Schmerz im Kopf, Stechen in der Brust –, richtig elend eben, dann ging er in den Tempel des Asklepios und vertraute sich den Kräuterkünsten der Asklepiaden an. Der Besuch war nicht umsonst, aber Agrippos fühlte sich danach immer wie neugeboren. Er betete ihn an, den gütigen Gott der Heilkunde, der die Leidenden schützte und die Heilenden: Asklepios mit Schlange und Stab, begleitet von Tochter Hygieia, Göttin der Gesundheit. Das Heilszentrum lag im berühmten Kurort Epidaurus, dem „Bad Kissingen der Antike". Wenn den Priestern des Asklepios einmal ein Heilwunder gelang, hängten sie eine Votivtafel auf: Reklame belebt das Geschäft.
Wenn ein Adept der Heilkunde den Ehrgeiz besaß, bei den Koryphäen seiner Wissenschaft in die Lehre zu gehen, dann bestieg er das Schiff nach Kos und ließ sich einschreiben an der Ärzteschule des Hippokrates – ihr Ruf war so groß, wie heute vielleicht der von Oxford und Cambridge. Um 400 v. Chr. hatte ein Mann die Schule gegründet, dessen Maxime lautete: „Der Arzt hilft, die Natur heilt." Hippokrates sagte seinen Schülern immer wieder jenen geheimnisvollen Satz, den spätere Jahrhunderte nicht recht begriffen:

> Das Leben ist kurz, die Kunst ist lang, der günstige Zeitpunkt flüchtig, die Erfahrung trügerisch, das Urteil schwierig.

Eine aphoristische Umschreibung des Wesens der Medizin.
Hippokrates wurde etwa 460 v. Chr. geboren, zur selben Zeit wie der große Athener Historiker Thukydides, der die erste Reportage über eine Epidemie schrieb – über die Pocken in Athen im Jahre 431 v. Chr. – mit klugen Einsichten über das Wesen von Massenerkrankungen (9): „Sie starben alle dahin, die einen ohne Pflege, die anderen trotz der besten Wartung. Was dem einen nützte, gerade das schadete dem andern. Zum zweiten Mal packte die Krankheit keinen, wenigstens nicht so, daß er daran gestorben wäre. Diese pries man daher glücklich, und sie selbst, überfroh für die Gegenwart und für die Zukunft, heg-

ten ein wenig die eitle Hoffnung, nun könne ihnen auch keine andere Krankheit mehr tödlich werden." Viele Menschenalter vor Herrn Jenner in London wird hier der Gedanke der Immunisierung indirekt vorweggenommen.
Hippokrates ersetzte den damals vorherrschenden Aberglauben in der Medizin durch das rational-wissenschaftliche Denken aufgrund präziser Beobachtung und Aufzeichnung. Mit ihm begannen die Fachdisziplinen Pathologie, Diätetik, physikalische Diagnostik. In seiner Schule auf Kos übten Schüler die Auskultation (Abhorchen). Man könnte sogar sagen, auf Kos begann die Phthisiologie, die Lehre von der Tuberkulose. Wieviele Lungenkranke müssen im Wartezimmer des Hippokrates gesessen haben, bis der erfahrene Kliniker formulieren konnte (8, 10): „Wenn man das Ohr an die Brust hält, kann man ein Geräusch hören, das dem Rauschen des Essigs ähnelt. Man muß das Ohr an die Brust des Kranken halten und ihn kräftig an den Schultern rütteln; wenn die Flüssigkeit im Fell ist, hört man ein Plätschern."

Hippokrates

Er beschrieb die Symptome der Schwindsucht und beurteilte vorsichtig die Überlebenschancen des Phthisikers (10): „Das Fieber verläßt ihn nicht, niedrig ist es am Tage, aber in der Nacht flammt es wieder auf; es kommt zu reichlichen Schweißabsonderungen, die Kranken haben Hustenreiz, und dennoch ist der Auswurf unerheblich. Die Augen liegen tief in den Höhlen, die Backen röten sich, die Fingernägel biegen sich um, die Hände fangen an zu brennen, besonders an den Fingerspitzen, und die Füße schwellen an, der Appetit geht verloren. Diejenigen, die schaumiges Blut spucken, husten es aus der Lunge aus.

Bei den Phthisikern zeigt das Auftreten einer starken Diarrhoe den bevorstehenden Tod an. Diese Krankheit dauert ungefähr sieben bis neun Jahre. Man gesundet, wenn man gleich von Anfang an behandelt wird."
Hippokrates erkannte den chronischen Charakter der Krankheit und gab die Dauer so an, wie auch spätere Praktiker sie dann erlebten. Daß die Tb im Frühstadium heilbar sein müßte, propagierte erst wieder in der Mitte des 19. Jahrhunderts der junge Dr. Brehmer in Görbersdorf.

Hippokrates schrieb – oder ließ schreiben – mit Binsenfeder und Rußtinte auf ägyptischem Papyrus seine medizinischen Werke, die man später *CORPUS HIPPOCRATICUM* nannte. Es waren Arbeiten über die Einflüsse von Boden, Wasser und Klima auf das menschliche Wohlbefinden, zwei Werke über Epidemien, einiges über Diät bei akuten Erkrankungen, über die Kräfte von Kurorten wie Epidaurus. Hippokrates kannte und nutzte ein für Heilungsprozesse wichtiges Kriterium: „Der Arzt mobilisiert die seelischen Kräfte des Kranken. Jede quälende Angst schadet der Gesundung." Für Hippokrates kam die Trennung von Leib und Seele bei der Heilhilfe nicht in Frage, damit nahm er Gedanken der Psychosomatik vorweg.
Die Erkenntnisse und Lehren des griechischen Arztes bringen auch heute noch Gewinn für den, der die alten Texte zu verstehen sucht. Unsere Apparatemedizin hätte er sich nicht vorstellen können, doch er verstand mehr als wir vom Wesen des wahren Arzttums. Antike Autoren übersetzten die Werke des Hippokrates ins Lateinische, Syrische und Arabische. Zum Ausklang der Renaissance versorgten die wiederentdeckten griechischen Originale ganze Medizinergenerationen mit den besten Lehr- und Lernmitteln, die damals zur Verfügung standen.

Die Ärzte des Altertums wußten viel vom Leiden ihrer Patienten. Früh schon hatte man in den Hochkulturen – auch außerhalb des Mittelmeerraums – erkannt, daß bestimmte Krankheiten ansteckend sind. Indiens Ärzte z. B. kannten Dutzende einheimischer Heilkräuter und ihre Wirkungen, sie diagnostizierten siebzehn Arten der Lepra und auch die Lungentuberkulose. In ihren Therapien verwendeten sie Salben, Öl-Klistiere, Massagen und Schwitzbäder (7).
Die Medizin Chinas reicht zurück ins vierte Jahrtausend v. Chr. „Abhandlungen über schädigende Kälte und andere Krankheiten" verfaßte gegen Ende des 2. Jahrhunderts n. Chr. der Arzt Zhang Zhong Jing und verstand unter „schädigender Kälte" ein Spektrum von Störungen, das von banalen Erkältungen bis zu

lebensbedrohenden Infektionskrankheiten reichte. Ob Zhang sich auch zur Schwindsucht äußerte, bleibt unklar, weil viele seiner Werke als verschollen gelten (11).
Die chinesische Medizin kennt das Konzept der Funktionskreise. Der Funktionskreis der Lunge heißt lateinisch *Orbis pulmonalis.* Über den Verlauf der Krankheit im Rhythmus des Tages meint ein medizinischer Text: „Wer im *Orbis pulmonalis* erkrankt ist, erfährt ein Nachlassen (seiner Krankheit) am Nachmittag und die Verschlimmerung am Mittag. Beruhigung tritt um Mitternacht ein." Der Körpersaft des *Orbis pulmonalis* ist das Nasensekret, und die zugehörige Farbe ist weiß. Der Geruch von rohem Fleisch oder Fisch weist auf ein Hervorklingen seiner Funktion im Konzert der übrigen *„Orbes"* hin. Soviel zu einem medizinischen Denkgebäude, das heute bei uns im Westen wieder lebhafte Beachtung findet – nicht nur wegen seiner vielbesprochenen Akupunktur.

Aeskulap in Rom

„Denke dir eine Stadt, wo man auf den breitesten Straßen erdrückt wird, sobald den unablässig sich fortwälzenden Menschenstrom irgendein Hindernis zurückstaut", klagte um 50 n. Chr. der geduldige Seneca seiner Mutter und meinte natürlich die Weltstadt Rom mit ihren Mietskasernen und dem lauten Gedränge der Abertausenden.
Ideales Revier für einen Parasiten, der sich in Tröpfchen beim Husten und Niesen und Spucken vom Träger aufs Gegenüber katapultieren läßt. Roms Ärzte müssen die Schwindsucht gekannt haben. Ihr Wissen war stark beeinflußt von der Schule des Hippokrates auf Kos. Sie übersetzten das medizinische Wissen der Griechen und wandten es geschickt auf die private und öffentliche Hygiene an (12). Rom war von Fiebersümpfen umgeben und wiederholt verpestenden Überschwemmungen ausgesetzt: große Aufgabengebiete für die öffentliche Gesundheitspflege. Immer wieder suchten verschiedene Epidemien die Stadt heim: 23 v. Chr., 65, 79 und 166 n. Chr. wieder (12).
Es gab Privatkrankenhäuser unter der Leitung von Ärzten. Aus ihnen entwickelten sich dann die öffentlichen Spitäler des Mittelalters: Mittellose wurden kostenlos von staatlich besoldeten Ärzten versorgt. Große Thermen dienten der beliebten Hydrotherapie. Wohlhabende Schwindsüchtige schickte man zur Kur ins warme Ägypten oder nach Nordafrika. Zimmer ansteckender Patienten

wurden mit Schwefel ausgeräuchert. Leider vermelden die überlieferten medizinischen Werke der Römer, wie *DE MEDICINA* von Aulus Cornelius Celsus, nichts vom Schicksal der Tuberkulosekranken und von möglichen Heilungen.

Ein halbes Jahrtausend war der große Hippokrates tot, aber sein Geist blieb wach in den Köpfen der Gelehrten. Zu ihnen gehörte Galen („Der Friedfertige"), geboren in Pergamon um 129 n. Chr. Er diente nach dem Studium als Wundarzt bei Gladiatoren, erlebte in Rom die große Pest nach den Partherkriegen und stieg auf zum Leibarzt der Kaiser. Er war ein leidenschaftlicher Autor und Experimentator, stellte den Mechanismus der Atmung dar, unterschied Brustfell- von Lungenentzündung, beschrieb die ansteckende Natur der Tuberkulose und den Krebs. Auch er verwies Schwindsüchtige in klimatisch heilsame Kurorte. Das „heilig" gewordene Wissen des Hippokrates ergänzte Galen mit modernen Erkenntnissen und hinterließ ein Riesenwerk von über 500 Titeln, eine „Weltschau griechischen Geistes" (8), das später ins Arabische und Lateinische übersetzt wurde. Ihm verdanken wir auch den Standesnamen ARZT, griechisch *iatros,* und viele medizinische Fachausdrücke.
Nach Galen kam die medizinische Forschung zum Erliegen. Die Medizin machte kaum Fortschritte, bis arabische und jüdische Wissenschaftler sie im Mittelalter erneuerten. Zum Beispiel im antiken Salernum: Um 900 wurde hier unter dem Einfluß der Benediktiner eine Medizinschule gegründet, die das hippokratisch-galenische Erbe pflegte bis ca. 1400. Die Krankenhäuser jener Tage und die Pflege der Patienten waren auf einem Höchststand der Hygiene. Er wurde nach dem Erlöschen der Medizinschule für Jahrhunderte nicht wieder erreicht.

Puls und Urin

Wer in unseren Tagen der Hansestadt Lübeck einen Besuch abstattet, wird sich das Museum des „Zauberberg"-Dichters Thomas Mann ansehen und/oder riesige braune Marzipankartoffeln bei Niederegger im 1. Stock verzehren mit freundlichem Blick auf die figurenreichen Barockverzierungen gegenüber an den glänzenden Klinkerwänden des ehrwürdigen Rathauses – und ist, in seiner Phantasie, mittendrin im Mittelalter, dessen wahres Wesen auch heute noch – trotz des Historikerfleißes – voller Geheimnisse steckt.
Wie eine Stadt im Mittelalter „funktioniert" haben könnte, liest der Besucher vielleicht an den baulichen Relikten ab, soweit der Krieg sie stehen ließ: Die

Hospitäler „Zum Heiligen Geist", in Lübeck, in Nürnberg, aus dem 14. Jahrhundert schon. „Kindbetterinnen" wurden hier aufgenommen, arme Alte, Siechende. Mit dem altgermanischen Wort „siech" war die schlimme, unheilbare Krankheit gemeint, später erhielt es die allgemeinere Bedeutung „krank" im Sinne von schwach; auch „Seuche" läßt sich davon ableiten. Für den Menschen des Mittelalters hieß „krank" soviel wie „arm" (13). Krankheit und Mißbildungen galten als Zeichen der Sünde, des göttlichen Zorns, also sind die damit Behafteten von Gott verflucht. Aber da ist die Christenpflicht: Sie gebietet, jedem Kranken, arm oder reich, barmherzig Hilfe zu spenden; Krankendienst ist Gottesdienst. Eine exakte Medizinwissenschaft konnte auf diesem Boden nicht gedeihen. Statt Wissen und Diagnose herrschte der Glaube, der Aberglaube. Die alten Vorstellungen der Griechen von Krankheit als Ungleichgewicht der vier Körpersäfte blieben lebendig. Je nach dem Überwiegen eines der Körpersäfte unterschied man entsprechend den vier Elementen vier körperlich-seelische Temperamente:

Temperament		**Körpersaft**		**Element**		**Eigenschaft**
Cholerisch	=	gelbe Galle	=	Feuer	=	warm und trocken
Melancholisch	=	schwarze Galle	=	Erde	=	kalt und trocken
Phlegmatisch	=	Schleim	=	Wasser	=	kalt und feucht
Sanguinisch	=	Blut	=	Luft	=	warm und feucht

Die Ärzte mußten sich die Honorare mit Apothekern, Marktschreiern, Salbadern, Wundärzten teilen. Der Aderlaß war in der mittelalterlichen Arztpraxis sehr wichtig, und zur Diagnostik gehörten Puls und Urin.

Wer von den Medizinern lesen konnte, studierte – neben Hippokrates und Galen – den *CANON MEDICINAE* des 1037 gestorbenen arabischen Arztes Avicenna (Ibn Sina), der den Europäern griechisches Wissen nahebrachte. Avicenna hielt die Tuberkulose für eine auszehrende und geschwürbildende Allgemeinerkrankung, die nicht nur in der Lunge lokalisiert sei (10).

Dreihundert Jahre nach Avicenna beschrieb der praktische Arzt Bernhard von Gordon (1282—1318, Montpellier) in seiner „Lilie der Medizin" die Lepra als ansteckende Krankheit, die Pest, den Milzbrand und die Tuberkulose. Italienische und französische Mediziner setzten die Praxisnähe ihrer antiken Lehrer fort, ihre modernen Einsichten aber erreichten das übrige Europa nicht: Man sah hier in den Naturwissenschaften geeignete Mittel zum Untermauern theologischer „Wahrheiten" – nicht zum Studium tödlicher Seuchen.

Menschliches Leid, Siechtum, Tod – immer sind sie auch verwurzelt im Mythos der Völker. Monarchen boten sich für die Mythenbildung geradezu an: „Im Zusammenhang mit den übernatürlichen Gaben des Königtums besaß der vom Herrn gesalbte König sieben Jahrhunderte lang die wunderbare Macht, am Krönungstag, dem heiligen Tag, Skrofeln durch einfaches Berühren zu heilen (10).“

Berühren der Skrofeln durch den König von England, 17. Jh.

Skrofulose (scrophulae – Schweinchen), eine Drüsenerkrankung, die den Hals wie einen Schweinehals anschwellen läßt. Im Gesicht entwickeln sich Hautausschläge mit Bläschen und Schorf (Skrofeln). Später können sich Knochen und Gelenke entzünden, eine echte Tuberkulose kann sich entwickeln. Skrofulose ist eine früher recht häufige Form der Lymphknoten-Tb und befiel vornehmlich Kinder und Jugendliche. Heute weiß man, daß eine ausgeheilte Skrofulose den Patienten gegen die Ausbildung einer Lungentuberkulose immunisiert (14).

Glaube, Mythos, Aberglaube . . ., das 14. war ein Jahrhundert der Qualen, des Hungers, der Krankheiten. Jedes zweite Neugeborene starb in der Wiege, jede zweite Mutter im Kindbett. Natürlich betrieb niemand Statistik, wir dürfen aber schließen, daß in den besonders naßkalten Jahren nach 1340 Infektionskrankheiten häufig waren – als Folge von Unterernährung und engstem Zusammenleben der Menschen in primitiven Behausungen. Auch die Tuberkeln, die Skrofeln, dürften nicht selten gewesen sein.

Angst spricht aus den Porträts der Zeitgenossen. Angst vor der Ansteckung diktierte den Stadtvätern von Basel 1400 das Seuchengesetz: „Alle Personen, so befallen von Beulen, Epilepsie, Krätze, Antoniusfeuer, Milzbrand, Aussatz und Lungenschwindsucht, dürfen ihren Mitbürgern keine Nahrungsmittel anbieten und werden bei Zuwiderhandlung ausgewiesen." Ansteckung erfolgte nach allgemeiner Ansicht durch eine bestimmte Konstellation der Gestirne und die allgemeine Sündhaftigkeit (15). Und natürlich auch durch die Untaten von „anderen": Die Juden sollten die Brunnen vergiftet und so die Pest herbeigeholt haben, also wurden Tausende von Juden umgebracht.
Der Tod war alltäglich in den dumpfen, verseuchten, engen Gassen; man kann sagen: die Menschen lebten, um zu sterben. „Es ist ein Schnitter, der heißt Tod, hat Gewalt vom großen Gott . . ." Wer vierzig wurde, war alt. Wer krank wurde, wartete gefaßt auf das nahe Ende. Enges Beieinanderleben von Gesunden und Kranken brachte Trost, aber auch Ansteckung und verkürzte Lebenszeit (13).

Konkurrenz?

Bis zum Aufbruch des Schwarzen Todes – der Pest – im Europa des Mittelalters war der Aussatz, die Lepra, verbreitet. Vor den Mauern der Städte standen die isolierten Leprösenhäuser. Das Ausgrenzen, das Ins-Abseits-Stellen von Menschen mit abstoßenden Krankheiten ist anscheinend ein typisches Verhalten der menschlichen Gesellschaft, dem man heute im Zeichen von AIDS vergeblich entgegenzutreten versucht. Lepra wurde später die Hansensche Krankheit genannt nach dem norwegischen Arzt Armauer Hansen, der 1873 ihren Erreger *Mycobacterium leprae* entdeckte. Nach dem großen Sterben zur Blütezeit der Pest gingen die Infektionen mit Lepra zurück, die Tuberkulose-Erkrankungen nahmen zu – zumindest in Europa. Was war geschehen?
Der Seuchenforscher William H. McNeill (16) bietet eine Erklärung an: Das Eindringen von Bakterien veranlaßt den Körper zu Abwehr-, sogenannten Immunreaktionen. Die Immunantwort auf *Mycobacterium tuberculosis* könnte sich mit den Immunreaktionen auf *Mycobacterium leprae* überschneiden, so daß die Ansteckung mit einer Krankheit die Abwehrkräfte des Wirtes gegen die andere erhöht. Die in der Luft treibenden *M. tuberculosis* sind beweglicher als *M. leprae,* kommen also eher beim Wirt an, mobilisieren seine Abwehrkräfte, so daß der Wirt schon immun ist, wenn *M. leprae* auf ihn trifft. McNeill betont,

seine Hypothese gelte nur, wenn tatsächlich nach 1346 die Tuberkulose in Europa sich weiter verbreitet und so die Infektkette der Lepra unterbrochen hätte. Andere Seuchenspezialisten werden widersprechen, trotzdem ist es reizvoll, darüber nachzudenken, ob Fälle von Erregerkonkurrenz tatsächlich zu übergreifender Immunisierung führen.
Die Epidemiologen Jacques Ruffié und Jean-Charles Sournia können sich mit McNeills Ideen nicht anfreunden (10): Weder können sie eine ökologische oder ethologische Konkurrenz zwischen *M. tuberculosis* und *M. leprae* feststellen, noch finden sie Beweise für eine wechselseitige Immunisierung. Historisch belegt sei der Rückzug des Gespanns „Pest—Lepra“ und das Vordringen des Gespanns „Tuberkulose—Syphilis“, aber solche Doppelerscheinungen seien nicht zwangsläufig miteinander verkoppelt.
Um Fragen nach den Wanderungen und möglichen Verschiebungen von Seuchen sicher zu beantworten, brauchten wir mehr und genaueres Zahlenmaterial als wir haben. Aber: man könnte sich durchaus vorstellen, daß die Tuberkulose die Lepra verdrängte, denn nach dem 14. Jahrhundert wurde die Tb in Europa zu einer der bedeutendsten chronischen Infektionskrankheiten, die Lepra dagegen kam zunehmend seltener vor.
Das Oxford English Dictionary verzeichnete bereits 1398 das englische „consumption“ (Auszehrung) als Synonym für Lungentuberkulose (17). Im *PRACTICUM* des Bernard de Gordon von 1495 steht: „Phthisis ist ein Geschwür an der Lunge, das den ganzen Körper aufzehrt.“ Die Tuberkulose hatte sich im Allgemeingut des Wissens etabliert.

Krankheitssamen

Zwischen 1500 und 1700 erreichten die schlimmsten Bedrohungen menschlichen Daseins ihre Höhepunkte: Pest, Hunger, Krieg (18). So versteht es sich, daß Dichter und Maler sich der tragikdurchtränkten Stoffe immer aufs neue bedienten und sie mit schöpferischer Kraft gestalteten. Grimmelshausen tat es in seinem „Simplicius Simplicissimus“, später Arnold Böcklin mit seinem schaurigen Bild „Die Pest“, heute im Kunstmuseum zu Basel, eine Allegorie auf die tödliche Infektionskrankheit schlechthin. Die Renaissance bot einen schmalen Silberstreifen am Horizont des Leidens: Gewinn an Erkenntnis. Um 1530 schrieb in Italien der Gelehrte Girolamo Fracastorius sein epochales Werk *DE CONTAGIONE ET CONTAGIONIS MORBIS:* Darin erkannte und benannte er z. B. die ansteckende Syphilis und unterschied drei Wege der Übertragung: „... per contactum (durch Berührung) ... per fomites (durch Zwischenträger) ... ad distans (auf Entfernung)“. Seiner Ansicht nach verbreiteten „seminaria“, winzige Krankheitssamen, die Krankheiten. Man war nicht veranlagungsmäßig tuberkulös, man wurde es durch direkten oder indirekten Kontakt mit einem Tuberkulösen. Das von einem Schwindsüchtigen getragene Gewand könne das Leiden noch nach zwei Jahren übertragen. Das gleiche gelte für die Kammer, die Bettstatt und den Boden, auf dem der Schwindsüchtige verschieden sei. Seiner Ansicht nach gab es Ansteckungskeime, und diese Keime haben eine „außerordentliche Affinität für die Lungensubstanz, sehen sie doch in eben dieser ihre Entsprechung und befallen keinen anderen Teil des Körpers“ (14).

Vielleicht hat Fracastorius seinen genialen Kollegen gekannt, der in Basel die Schriften der alten scholastischen Medizin öffentlich verbrannte und deshalb der Stadt verwiesen wurde: Theophrastus Philippus Aureolus Bombastus von Hohenheim, genannt Paracelsus (19). Er hatte sehr jung in Wien und Ferrara Medizin studiert und wanderte als promovierter Arzt umher: Montpellier, Barcelona, Lissabon, Saragossa, England, Polen, Ungarn. Hier und da ließ er sich nieder, blieb aber stets der gemiedene Außenseiter. Seine Werke, mit denen er die festgefahrenen Behandlungsmethoden der mittelalterlichen Medizin unter Rückgriff auf hippokratisches Wissen weiterentwickelte und deshalb in Konflikt mit der mythisch-religiös orientierten Gesellschaft geraten mußte, entstanden in Kneipen und Dorfkammern. Wir sehen heute in Paracelsus die visionäre Persönlichkeit, die eine wirkungsvollere Medizin, eine gesunde Gesellschaft anstrebte. Er starb einsam mit 48 Jahren im Wirtshaus „Zum Weißen Roß“ zu Salzburg am 21. September 1541.
Arbeitsmediziner werden seiner gedenken, denn Paracelsus hat eine Berufskrankheit korrekt im heutigen Sinne beschrieben und ihre Entstehung gedeutet: die „Bergkrankheit“, die Staublunge der Bergleute (20): „Die Bergsucht ist eine Lungenkrankheit, die den Bergmann überfällt; die Schwindsucht oder Lungensucht der Bergleute in der Erde. Sie ist nichts als die Lungensucht in einem anderen Element. Das Chaos, das über der Erde liegt, macht die gewöhnlichen Menschen lungensüchtig; das Chaos, das in der Erde ist, vergiftet die Menschen in der Erde. Wenn die Erzleute, Schmelzer, Knappen und was den Bergwerken verwandt ist, es sei im Waschwerk, in der Arbeit, im Silber- oder Golderz, Salzerz, Zwitter, Eisen oder Quecksilbererz, in die Lungensucht fallen, wenn sie Blutungen des Leibes, Magengeschwüre haben, so heißen sie berg-

süchtig. Ferner wissen wir, daß von diesen Krankheiten bei den alten Skribenten nichts gefunden wird, weswegen sie bisher unbeschrieben geblieben ist, und auch ihre Heilung ausgelassen wurde ... Gleicherweise wie ihr seht, daß zwischen dem Himmel und der Erde ein Chaos liegt, welches alle die Krankheiten macht, die der Lunge anliegen, ihr Fieber, ihre Geschwüre, ihre Schwindsucht, ihre Völle, ihren Husten, ihr Keuchen, ihre Enge – und wie das Exempel ausweist, daß das Chaos, das zwischen Himmel und Erde liegt, eine Speise der Lunge ist, gleicherweise wie die Gewächse der Erde eine Speise des Magens sind – so verstehe nun auch, daß solch ein Chaos in der Erde ist. Das nährt die Lungen derer, die in den Bergen wohnen. Und wie die auf der Erde aus ihrem Chaos lungensüchtig werden, so werden auch die lungensüchtig, die in den Bergen dem irdischen Chaos unterworfen sind. So scheiden sich die Namen der beiden Leiden nach ihrem Element, lungensüchtig heißen sie in denen, die auf der Erde sind, und bergsüchtig in denen, die in der Erde sind."

Noch mittelalterlich geprägt, aber wir können erkennen, daß Paracelsus zwei Krankheiten unter einen gemeinsamen Hut bringt: die Staublunge der Bergleute und die Tb der Normalbürger. Und er war kein blasser Theoretiker: „Es ist von nöten, daß der Arzt eine große Experienz habe, nicht dessen, was im Buch steht, sondern die Kranken sollen sein Buch sein, dann fehlet ihm nichts und er kann nicht betrogen werden." Mancher Kliniker wird dies schmunzelnd bestätigen.

Auch der folgende Paracelsus-Spruch könnte in manchem Wartezimmer hängen: „Was macht den Kranken gesund? Der Arzt nicht, auch das Kraut nicht. Das ihn gesund macht, hat nie ein Mensch gesehen. Die Arznei geht zum Munde ein, durch den Bauch wieder aus; was aber hilft, das sieht niemand. Der Arzt soll nichts anderem nachgehen, sondern soll die Kraft suchen, die ist die ganze Arznei."

Bazillen entdecken Amerika

Während man Paracelsus auf dem Armenfriedhof verscharrte, tat sich Schreckliches in Mittelamerika. Auf Kolumbus' Spuren hatten beutegeile Spanier die Indianer entdeckt und vor allem Gold, das diesen nichts bedeutete. Entdecken hieß Unterwerfen, Ausbeuten, Versklaven. Zu ertragen hatten die weiße Arroganz vor allem die einheimischen Frauen und Mädchen. Aber: die ganz reine Freude hatten die Machos aus Hispaniola daran nicht, erzählt uns Hieronymus

Bentzo von Meylandt in seinem „Vierdten Buch von der Neuwen Welt" aus dem Jahre 1594. Von ihm erfahren wir, welche Gegengabe die indianischen Damen bereithielten: „Aber ob schon die Vermischung der Spanier mit den Indianischen Weibern nichts guts gebracht hat / so hat man jenen doch in Europa dieses zudancke / daß die indische Seuche davon herkommen ist. Welches ein rechte Geissel und Rude ist den Übermuth und Geylheit dieser Zeit zuzüchtigen. Dieses hat sich begeben in der andern Schiffahrt Christophori Columbi in die Insel Hispaniola / da die Spanier so unmässiglich daselben Provintzen Weiber sich missbraucht haben / daß viel dieselbige Seuch gefangen haben / denselben Samen in Hispanien bracht / welchen sie hernachmals zu Neaples ausgesprengt / daher es darnach in die gantze Welt gestrewet ist."
Die Herren Spanier hatten sich mit der Syphilis infiziert und die Krankheit in Europa verbreitet. Damit nicht genug: Die Konquista richtete auf dem neuen Kontinent Schlimmeres an als Mord und Totschlag um des Goldes willen – sie brachte der unvorbereiteten Bevölkerung den heimlichen, den ungreif- und unbegreifbaren Tod durch Ansteckung und säte unnennbares Leid.
„Wie die Fliegen" starben die Ureinwohner an Pocken, Masern, Grippe, Gelbfieber – und Tuberkulose. Der unvorhergesehene Völkermord dezimierte die einheimischen Arbeitskräfte so, daß die weißen Kolonialherren schwarze Sklaven aus Afrika einführten, denn die waren nicht so empfänglich für diese Krankheiten.
Eine Invasion von Parasiten hatte stattgefunden – in den Rachen, den Bronchien, den Verdauungstrakten der Weißen schlummerten Keime, die wegen langer Koexistenz mit ihren Trägern nicht mehr zu Erkrankungen führten (14). Selbst wenn Infektionskrankheiten ausbrachen, gefährdeten sie die Eroberer weniger, da unter ihnen stets auch immune und widerstandsfähigere Individuen lebten. Bei den Ureinwohnern hingegen wirkte sich jede Infektion katastrophal aus. 1740 mußte ein Vizekönig nach Hause berichten: „In Nord- und Südamerika sind in zahlreichen Orten die Ureinwohner völlig verschwunden, es bleibt nicht einmal eine Spur von ihnen. Die Provinz Santa, die alleine ein ganzes Königreich sein könnte, hat wie viele andere praktisch keine Bewohner mehr."

Unter den Gesichtspunkten der Evolution – die nicht auf das Wohl des Menschen ausgerichtet ist – konnte den europäischen Krankheitserregern nichts Besseres passieren als das Auftreten eines Besessenen, der mit aller Kraft daran glaubte, auf dem Seeweg nach Westen irgendwann in Indien zu landen und so Amerika auch für die Parasiten entdeckte.

Ob auch unser Mykobakterium unter den Invasoren war, ist umstritten. S. Pfeiffer (1984), W. A. Ritchie (1952) u. a. glauben bei der Untersuchung indianischer Begräbnisplätze Anzeichen dafür gefunden zu haben, daß die Tuberkulose unter den Ureinwohnern bereits grassierte, bevor Kolumbus mit seinen Leuten das Land betrat. Fest steht, daß der „Rote Mann" unter den Parasiten der Weißen sehr zu leiden hatte.
Als in Europa während des 19. Jahrhunderts die Schwindsucht wütete, befiel sie in Nord- und Südamerika zunächst die Weißen, bald darauf die schwarze und die indianische Bevölkerung. 1909 hatten von 107 000 Indianern 1038 Lungentuberkulose, 1590 Lymphdrüsentuberkulose, 208 Knochentuberkulose (14).
Niemand hatte ein Interesse daran, den unterworfenen Völkern medizinische Versorgung zu gewähren, nicht einmal nach den dürftigen Maßstäben der Medizin – aus heutiger Sicht –, die damals in Europa herrschten. Neben Flitter und Glasperlen ließ der weiße Mann den eroberten Völkern immer auch seine Parasiten als Gastgeschenk zurück und verteilte auf diese Weise die Erreger Europas über den Globus.

Amphitheater von Latrinen

Wir sind wieder im alten Europa, konzentrieren die Spurensuche auf Paris – die Weltmetropole des 17. Jahrhunderts und der Schauplatz für die bunte Ära des Barock, des Absolutismus, der stilvollen höfischen Gesellschaft. Dem bakteriologisch Interessierten bietet sich eine Phantasmagorie des Parfüms und des Kots.
Ein „Amphitheater von Latrinen" nennt Louis-Sébastien Mercier sein Paris. Die Schwaden der Exkremente, der Leichen, des Aases der Tiere wabern in der Luft. „Geruchswolken von abgestandenem, in der Abflußrinne stagnierendem, auf dem Pflaster getrocknetem, in das Mauerwerk eingesickertem Urin verfolgen den Besucher, der sich durch einen endlosen, schlauchförmigen Gang zum Innenhof vorarbeiten muß, ehe er die elenden Wohnungen erreicht", schildert uns Alain Corbin (21), „die Wohnräume sind klein und überfüllt, es herrscht ein wildes Durcheinander von Gerätschaften, schmutziger Wäsche und Geschirr. Winzige Schlafstätten in Verbindung mit schachtartigen Innenhöfen und schlauchförmigen Gängen. Es herrscht überall ein bedrohlicher Luftmangel."
Das waren ideale Bedingungen für ungebremstes Gedeihen und rasche Aus-

breitung von Krankheitserregern – auch unserer Mykobakterien. Hinzu kam die tiefe Überzeugung, eine übelriechende Dreckkruste auf der Haut sei die ideale Schutzschicht gegen Miasmen.
Miasma, griechisch für „Verunreinigung", galt in der „vorbakteriellen" Zeit als ein krankheitserregender Stoff in Luft, Erde usw., der von außen in den menschlichen Körper eindrang. Im Gegensatz dazu sprach man vom menschlichen Körper selbst ausgehendem Kontagium, durch dessen Berührung (Kontakt) die Ansteckung erfolgt, z. B. mit den Masern, während der durch ein Miasma erkrankte Mensch für andere Menschen ungefährlich blieb, z. B. bei der Malaria. Miasmatiker und Kontagionisten lieferten sich heftige Kämpfe – noch bis in die Zeit Louis Pasteurs.
In steter Sorge vor den Miasmen, welche Fäkalien und Leichen entströmten, hat man sich im 17. Jahrhundert fleißig beduftet, mit Moschus, Rosmarin, Lavendel, Rosenduft. Ein herausragender Miasmenträger war übler Atem, also spülte der gepflegte Mensch den Mund mit Rosenwasser. Die ganze Epoche war geplagt von der Angst vor Luftverderbnis und Miasmen, Kontagien; jeder achtete beim anderen auf dessen Atem und Körpergeruch. Da die aktuelle Medizin Krankheitsursachen nur vage erklärte, wurde alles miteinander vermengt: Gestank und Krankheitskeime, Übelriechendes und Ungesundes, Luftverderbnis und Erstickungsgefahr.
Zu beklagen waren die armen Kreaturen, die man ins Hospital brachte. Das berühmt-berüchtigte Hôtel Dieu wurde beschrieben als „stinkende Infektionsmaschine". Corbin schildert genußreich das Innere: „Das hechelnde Atmen und die verderblichen Schweißabsonderungen der Kranken, ihr schleimiger Auswurf und die eitrigen Substanzen, die aus den Wunden fließen, der Inhalt von Kübeln und Nachtstühlen, die Arzneigerüche und die Ausdünstungen der Wundpflaster vermischen sich zu einem überwältigenden Gestank, an dessen Zusammensetzung die Ärzte das Risiko sich anbahnender Epidemien rechtzeitig zu erkennen versuchen." Unsere Medizinstudenten können dies nicht nachvollziehen: Im 17. Jahrhundert hatten Ärzte gelernt, am Krankenbett „mit Überlegung zu riechen". Zunächst stellten sie fest, wie der Patient im gesunden Zustand riechen müßte und verglichen dies mit dem charakteristischen Geruch einzelner Krankheitsarten. Am Geruch des Kranken konnte der Arzt Diagnose und Prognose erstellen. Er konnte z. B. den Eigengeruch der Schwindsucht von dem der Ruhr unterscheiden. Es herrschte auch die Überzeugung, die Gerüche der Kloaken seien heilsam, denn drei schwindsüchtige Frauen waren nach glaubhaften Aussagen durch ihre Arbeit mit Fäkalstoffen geheilt worden.

In Versailles, wo es nicht besser roch, folgte König Ludwig XIV. dem mittelalterlichen Brauch des Handauflegens zwei- bis dreimal im Jahr (22). Die Zahl der Kranken, die dabei auf Heilung hofften, nahm im Laufe des 17. Jahrhunderts zu. Einmal soll Ludwig an einem Tag zweitausend Kranken die Hand aufgelegt haben.
Als sei es nicht genug der täglichen Plage, konnten die Mächtigen den Frieden nicht bewahren. 30 Jahre, von 1618 bis 1648, kroch der Auswurf Europas wie ein bösartiger und giftiger Heuschreckenschwarm über Deutschland hinweg, die Soldateska aller Länder: Landsknechte, Söldner, die vom Krieg und für ihn lebten – Menschen, die sich an den Tod und an das Leben ohne Gnade verkauft hatten (23). Wo Söldnerheere zogen, streuten sie Wolken von Erregern aus, auch Mykobakterien. Wenn Seuchen regierten, stieg die Sterblichkeit sprunghaft an, derweil die Geburtsziffern in Hungerzeiten merklich nach unten gingen (15). So wirkten auf die menschlichen Populationen die Kräfte erbarmungsloser Selektion: Tod durch Söldnerwaffen, Tod durch Infektionskrankheiten, Tod durch Hunger. Nur die Davongekommenen konnten Nachwuchs zeugen. So hat der 30jährige Krieg die Bevölkerung in unserem Lande von 17 auf acht Millionen dezimiert.

Brüder und Schwestern im Leid

Wieviele Menschen in welchen Weltteilen der Tuberkulose im Verlauf der Geschichte zum Opfer fielen, niemand kann darüber Auskunft geben. Es sind immer einzelne Schicksale, die aus dem Nebel der Anonymität herausragen und uns einen kurzen Blick in die Persönlichkeit gewähren, die sich auf ihre besondere Weise mit der Krankheit auseinandersetzte, mit ihr kämpfte, siegte, unterlag, die uns Zeugen werden läßt von den unglaublichen Kräften, die ein Mensch aufzubringen imstande ist, wenn er den Tod vor Augen hat und doch die Hoffnung nicht aufgibt – bis zur letzten Minute.
Von Calvin bis Orwell reicht die Kette der Biographien, und jede gibt der Tuberkulose einen anderen, individuellen Ausdruck, eben weil die Tb eine geheimnisvoll schillernde Krankheit ist, die auch heute noch nicht jedes ihrer Geheimnisse preisgegeben hat. Bei unserer Spurensuche nach Schicksalen folgen wir u. a. dem Arzt Dr. Erich Ebstein, der Anfang der 30er Jahre intensive Forschungen über herausragende Tuberkulöse unternahm (24, 25).

Am 27. Mai 1564 starb in Genf der Theologe, Prediger, Fanatiker und Reformator Johannes Calvin, der 1509 zu Noyon in der Picardie geboren worden war. Ein Leidender: Magenbeschwerden wechselten mit Migräneanfällen, Bronchialkatarrhen, Hämorrhoidalleiden, Malariaanfällen, Nierenkoliken, Gicht. Ab 1560 galt er als lungenkrank. Medizinhistorikern fiel es schwer, die unmittelbare Todesursache anzugeben, es bestehe aber die Möglichkeit, Calvin sei der fortschreitenden Tuberkulose erlegen.
1643 starb mit 43 Jahren an seiner rasch verlaufenden Tuberkulose König Ludwig XIII. von Frankreich. Bei der Sektion der Leiche zeigte sich eine große Kaverne in der linken Lunge.
Am 15. April 1659 starb nach jahrelangem Leiden an der Schwindsucht der Poet Simon Dach. Er wurde 54 Jahre alt. Mit Dach beginnt die Geschichte jener Geister, die sich künstlerisch mit ihrer Krankheit auseinandersetzten, zunächst erkennen wir in ihm den Schöpfer des schönen Liedes „Ännchen von Tharau ist's, die mir gefällt ...". Er war Professor für Dichtkunst an der Universität Königsberg. Seinen Schmerzen, seiner Angst auch, gab er bewegenden Ausdruck in einem neunstrophigen Gedicht „Als er die ganze Nacht für Engbrüstigkeit nicht geschlaffen": „Erbarmt euch meiner Schmerzen / Ihr Ärzte, kommt zu Hauf, / Nehmt meine Not zu Herzen / Schlagt eure Bücher auf. / Was euer Rat wird bringen / Auch wär es Gassenkot, / Ich will ihn in mich schlingen / So groß ist meine Not.... Mein Fieber ist verschwunden, / Mich hungert allgemach / Ich gebe den Gesunden / Fast nirgends etwas nach / Mein Durst hat sich geleget / Nur daß der zähe Wust / Die Atemkürz erreget / In meiner engen Brust."
Und in seinem „Klaggedicht bei seiner schmerzlichen Krankheit" heißt es: „Seht meinen Jammer an, ist dieses Liebespflicht, / Zu schlechtem Vorteil euch mein Vorteil mir nicht gönnen? / Ach, kränket mich nicht mehr durch euer Angesicht! / Die allerletzte Pein ist, glaub ich, ärger nicht, / Als leben müssen, sterben wollen und nicht können."

Am 21. Februar 1673 trugen sie den billigen Holzsarg still zum Friedhof Saint Eustache. Kein Gepränge begleitete Frankreichs großen Dichter auf seinem letzten Gang: Jean Baptiste Poquelin, bekannt unter dem Künstlernamen Molière (26). Als einziger hatte er die Krankheit auf die Bühne gebracht und selbst noch gespielt, vom Tode gezeichnet. Am 17. Februar 1673 ging Molières Stück „Der eingebildete Kranke" zum vierten Male über die Bretter. Krank spielte Molière den Kranken. Laut Textbuch hat Argan zu sprechen: „Wenn ich Arzt wäre, würde ich mich an der Unverschämtheit dieses Mannes schon

rächen; und wenn er krank wäre, würde ich ihn ohne Hilfe dahinsterben lassen. Er könnte noch soviel bitten, nicht das geringste Klystier, nicht den geringsten Aderlaß würde ich ihm verschreiben, ich würde ihm sagen: Krepiere, krepiere! Das wird dich lehren, ein andermal die Fakultät zu verspotten."
Küchler, zitiert in Ebstein: „Wenn man nicht wüßte, daß Molière krank war, als er dieses Stück schrieb, aus dieser Stelle allein könnte man es herauslesen, und diese Stelle ist hochkomisch . . . Wir erleben nur die künstlerische Bewältigung des Themas ‚Le malade imaginaire' aus der komischen Gestaltungskraft des ungebrochenen Dichters."
Molière erlitt auf der Bühne einen Blutsturz, spielte zu Ende, wurde nach Hause getragen. Dort setzte der Husten erneut ein und so stark, daß das Blut ihm reichlich aus dem Munde floß und ihn erstickte. Um zehn Uhr abends war der Tod eingetreten. Ein elender, trauriger Tod für den begnadeten Dichter des „Tartuffe", des „Menschenfeind", des „Eingebildeten Kranken" – der als „Ungläubiger" nicht einmal ein anständiges Begräbnis bekam.

Am 9. Juli 1677 holte die Schwindsucht einen Dichter, von dessen umfangreichem Werk nur sein „Cherubinischer Wandersmann" (1675) sich im Gedächtnis erhalten hat, eine Sammlung meist zweizeiliger Sprüche, welche einen tiefsinnigen Pantheismus, aber auch eine Moral im christlichen Sinne verkünden. Geboren wurde Johannes Scheffler Ende Dezember 1624 in Breslau. In Straßburg und Padua studierte er Medizin, Politik und Geschichte. Er wurde zum Leibarzt des Herzogs von Öls ernannt, trat 1653 zum Katholizismus über und nannte sich Angelus Silesius. Seit 1675 fühlte er sich erschöpft und elend: Lungenschwindsucht. Dem Körper durch kräftige Speise aufzuhelfen, scheint ihm sein asketischer Sinn verboten zu haben. Scheffler starb „nach langer Leibesschwachheit, langen und dörrsüchtigen Beschwerden". Sein Grab liegt in Breslau.

Am 21. Februar 1677 erlag in Den Haag der Tuberkulose, einsam und verarmt, 45 Jahre alt, ein jüdischer Philosoph, den Lessing, Leibniz, Herder, Hegel, Goethe zu den Größten zählten: Baruch (Benedikt) Spinoza, eigentlich d'Espinosa, 1632 geboren in Amsterdam. Die jüdische Gemeinde schloß ihn aus, seinen Lebensunterhalt erwarb er mit dem Schleifen optischer Gläser. Die wenigen Jahre, die ihm blieben, nutzte Spinoza zur Errichtung eines umfassenden philosophischen Denkgebäudes: Gott und Natur sind eins! Ein Arzt notierte, sein Brustleiden sei erblich. Man weiß, daß Spinoza zwanzig Jahre brustkrank war und im Mai und Juni 1665 trotz Aderlaß immer noch Fieber hatte.

Durch die Lupe betrachtet

Neben der Philosophie waren es die praktischen Wissenschaften, die sich um die Aufklärung der Welträtsel mühten, und dazu gehörten die qualvollen Infektionskrankheiten, denen so unendlich schwer beizukommen war. Man suchte nach den Ursachen – auch im Bereich des Allerkleinsten. Um 1600 bauten Handwerker die ersten zusammengesetzten Mikroskope. Sie bestanden aus einem bikonvexen Objektiv, einer Feldlinse und einer einzelnen Okularlinse. Wer die alten Originalabbildungen betrachtet, wird zugeben, daß diese apart gestalteten Instrumente auch recht gut zu gebrauchen gewesen sein müssen.
Der holländische Arzt und Naturforscher Jan Swammerdam betrachtete mit Hilfe eines solchen Instrumentes viele Insekten. Und in Bologna untersuchte Professor Marcello Malpighi damit lebendes menschliches Gewebe und berichtete als erster über den Kapillarkreislauf der Lungen im Jahre 1661 (27). Der Amateurforscher Antoni van Leeuwenhoeck beschrieb 1674 Wimper- und Geißeltierchen und weitere Arten von Protozoen, die parasitisch auf Menschen und Wirbeltieren leben, sowie Bakterien, die er aber nicht klar charakterisieren konnte. Vielleicht hätte er sogar ein Mykobakterium gesehen, aber die Kunst des Färbens mikroskopischer Präparate war noch nicht erfunden.
Einige Fortschritte verzeichnete das letzte Drittel des 17. Jahrhunderts. Der Jesuit und Philosoph Athanasius Kircher (1601—1680) zog mit Kardinal Friedrich von Sachsen nach Malta, erfand dort den Brennspiegel und die Laterna Magica. Später in Rom untersuchte er die Auswurfstoffe von Patienten, die an Pest, Pocken und Dysenterie litten und sah auch wirklich Mikroorganismen unter seinen Linsen. 1670 wurde Kirchner von dem deutschen Philosophen Leibniz gebeten, die Körpersäfte gesunder Menschen unter das Mikroskop zu legen, „weil solches wird tausenderley Dinge entdecken machen, wird man in kurzer Zeit zu solchen Resultaten kommen, so alle bisherigen übertreffen". Wir wissen nicht, ob Kircher diesem Rat folgte, in seiner Arbeit *SCRUTINIUM PHYSICOMEDICUM CONTAGIOSAE QUAE DICITUR PESTIS* entwickelte Kircher eine neue, auf eigenen Beobachtungen fußende Theorie von der Übertragbarkeit der Infektionskrankheiten (15). Damit beeinflußte der Philosoph das epidemiologische Denken der damaligen Wissenschaft ganz erheblich.

Auch die Hospitäler wandelten sich allmählich. Nun erhielten auch bedürftige Kranke, die ohne Wohnung und Angehörige waren, Fürsorge und Hilfe. Die alten Pesthäuser in Danzig, Hamburg und Leipzig baute man um für die Zwecke einer stationären Krankenpflege. Stadtärzte (Physici) wurden angewiesen, die Kranken und den Verlauf der Krankheiten regelmäßig auf den Stationen zu beobachten. Wie das aussah, zeigt ein Kupferstich von 1684: zwei Ärzte bei der Urin- und Pulsdiagnose. Darüber das Spruchband: „Der Kranke soll Gott vertrauen; auf seine Hilfe bauen; so wird er Wunder schauen." Das könnte jemand auch anders verstehen, als es gemeint war. Jedenfalls führte die niederländische Universitätsstadt Leiden schon 1625 den medizinischen Unterricht am Krankenbett ein.

Rupert Hall sah die Entwicklung kritisch: Das 17. Jahrhundert sei verschwenderisch gewesen mit technischen Erfindungen und mit Vorschlägen zur Verbesserung des menschlichen Loses, aus denen aber sehr wenig wurde. Was auch auf den Gebieten Anatomie, Physiologie, Embryologie, Chemiatrie etc. geschehen sei, es brachte wenig Veränderung in die Art und Weise, wie gewöhnliche Ärzte, Chirurgen und Hebammen ihren Beruf ausübten. Ebenso habe es um die Leitung der Krankenhäuser gestanden, dieser Plätze, „wohin Männer und Frauen sich eher begaben, um zu sterben, als zum Weiterleben befähigt zu werden". Die gängigen Therapien kennzeichnet Hall als abergläubische, magische Barbarei. Könige wie Untertanen unterzogen sich den Methoden des Purgierens (Einlauf), Vomierens (Erbrechen) und Aderlasses, welche die Medizin verordnete zur Erhaltung der Gesundheit durch die Reinigung der Humore (Säfte). Üblich waren Tabak- und Rhabarber-Klistiere, man setzte Blutegel und gab Brechmittel. Sehr beliebt war eine Medizin aus Schafskötteln in Weißwein mit pulverisierter Eierschale und in Wein ertränkte und dann getrocknete Tausendfüßer. Die Leidenden glaubten jedem Scharlatan, der ihnen Heilung versprach. Im großen und ganzen verharrte die praktische Medizin als angewandte Wissenschaft bei den Erkenntnissen eines Aristoteles und Galen. Die Lehre von den vier Körpersäften blieb bestimmende Grundlage medizinischen Denkens und Handelns. Ungebrochen lebte der Glaube an die Macht der Gestirne über Gesundheit und Krankheit.

Haus der Götter

Der nächste Treffpunkt auf unserer Reise durch die Jahrhunderte ist ein Denkmal in Berlin. Auf hohem Sockel ringt ein Titan mit irgendwelchen Gorgonen. Schön ist es wohl nicht, das Ehrenmal für den Anatomen Virchow, und der

Jugend sagt die Szene vom Kampf gegen die tödlichen Krankheiten – von diesem bewegenden Drama der Vergangenheit, nichts. Wir wandern weiter durch schmale Straßen, ein bißchen verkommen ist die Gegend. Bescheidenes Tor, ein paar Schilder: die Charité, der abgeschabte Tempel einstiger Größe, heilige Hallen, in denen die Götter in Weiß um das Leben ihrer Patienten rangen mit allen Mittel, welche fortschreitende Medizin ihnen in die Hände gab. Wer denkt nicht an Heroen wie Ferdinand Sauerbruch, der hier wirkte von 1927 bis 1950.
Entstanden war die Charité aus dem Anatomischen Theater, das Friedrich Wilhelm, König von Preußen und Kurfürst von Brandenburg, 1713 gründete. Friedrich II. bewilligte nach langen Verhandlungen den Neubau, der nach 15 Jahren Bauzeit fertiggestellt wurde (28). Klinikchef war seit 1800 der bedeutende Arzt Christoph Ludwig Hufeland, zu dessen Patienten auch Goethe, Schiller und Wieland gehörten. Von französischen Emigranten war zuvor, 1782, in Berlin das erste Kinderkrankenhaus Deutschlands eingerichtet worden (die erste Kinderklinik der Welt soll die in London, errichtet 1779, sein). Die Charité heute: moderne Hochbauten neben rotem Klinker und blaugrünem Efeu. Mediziner wandern in Weiß, Patiententrupps, Besucher. Wohlerhalten: die Virchowsche Pathologie mit Sammlung und Originalhörsaal. Der Ort taugt auch zum Erinnern.
Neben den Hospitälern für die Alten und Siechen setzte sich während des 18. Jahrhunderts überall in Europa das „Allgemeine Krankenhaus" durch. Hier lernten Mediziner, die Krankheiten sicherer zu differenzieren, zu klassifizieren und hieraus erfolgreichere Therapien zu entwickeln. Für den Studenten der Geschichte der Infektionskrankheiten ist heute die Lage verwirrend, weil noch zu Beginn des 19. Jahrhunderts Krankheitsnamen üblich waren, die man erst in die moderne Nomenklatur übertragen muß, wie „Bauerwezel", „Stickfluß", „falsche Lungenentzündung", „falscher Seitenstich" oder „faule Bräune". Um 1800 entstand die Universitätsklinik. Hier konnte man Kranke stationär aufnehmen und an ihnen medizinische Forschungen und die Ausbildung junger Ärzte betreiben. Drei Aufgaben fallen dem akademischen Krankenhaus zu, schrieb Dr. Christoph Wilhelm Hufeland: „Hülfe den ärmeren und verlassenen Kranken; Vervollkommnung der Heilkunst durch genauere Beobachtung und unter Aufsicht angestellte Versuche; Bildung der Wundärzte zum praktischen Heilgeschäft."
Es dämmerte nun eine Zeit herauf, welche Kliniken und Krankenhäuser vor neue, und in ihren Ausmaßen bis heute nicht bewältigte Aufgaben stellte: Krankheit als Phänomen der Masse. „Geschichte betreiben heißt, eine Sache aus ihren Voraussetzungen heraus und in ihren Folgen zu verstehen, als

Chance, aus Vergangenem das Gegenwärtige zu begreifen und das Künftige zu vermuten . . ." Hermann Glaser bezieht solche Kriterien auf die Industriekultur, und wir bleiben bei diesem Gedanken, der viel zu tun hat mit den Schicksalen arbeitender, leidender, hoffender, sterbender Menschen jener Epoche des Heraufziehens einer industriellen Welt.

Etwa ab der Mitte des 17. Jahrhunderts darf man von „Industrie" sprechen, wenn sie auch noch nichts mit der unseren zu tun hat. Das folgende 18. Jahrhundert verfestigte den Begriff in den Köpfen und Herzen der Menschen, verwandelte das Dasein der Europäer in einem nie für möglich gehaltenen Ausmaß: Man sprach von „Fortgang", „Fortdauer", „Fortrücken", „Fortschreitung" und unter dem Einfluß Immanuel Kants dann von „Fortschritt". Die Schritte von den Wissenschaften zu ihren Anwendungen vollzogen sich seit dem 18. Jahrhundert in immer kürzeren Abständen. 1780 stellte die *DEUTSCHE ENCYCLOPÄDIE* fest: „Die Industrie und Arbeitsamkeit ist nun einer ins Unendliche fortgehenden Vergrößerung und Vermannichfaltigung fähig". Im fortschrittlichen Europäer sah man die „unendliche Obermacht" über die übrigen Völker des Erdbodens (29). Der feste Glaube an den Fortschritt wird die Menschen bis weit ins 20. Jahrhundert beschäftigen und manch einen taub sein lassen für die Warnungen vor einem zu blinden Vertrauen z. B. in die Macht der Medizin in ihrem Kampf gegen die Infektionskrankheiten.

1776 erschien Adam Smiths folgenreiches Buch „Inquiry into the nature and causes of the wealth of nations": Über die Natur und die Ursachen nationalen Wohlstands. Smith propagierte strenge Arbeitsteilung als Mittel zur Hebung der Produktivität. Dazu ein Denkspiel: „Ein Arbeiter produziert am Tag zehn Stecknadeln, zehn Arbeiter am Fließband produzieren am Tag 48 000 Nadeln." Das leuchtete jedem Unternehmer ein, und so erlebte Berlin schon 1705 Tapeten-, Tabak- und Textilmanufakturen mit bis zu tausend Arbeitskräften, Frauen und Kinder inbegriffen. Daß damit neuen Wellen von Infektionskrankheiten der Boden bereitet wurde – wer hätte das ahnen sollen?

Historisch bewegen wir uns zwischen dem Barock und dem Rokoko, in den schweren Jahrzehnten, die bestimmt wurden von Kälteeinbrüchen, mageren Ernten und Teuerungen. Die Ärzte wurden überrascht von Fleck- und Rückfallfieberepidemien, von seuchenartig auftretender Influenza. Zögernd versuchte man es auf dem Kontinent mit dem von Jenner in England erfundenen Impfen gegen die Pocken, dem sogenannten „Blattern-Beltzen".

Für damalige Verhältnisse war Deutschland übervölkert. Hungernde Aussätzige und Schwindsüchtige starben schon an der ersten leichten Grippe. Rascher

gestorben wurde in den Städten, denn hier war die Hygiene eher schlechter als auf dem Lande, aus dem die Leute in die Städte zogen, um besser zu verdienen; und machten es doch nur den Infektionen leichter in der drangvollen Enge der Gassen.
Ärzte und andere Heilkundige waren noch dünn gesät; in Berlin kamen dreitausend Bürger auf einen Arzt. Niemand wunderte sich über dessen merkwürdige Rezepte. So schrieb Samuel Augustus Flemming 1738 in seinem Buch über die Heilmittel: „Wenn man den Schweiß eines mit Fieber Behafteten unter Teig mischt und Brot daraus backen läßt, das man einem Hund zu fressen gibt, so sollte der Hund das Fieber bekommen und der Mensch gesunden.“ Schweiß galt auch als wirksam zur Vertreibung „skrofulöser Balggeschwülste“ und zur Unschädlichmachung von Liebestränken (30).
Andererseits predigte der Leipziger Arzt Platner den Kampf gegen den Schmutz auf der Haut und empfahl, sich häufig das Gesicht, die Hände, die Füße und von Zeit zu Zeit sogar den ganzen Körper zu waschen. Allmählich bildete sich eine Körperhygiene heraus, doch Moralisten befürchteten „Selbstgefälligkeit“, „sinnliche Blicke“ und „autoerotische Versuchungen“ beim Waschen: Nacktheit sei eben ein Risiko (21). Andere sahen darin ein Herrschaftsinstrument in den Händen der Bourgeoisie: Hygiene bedeute die symbolische Gleichsetzung von Desinfektion und Unterwerfung. Die dumpfige Luft sozialer Katastrophen, gleich, ob Aufruhr oder Epidemie, ließe darauf schließen, daß man den Proletarier durch die Desodorisierung seiner Person zu Disziplin und Arbeit zwingen könnte. Eine bestimmte – disziplinlose – Sorte Bevölkerung leiste dem Ausbruch von Epidemien Vorschub, nämlich die, die im Gestank des eigenen Drecks verkommen: Dirnen, Lumpensammler und Juden.

Beflügelndes Fieber

Auch im 18. Jahrhundert stellt sich uns die Frage: Wie gingen sie um mit der Infektion, die Schwindsüchtigen? Haben die Dichter, Philosophen, Maler auf den Infekt reagiert, oder hat die Erkrankung etwas in ihnen, in ihrem Werk verändert? Kunst ist allemal auf Erfahrung gegründet, aus nichts kann man nichts schaffen. Krankheit macht kein Genie, aber das Erlebnis der Krankheit kann ein schlummerndes Genie aufwecken, kann es reizen, nach Maßgabe der veränderten Lebensumstände sich auswirken. Die Art und Weise, auf die Infektion zu antworten, ist Ausdruck des Wesens des Kranken. Allgemeingültiges zum Thema „Genie und Tuberkulose“ wird kaum zu formulieren sein, jeder „Fall“ muß einzeln betrachtet werden.

Da ist zum Beispiel Antoine Watteau, der französische Maler des Rokoko. Er wurde 1684 geboren und war zeit seines Lebens krank. 1721 reiste Watteau nach London, um den berühmtesten Praktiker Englands, Dr. Richard Mead (1673—1754) um Rat zu bitten. Der war zugleich Arzt des englischen Königs, und Watteau wohnte und malte bei ihm. Doch der Londoner Herbst mit Nebel und Kohlenrauch bekam dem Maler nicht. Schwermut und Brustleiden nahmen zu. „Das Leiden, das sich so oft mit einem gesteigerten Verlangen nach Lebensgenuß verbindet, die Schwindsucht, nagte an dem mißhandelten Körper und grub ihm sein allzu frühes Grab.“ Schwer lungenkrank kehrte Watteau aus England zurück und verbrachte die letzten Wochen auf dem Landgut seines Mäzens, des Abbé Haranger. Am 18. Juli 1721 „nimmt er noch einmal den Pinsel in die zitternde Hand, macht Bewegungen in der Luft und läßt den Pinsel wieder fallen. Gleichsam malend haucht er sein junges Leben aus . . .“ Er starb mit 37 Jahren.

Der Arzt und Kunstkenner Philip Sandblom (31) glaubt, die Krankheit habe häufig eine besondere Wirkung auf die kreative Phantasie der Leidenden ausgeübt. Leichtes Fieber beflügele ihre Gedanken und versorge die Imagination mit träumerischen Bildern.
Wird Krankheit – hier die Tuberkulose – manchen hochkreativen Menschen zum Schicksal? Diese Frage kann wichtig sein für ein Verständnis von Dichtung und bildender Kunst. Dr. Erich Ebstein hat zu Beginn der 30er Jahre unseres Jahrhunderts mannigfaches Material zu diesem schwierigen Komplex zusammengetragen und notiert: „Bei genialen Persönlichkeiten, welche, lange bevor sie noch dem biblischen Alter eines erfüllten Menschenlebens nahekommen, am fortschreitenden Lungenübel zugrunde gingen, lassen Biographen und Beurteiler nicht selten die Schwindsucht schuld sein am Werk und an der Größe ihrer Helden.“
Der Dichter Charles Dickens schrieb zu diesem Thema: „Das ist eine furchtbare Krankheit, welche ihr Opfer sozusagen auf den Tod vorbereitet, indem sie ihm die gröberen Züge nimmt und unirdisch anmutende Zeichen künftiger Wandlung verleiht; eine furchtbare Krankheit, in welcher der Kampf zwischen Seele und Körper so allmählich ruhig und feierlich, das Ergebnis des Kampfes

so sicher ist, daß Tag für Tag und Körnchen für Körnchen das Sterbliche hinschwindet und verwelkt, während der Geist licht und feurig wird in seiner leichten Bürde; er fühlt die Unsterblichkeit nahe und er achtet sie nur als eine neue weitere Grenze des Lebens; es ist eine Krankheit, durch die der Tod Glut und Farbe des Lebens annimmt, das Leben aber der hageren Gestalt des Todes weicht."

Einen bemerkenswerten Beitrag zu dieser Diskussion leistete der Sanatoriumsarzt Dr. Ernst Melzer. 1933 schrieb er aus langer klinischer Erfahrung über den Eingriff der chronischen Tuberkulose in die psychophysische Persönlichkeit: „... so erscheint uns die Tuberkulose keineswegs mehr als ein lokal begrenzter, im Körper irgendwo sitzender Krankheitsherd, sondern vielmehr als eine den Gesamtorganismus in ihren Bann ziehende Allgemeinerkrankung. Von dem Krankheitsherd gehen Giftstoffe aus, die auf dem Wege über nervöse Funktionsstörungen fast alle Organe des Körpers und nicht zuletzt die Psyche in Mitleidenschaft ziehen."

In kleineren Dosen komme dem tuberkulösen Toxin erregende Eigenschaften zu, meinte Melzer. Andere Beobachter gingen so weit, den Giften des Tuberkelbazillus die Macht zuzuschreiben, im infizierten Organismus gewissermaßen eine zweite, tiefere Persönlichkeit zu entflammen und zu „genialer Betätigung" hinzureißen.

Dem Urteil der internationalen Fachwelt bleibe überlassen, hier vertiefende Klärung anzubieten. Doch man hat auch als Nichtfachmann beim Studium tuberkulöser Persönlichkeit durchaus den Eindruck, daß die Krankheit in manchen etwas „bewirkt" habe. Von Jean Jacques Rousseau (1712—1778), der zeitweise an Tb litt, schrieb sein Biograph P. J. Möbius: „Die angeborene Krankhaftigkeit Rousseaus war die Quelle sowohl seiner Genialität wie seiner Paranoia."

Wie das Lungenleiden sich vielleicht auf die musikalische Kreativität auswirkte, ist uns nicht überliefert. Wir sprechen von dem jungen, hochbegabten Komponisten Giovanni Battista Pergolesi. Zuletzt weilte er im italienischen Seebad Pozzuoli. Die Ärzte hatten ihn dorthin geschickt; die milde Seeluft werde vielleicht heilsamen Einfluß auf die galoppierende Schwindsucht des Leidenden nehmen, der immer nur von Melodien träumte. Pozzuoli kam zu spät: Einsam, von allen im Stich gelassen, starb der frühe Genius der abendländischen Musik am 16. März 1736, eben 36 Jahre alt geworden. Sein bißchen Habe mußte man verkaufen, damit Geld da war für Grab und Schulden.

Noch heute spielt man Pergolesis „Stabat mater", und das Zwischenspiel „La serva mater" machte musikgeschichtliche Epoche als komische Oper: 1803 in Bremen als „Das Dienstmädchen als Herrin" (32). Groß war der Nachruhm. Marchese di Villarosa schrieb: „Das höchste Lob verdient er für seine Bescheidenheit, für die geringe Meinung seiner selbst, nie sich des Lobes rühmend, das ältere Meister der Tonkunst ihm in seinen frühesten Jahren bereits reichlich gespendet hatten. Mit Ergebung nahm er sein vorzeitiges Ende hin." Von den Melodien, die mit dem Körper Pergolesis ins Grab gelegt wurden, werden wir niemals erfahren.

So wenig wie von den ungeborenen Gedanken eines jungen Philosophen, der mit 32 Jahren unbeachtet am 9. März 1747 in Paris starb: der französische Aristokrat und Moralist Luc de Clapiers Marquis de Vauvenargues. Geboren am 6. August 1715 in Aix-en-Provence und zum Leiden bestellt.
Im Knabenalter befiel ihn das Lungenleiden, beendete die vorgesehene militärische Laufbahn. Entstellende Pocken gesellten sich zur Schwindsucht. Vauvenargues lebte wie ein Mönch und dachte über die Rätsel des Lebens nach. Ein scharfer Beobachter menschlicher Gefühle und Triebe, Leidenschaften und Willensäußerungen, die er bis in ihre verborgenen Motive und Seelenwurzeln verfolgte – lange vor dem Aufkommen der Psychoanalyse. Manche seiner Maximen haben bis heute ihre Gültigkeit bewahrt: „Was wir mit dem Namen Frieden ehren, ist oft nur ein kurzer Waffenstillstand, in dem der Schwächere auf seine gerechten oder ungerechten Ansprüche verzichtet, bis er Gelegenheit findet, sie mit Waffengewalt wieder geltend zu machen." Und auch: „Entdeckte man das Geheimnis, den Krieg für immer abzuschaffen, das menschliche Geschlecht zu verehren und die Existenz aller Menschen zu sichern – wie töricht und barbarisch erschienen unsere besten Gesetze!"
Zwischen unseren Genies sollten wir des wissenschaftlichen Fortschritts gedenken. In Wien zum Beispiel, am berühmten Spanischen Krankenhaus, wirkte Leopold Edler von Auenbrugg als Arzt und experimentierte um 1754 mit seiner neuen Methode, der sogenannten „Perkussion": Er beklopfte die Körperoberfläche seines Patienten und konnte danach auf bestimmte Krankheiten der Brust- und Bauchorgane schließen. Die Perkussion des „Auenbrugger" war einer der seltenen Meilensteine in der Medizin, auch für die Diagnose einer Lungentuberkulose. In seinem Buch *INVENTUM NOVUM EX PERCUSSIONE THORACIA HUMANI* von 1761 legte der Arzt die Prinzipien seiner Perkussion dar und veröffentlichte im selben Jahr noch ein Buch über Lungen-

krankheiten bei Steinbrucharbeitern. Bevor Auenbruggers Methode sich allgemein durchsetzte, verging einige Zeit. Erst 1808 übersetzte Jean Nicolas Corvisart Auenbruggers Abhandlung aus dem Lateinischen mit einem Kommentar.

Krankheit und Politik – ein großes Thema für sich. Die Erkenntnisse des österreichischen Doktors retteten manches Leben, aber dann brach der Siebenjährige Krieg aus, und Wien wurde zum feindlichen Ausland für das Preußen König Friedrichs II. in Potsdam (33). Während Friedrich von seinen Siegen bei Roßbach und Leuthen nach Hause schrieb, konnte seine über alles geliebte Schwester Wilhelmine, Markgräfin von Bayreuth, ihr Bett nicht mehr verlassen. Zehn Jahre war sie schon krank und nun, im Kriege, siechte sie dahin. Die Briefe an Bruder Friedrich konnte sie nicht mehr selbst schreiben und diktierte im August 1758: „Sie fragen nach meinem Zustand. Wie ein armer Lazarus liege ich seit sechs Monaten im Bett. Seit acht Tagen trägt man mich auf einem Tragsessel und fährt mich im Rollstuhl, um meine Lage etwas zu ändern. Ich leide an einem heftigen, trockenen Husten, der nicht weichen will. Meine Beine, Hände und Gesicht sind unförmig geschwollen. Ich habe mich in mein Schicksal ergeben; ich werde zufrieden leben und sterben, wenn Sie nur glücklich sind."
Der König antwortet aus dem Feld am 20. September 1758: „... Ich falle Ihnen zu Füßen und flehe Sie an, ich beschwöre Sie, alles zu tun, um sich von dieser Krankheit loszumachen. Essen Sie, gebrauchen Sie die Medizin, und befolgen Sie blindlings, was Ihr Arzt Ihnen verordnet. Bedenken Sie, daß Ihr Tod mich zu dem unglücklichsten Geschöpf machen würde, welches auf der Erdoberfläche kriecht ..."
Das königliche Wort konnte nichts mehr bewirken (34). Wilhelmines Brustkrankheit, wahrscheinlich tuberkulösen Ursprungs wie beim Großvater Friedrich I., verschlimmerte sich rapide. Am 14. Oktober desselben Jahres starb sie in den Armen ihres Mannes und ihrer Tochter Friederike. Als er nach der Niederlage bei Hochkirch am 18. Oktober die chiffrierte Todesnachricht in Händen hielt, war der hartgewordene König tief erschüttert. Voltaire, der einmal tiefsinnige Gespräche mit der Freundin Wilhelmine in der Eremitage geführt hatte, verfaßte auf sie eine Ode: „Mich bedrückt des Alters Schwäche, / Daß ich bebend, was ich spreche, / Auszudrücken kaum vermag. / Zitternd hab ich nur geschrieben, / ‚Die hier ruht, verstand zu lieben!' / Dir auf Deinen Sarkophag."
Die geliebte Schwester hatte er beschworen, den Ärzten blind zu folgen. Friedrich II. tat selbst das Gegenteil, hatte zeit seines Lebens ein kritisch-mißtrauisches Verhältnis zu seinen häufig wechselnden Leibärzten.

Es sah nicht gut aus in Preußens Gesundheitswesen. Da waren akademisch ausgebildete Medici und handwerklich geschulte Wundärzte: Barbiere, Bader, Chirurgen. Man kannte den Physicus, den Apotheker, die Hebamme und unzählige Kräuterweiber, heilkundige Schäfer, Scharfrichter und sonstige Pfuscher. In Berlin residierte das *COLLEGIUM MEDICUM*. Für Seuchenbekämpfung zuständig war ab 1709 das *COLLEGIUM SANITATIS* – das „Pestkollegium". Hier wurden die Berichte der Ärzte über den Gesundheitszustand der Bevölkerung ausgewertet und Maßnahmen zur Seuchenbekämpfung bei Mensch und Tier koordiniert.
Seinen Bauern und Arbeitern machte Preußen das Dasein nicht leicht. Frauen der ärmeren Schichten und sozialen Randgruppen schufteten in den Textilmanufakturen. Kinder im jüngsten Alter wurden zur Arbeit angehalten mit der Predigt: „... daß sie allein durch Fleiß und Application ihr künftiges Glück in dem bürgerlichen Leben erwarten können". Zur Arbeit in den Spinnereien der Hauptstadt rekrutierte man Zuchthäusler wie Insassen von Waisenhäusern, Gefängnissen, von Armen- und Arbeitshäusern. Wen kümmerte ihre Gesundheit? Teuerungen, Mißernten, Hunger waren die Plagen der Zeit. Frauen und Mädchen in den Manufakturen wurden so schlecht bezahlt, daß sie sich heimlich und öffentlich prostituierten – und sich venerische Krankheiten holten. Es bedeutete wenig, wenn in den 1780er Jahren in der Charité 200 Fälle von Geschlechtskrankheiten pro Jahr unentgeltlich behandelt wurden.
Mangels genauer Daten läßt sich nicht beweisen, wieviele Todesfälle infolge Schwindsucht damals zu beklagen waren, bei den gegebenen Arbeitsbedingungen in stickiger Enge dürften es nicht wenige gewesen sein. Zu einer umfassenden Reform seines Gesundheitswesens konnte Preußen sich erst im 19. Jahrhundert durchringen.

Ein hochinteressanter Lesestoff für Medizinhistoriker sind die vielseitigen Krankenberichte über die lebenslangen Leiden des Leipziger Poeten und Moralphilosophen Christian Fürchtegott Gellert, der am 4. Juli 1715 in Hainichen im Erzgebirge geboren wurde und schon als Schüler Anlaß zur Sorge gab, wie Erich Ebstein (35) recherchiert hat: „Gellert hat sich fast die gantze Zeit seines hierseyns unpäßlich befunden, so daß dessen Herrn Vater genöthigt worden, ihn wegen Geschwulst der Schenkel auf 13 Wochen lang nacher Hauße zu nehmen. Ob nun gleich diese Zufälle sich nach gebrauchter Cur verlohren: So habe doch bey seiner Wiederkunfft gefunden, daß Er einen starken Ansatz zur Schwindsucht habe; Indem er beständig hustet, Blut und zähe Materie auswirfft, sehr kurzen Athem, Engbrüstigkeit und Sticken hat, auch wenn er sich ein wenig beweget oder alterieret, welches ohnedem ein besonderer Zufall derer Phthisios ist, so starkes Herzklopfen hat, daß man es nicht allein von außen siehet, sondern auch höret."

In einem ärztlichen Zeugnis des Dr. Müller vom 26. Oktober 1733 wird betont, daß die Maladie den jungen Gellert im Winter weit stärker als im Sommer anwandle und der Befürchtung Ausdruck verliehen, daß nicht etwa „eine starke Blutstürzung, wie auch vor ezlichen Jahren seinen ältesten Bruder widerfahren, Ihm einen plötzlichen Tod verursache". Gemeint ist Friedrich Leberecht Gellert, der bereits im Alter von sechs Jahren starb.

Gellerts Vorlesungen in Leipzig mußten immer wieder von längeren Kuraufenthalten in Carlsbad unterbrochen werden. Ende des Jahres 1758 starb sein guter Freund Dr. Bach „an einer Auszehrung". Er geleitete ihn zu Grabe und dachte an den eigenen Tod. Unter den Todesfällen, die Gellert in seinen Tagebüchern notierte, befanden sich zahlreiche Fälle mit Auszehrung.

In einem Brief vom 13. Dezember 1767 schrieb Gellert: „Ich brauche seit vielen Jahren bey allen meinen Übeln fast gar keine Medicin, als Diät, Bewegung (nur keine heftige), Geduld, Gebet und Arbeit. Ich esse die einfältigsten Speisen ohne alle Würze: täglich, Sommers und Winters, gekochten Spinat und getrocknete Pflaumen, mehr Brod als Fleisch. Ich trinke mittags ein Glas Burgunder, Abends ein Glas Moslerwein und Wasser. Ich trinke keinen Tropfen Coffee mehr, den ich durchaus nicht vertragen kann, sondern früh um sechs Uhr etliche Tassen Hallerischen Kräuterthee, oder Alpenthee, und eine Stunde darauf meine Gesundheitsschokolade, die aus nichts als Cacao, und ein wenig China und Zucker besteht. Ich reite täglich eine Stunde, auch im Winter eine halbe; habe ein stilles und gutes Pferd aus dem Stalle Ihres lieben Prinzen Heinrichs, habe nie reiten gelernt, scheue keine Witterung, nicht Regen noch Schnee, nur den Wind, der mir Husten und Hüftweh verursacht."

Im Mai 1769 besuchte er noch einmal voller Wehmut seinen Geburtsort Hainichen, nahm Abschied unter Tränen. Den 13. Dezember 1769 mitternachts entschlummerte der Dichter. Er starb vermutlich an einer Gallenblasenentzündung verbunden mit einer sekundären Darmtuberkulose. Noch Jahre später lasen Gellerts Freunde in seinem Briefroman „Das Leben der schwedischen Gräfin v.G.", den er zwischen 1747 und 1748 geschrieben hatte. Er sei einer der ersten Autoren gewesen, rühmte man, der innerhalb der deutschen Literatur die Notwendigkeit des Zusammenhangs von Dichtung und Leben begriffen hätte.

Über den Zusammenhang von Ursache und Wirkung bei Krankheiten dachte ein Zeitgenosse Gellerts in Hamburg nach: der Arzt Johann Albrecht Hinrich Reimarus. Studiert hatte er vor allem in England und hier in London, lernte dort die schon praktizierte Impfung gegen Pocken kennen. Nachdem er 1754 seine Praxis in Hamburg eröffnet hatte, kamen ihm die Kenntnisse in der Impfung zugute. 1769 brach eine Pockenepidemie aus, und es gelang Dr. Reimarus, alle 257 Kinder eines Waisenhauses am Leben zu erhalten. Erfahrungen im Umgang mit epidemisch auftretenden Erkrankungen brachten ihn zu dieser Vermutung: „Das Merkzeichen, welches den Seuchenstoff vor eigentlichen Giften auszeichnet, finde ich in der Eigenschaft, daß sich die gleiche Krankheit, welche dadurch erregt wird, im lebendigen Körper von einem zum anderen fortpflanzt. Ich vermute daher, daß er eine Art von feinen, lebendigen und sich vermehrenden Wesen ist." Verblüffend nahe dran war der Praktiker an Existenz und Wirkung von Bakterien und Parasiten.

„Er war der erste, der sich und uns aus Pedanterie und Philisterei emporhob", sagte Goethe 1830 zu Riemer, nachdem er den „Tristram Shandy" wieder gelesen hatte und nannte den Autor den schönsten Geist, der je gewirkt habe. Die Rede ist von dem Geistlichen Laurence Sterne, der am 24. November 1713 in Irland geboren wurde und dessen Hauptwerke „Leben und Meinungen von Tristram Shandy" (1757—1767) und „Sentimentale Reise durch Frankreich und Italien" (1768) sind. Schon als Student in Cambridge, 1733, hatte er Anfälle von Lungenbluten, die auch später immer wieder auftraten. 1761 reiste er krank nach Paris und wurde dort von den Zeitungen totgesagt. Nach weiteren schweren Anfällen von Lungenbluten, die mit Aderlässen behandelt wurden, reiste er auf Anraten Pariser Ärzte mit der ebenfalls lungenkranken Tochter in den Süden Frankreichs. Die Tochter fühlte sich dort besser; Sterne litt unter Schüttelfrösten und Fieber, die mit Fleischbrühen, Esels- und Kuhmilch behandelt wurden. Er versuchte Kuren in den Pyrenäen, in Nizza und Montpellier. 1765 reiste er nach Rom und glaubte, sein Leben um zehn Jahre verlängert zu haben. Aber es ging mit ihm zu Ende. Mitte März 1768 hatte Sterne eine schwere Rippenfellentzündung; man ließ ihn dreimal zur Ader und legte Zugpflaster auf. Er war schwer erschöpft, schrieb einen letzten Brief an Mrs. James, der er seine Tochter empfahl, und starb jämmerlich alleingelassen am 18. März 1768 in einem Londoner Hotel. Seinem Leichenwagen folgte nur eine Kutsche, in der sein Verleger saß. Seine Leiche wurde nach zwei Tagen aus dem Grabe gestohlen und von den Räubern an die Anatomie nach Cambridge verkauft. Professor

Collignon hatte zur Sektion Freunde eingeladen. Zu spät erkannte ein Freund Sternes Leiche; Sternes Skelett war in der Anatomie von Cambridge zu sehen. Im 8. Buch, 6. Kapitel des „Tristram Shandy“ gedachte Sterne wohl des eigenen Leidens: „Und ist es nicht zwei Monate her, daß Du durch einen Lachkrampf, der Dich befiel, als Du sahest, wie ein Cardinal gleich einem Chorknaben sein Wasser mit Hilfe beider Hände lassen wollte, Dir ein Lungengefäß sprengtest, so daß Du binnen zwei Stunden zwei Quartmaß Blut verlorst? so daß, wie die Herren von der Fakultät Dich versicherten, Du ein Stübchen verloren haben würdest, wenn es noch einmal so viel gewesen wäre als es war?“

Laurence Sterne

„Unsere“ Tuberkulose ist wohl eine besondere Krankheit. Sie schlägt nicht hart und schnell zu wie Cholera, Typhus, Pocken – sie schleicht sich heran, sie schwächt und tötet langsam mit zwischengeschalteten Phasen der Erholung, der Hoffnung. Sie gibt dem Opfer Zeit, zu erkennen, daß es krank ist und allmählich zu erfassen, daß es sterben wird. Zeit, um sich vielleicht mit dem Sterbenmüssen abzufinden. Das schleichend Chronische, Heimtückische an der Krankheit,

aber auch die sanfte Euphorie, welche das Fieber vermitteln kann, das „edle" Dahinwelken, Zerbrechliche . . . mag dazu beigetragen haben, daß die Schwindsucht früh zum Gegenstand der Künste gemacht wurde. Indirekt wie bei Watteau, und auch als Handlungsmotiv. Susan Sontag (17) schließt, die Tuberkulose sei irgendwann zu einem verbreiteten Mythos erhoben worden.
Hier eine treffende Stelle aus der 1. Szene des 1. Aktes von „She stoops to conquer", zu deutsch „Sie erniedrigt sich, um zu erobern", einem Stück von Oliver Goldsmith aus dem Jahre 1773:

Mrs. H.: Und kann man mich dafür tadeln? Der arme Junge war immer zu kränklich, um zu etwas nütze zu sein. Eine Schule wäre sein Tod. Wenn er ein wenig kräftiger werden sollte, wer weiß, was ein oder zwei Jahre Latein bei ihm alles ausrichten?
Mr. H.: Latein bei dem! Gerade so viel, als wollte man eine Kuh das Tanzen lehren. Nein, nein, das Wirtshaus und der Pferdestall sind die einzigen Schulen, die er je besuchen wird.
Mrs. H.: Nun, wir dürfen den armen Jungen jetzt jedenfalls nicht ausschelten, denn ich glaube, wir werden ihn nicht lange unter uns sehen. Jeder, der ihm ins Gesicht schaut, kann sehen, daß er schwindsüchtig ist.
Mr. H.: Ja, wenn das ein Symptom ist, daß er zu fett wird.
Mrs. H.: Er hustet bisweilen!
Mr. H.: Ja, wenn ihm das Bier in die falsche Kehle gerät.
Mrs. H.: Ich fürchte wirklich um seine Lunge.
Mr. H.: Das tue ich weiß Gott auch, denn manchmal brüllt er wie eine beredte Trompete – (Tony verabschiedet sich hinter den Kulissen mit einem Hallo) – Oh, weg ist er – in der Tat eine sehr schwindsüchtige Gestalt! (Der Schwindsüchtige entschwindet im Spott des Mr. H.)

Autor Goldsmith, selbst als Arzt ausgebildet, beurteilte die Schwindsucht anders, als es in seiner Satire den Anschein hat. Susan Sontag weist darauf hin, er habe in seinem Essay „Über die Erziehung" 1759 geschrieben, „daß eine leicht gesalzene, gezuckerte und gewürzte Diät jegliche schwindsüchtigen Angewohnheiten korrigiert, die unter den Kindern von Stadtbewohnern nicht selten angetroffen werden. Die Schwindsucht wird als eine Gewohnheit (!), eine Disposition (wenn nicht als eine Affektation), eine Schwäche betrachtet, der abgeholfen werden muß und zu der Stadtmenschen eher disponiert sind." Mit den Stadtmenschen hatte Goldsmith recht, wie das 19. Jahrhundert dann zeigte, der Rest ist der zu seiner Zeit übliche Aberglaube.

Aderlaß, immer wieder Blut abzapfen – Diät halten, Selzerbrunnen mit Ziegenmilch trinken, etwas Bewegung machen ... das war so ziemlich alles, was die Ärzte im 18. Jahrhundert ihren schwindsüchtigen Patienten zu verordnen hatten, wahrlich nicht viel. Sie konnten damit auch dem jungen „Göttinger Hain"-Dichter Ludwig Heinrich Christoph Hölty nicht helfen. Geboren war er 1748 zu Mariensee bei Hannover. Seine Mutter erlag der Tuberkulose mit 32 Jahren, als der Knabe acht Jahre alt war. Ehe er die Blattern durchmachte, galt er als schön, danach sah er krank aus, die Augen hatten unter den Pocken gelitten.
Seiner Freundin Charlotte von Einem schrieb Hölty 1775 aus Göttingen: „Ich befinde mich garnicht wohl; fühle Schmerzen in der Brust und muß alle Morgen Blut und Eiter auswerfen. Richter hat mir Arzney verschrieben und Fleisch und Wein verboten. Studiren soll ich auch nicht viel; es ist ein Glück, daß er mir auch das Versemachen nicht verboten hat. Ich muß nun erwarten, was aus dem Zufalle wird. Doch nichts soll mir ängstliche Sorgen machen, selbst der Tod nicht. Ich gehe aus der Welt, wie ich über Feld gehe." (35)
Hölty erholte sich so weit, daß er sich einen großen Wunsch erfüllen konnte: er reiste nach Hamburg und verlebte mit Klopstock, Voß und Matthias Claudius die acht reichsten Tage seines Lebens. Alle drei hatten ja dieselben Krankheitszustände durchgemacht.
Gern wäre Hölty in Wandsbek geblieben, doch es reichte nur noch zu einem Besuch in Mariensee. Er nahm Molken und Spiritus Vitrioli. Und schrieb: „Wenn ich jetzt meine Gesundheit durch eine anhaltende Kur, durch Landluft und Bewegungen nicht befestige, so fällt sie ganz über den Haufen." Zurück in Hannover, wurde das Leiden hoffnungslos. Dem Freund Boie reichte er die Hand, wollte reden, konnte nicht, legte den Kopf in seinen Arm und verschied, 28 Jahre alt.
Josef Nadler schrieb: „Über seinen Stoffen und Gefühlen, oft in reinsten, schimmernden antiken Formen, liegt das Vordämmern seines frühen Todes, das Erbe von seiner Mutter." In der Vorahnung des eigenen Todes hatte Hölty diese Zeilen geschrieben:

Ihr Freunde, hänget, wenn ich gestorben bin,
die kleine Harfe hinter dem Altare auf,
wo an der Wand die Totenkränze
manches verstorbenen Mädchens schimmern.

Der Küster zeigt dann freundlich dem Reisenden
die kleine Harfe, rauscht mit dem roten Band,
das, an der Harfe festgeschlungen,
unter den goldenen Seiten flattert.

Schubert und Brahms haben Höltys Gedichte und Balladen vertont. War der Poet ein „Frühvollendeter"? Hätte der eben Erwachsengewordene noch viel und anderes zu sagen gehabt? Fragen, die nicht zu beantworten sind. Doch liegt hier eine Faszination, die Goethe in „Dichtung und Wahrheit" beschrieb: „Wie denn die Deutschen immer für früh abgeschiedene, Gutes versprechende Talente eine besondere Frömmigkeit bewiesen haben." Vielleicht sind wir deshalb geneigt, einem abgeschiedenen Jüngling Mängel oder gar Untaten zu verzeihen. Das amerikanische James-Dean-Phänomen mag hierin eine Erklärung finden.

In der Praxis eines Arztes vor zweihundert Jahren gehörte das Bild des Schwindsüchtigen zum Alltag. Wieviel wußte er von den Ursachen? In der zeitgenössischen Enzyklopädie von Krünitz (15) lesen wir: „Eine ansteckende Krankheit nennen wir diejenige, in welcher etwas, uns ganz Unbekanntes, aus einem kranken Körper ausgeht, und in einem anderen, gesunden, in welchen es gekommen ist, dieselbe Krankheit hervorbringt. Hierzu ist oft nicht nötig, daß man mit dem Kranken einen unmittelbaren Umgang habe." Damit wäre die Ansteckung über Tröpfchen oder über verseuchtes Wasser klar umschrieben. Fehlen nur die Erreger?
1786 beschrieb der dänische Arzt Friedrich Müller winzig kleine Lebewesen, die imstande wären, Krankheiten zu übertragen oder hervorzurufen, mit Worten wie „Bazillus", „Spirillum" und „Vibrio". Wir beobachten einen Durchbruch zum Verständnis der Infektion – am Vorabend der Französischen Revolution, die Tausende unter dem Fallbeil hinschlachtete, als gäbe es nicht schon genügend todbringende Krankheitserreger in Paris.

Eine galoppierende Lungenschwindsucht plus Kehlkopfschwindsucht beendete 1794 den 47 Jahre währenden traurigen Lebensweg des Göttinger Dichters Gottfried August Bürger, der sich den Weltruhm erwarb mit: „Lenore fuhr ums Morgenrot / empor aus schweren Träumen: / Bist untreu, Wilhelm, oder tot?"
Geboren wurde er in der Silvesternacht 1747/48 in Molmerschwende im Südharz und studierte in Halle und Göttingen. Er wurde vom Pech verfolgt: Seine erste Frau starb ihm an der Schwindsucht, deren Schwester am Wochenbettfieber. 1790 ließ er sich zu einer dritten Ehe mit dem „Schwabenmädchen" Elise Hahn verleiten. Neben einer verletzenden Rezension Schillers über seine Gedichte hat diese Ehe wohl sein baldiges Ende mit herbeigeführt. Im Februar 1794 schrieb ein Besucher: „Er liegt da abgezehrt und totenbleich: nur in seinen blauen Augen glimmt noch ein sterbender Rest jenes Feuers, das in seinen Gesängen sprüht . . . Seine Stimmorgane scheinen gänzlich gelähmt und man hat Mühe, seine leisen Laute zu verstehen . . ."
In seinem letzten Brief an die Schwester schrieb Bürger am 22. Mai: „Ich komme aus dieser entsetzlichen Krankheit nicht wieder empor. Freilich ist bis jetzt noch nicht alle Hoffnung verloren; es ist noch möglich, daß ich mich von dieser gänzlichen Atonie und Erschlaffung aller meiner Eingeweide erhole und einen noch zur Zeit nicht hectischen Husten, der keinen Mitteln weichen will, los werde; aber es ist nicht wahrscheinlich. Dieser jetzt blos noch latente Zustand muß notwendig in nicht langer Zeit in einen hectischen übergehen und dann rechne ich darauf, daß ich ungefähr mit dem Herbstlaube abfallen werde, wozu ich sehr ruhig und gefaßt bin . . ."
Wie das Kirchenbuch in Göttingen St. Johannis ausweist (35), starb „Prof. Bürger hierselbst und berühmter Dichter an der Hektik den 8. Juni". Er wurde am 12. Juni auf dem Friedhof vor dem Weendertor begraben. Der Göttinger gehört zu den tragischen Gestalten in unserer Sammlung, tragisch wie die Schlußverse der Leonore: „Nun tanzten wohl bei Mondenglanz / Rundum herum im Kreise / Die Geister einen Kettentanz / Und heulten diese Weise: / ‚Geduld! Geduld! Wenns Herz auch bricht! / Mit Gottes Allmacht hadre nicht / Des Leibes bist du ledig; / Gott sei der Seele gnädig!'"

Nach dem Geduldigen der Widerborstige: „Stürmer und Dränger" Karl Philipp Moritz, das exzentrische Original, Reisegenosse und Gesprächsfreund Goethes in Italien, Professor für Altertumskunde an der Berliner Kunstakademie. Moritz, verstrickt in verhängnisvolle Herzenswirren mit einer verheirateten Frau, ehelichte die junge Friederike Matzdorf und schrieb den psychologischen

Roman „Anton Reiser“, der in Teilen im „Magazin für Erfahrungsseelenkunde“ erschien, einer Zeitschrift, die Moritz selbst mit herausgab. Der Roman schildert die Entstehung einer Krankheit, den Zwang zur Selbstverachtung und passiven Duldung.
Von der Reise nach England („Reisen eines Deutschen in England“) brachte Moritz 1782 „eine mit einem kurzen Husten verbundene Engbrüstigkeit“ mit. Die Ärzte rieten dringend zu einer Kur, doch Moritz wollte weder Kur noch Arznei noch Aderlaß. So wurde er zu „einem Schwindsüchtigen im ansehnlichen Grade“. Da Moritz den Anordnungen weiterhin nicht folgte, verschlimmerte sich sein Brustübel, der Auswurf wurde eitrig und häufig, das Fieber heftiger und anhaltender. „Mit dieser Verschlimmerung wuchs immer das Toben in seiner Seele.“
Am 26. Juni 1793 erlag Moritz einem erneuten Blutsturz, 36 Jahre alt geworden.
In der Moritzschen Krankengeschichte von 1793 findet sich ein interessanter Passus (35): „. . . wie oft fühlte der Kranke sich in Gefahr, während der Arzt entweder die Krankheit nicht fürchtet oder seinen Mitteln gegen sie alles zutraut. Daß dieses Schwanken des Gemüthes sich bey Moritz so nachtheilig bewies, sey ihm unerklärlich — und er sey geneigt, die Erklärung anzunehmen, daß M., der nur ein Phantasiemensch war, habe einen besonderen reiz darinn gefunden, von dem Arzt förmlich aufgegeben worden zu seyn, seinen frühen unvermeidlichen Tod selbst bemitleiden und von der Vorbereitung sprechen zu können, weise zu sterben, ein Gedanke, der ihn sehr frappiert habe.“

Die lichtblaue Blume

Manches von dem, was uns heute bewegt in den Gesellschaften, in der Medizin, im Verständnis von Krankheiten – es kündigt sich an, leise für den, der hörte und sah, in den Jahren nach dem großen Köpferollen der Französischen Revolution. „Freiheit, Gleichheit, Brüderlichkeit“: Die Gleichheit sollte weniger im Politischen gelten als im Leiden und Sterben der ungenannten Opfer, die den Seuchen Jahr für Jahr erlagen. Die Krankheitserreger hatten nichts von ihrer Virulenz verloren. Und die Menschen hatten nichts in Händen, womit sie sich der fortwährenden Angriffe der Parasiten hätten erwehren können; auch deshalb nicht, weil sie den Feind nicht kannten, ihn nie gesehen hatten, nicht benennen konnten, was in ihren Körpern wirkte, vergiftete. Von den außerirdischen Wesen, die wir heute aus Romanen kennen, konnten die Menschen des frühen 19. Jahrhunderts nichts wissen, aber von uns aus betrachtet, befanden sie sich in der Lage von Science-fiction-Gestalten, die ratlos den „Aliens von Andromeda" preisgegeben sind. Doch werden nicht auch unsere hochmodernen Medizinzentren überrascht vom Auftauchen „neuer" Erreger, die aus dem Nichts zu kommen scheinen?

Als wenn er so etwas vorausgeahnt hätte, schrieb ein junger Mann zum Ende des 18. Jahrhunderts: „Wir träumen von Reisen durch das Weltall; ist denn das Weltall nicht in uns? Die Tiefen unseres Geistes kennen wir nicht."

Der junge Mann hieß Friedrich Freiherr von Hardenberg und nannte sich Novalis. Geboren aus altem Geschlecht am 2. Mai 1772 zu Wiederstedt bei Mansfeld. Sein Name ist auf immer verknüpft mit den Begriffen „Tuberkulose" und „Das Schöpferische".

Zwischen 1798 und 1801 schrieb er den Roman „Heinrich von Ofterdingen" und mußte ihn unvollendet zurücklassen, denn: „Mit mir nimmts hoffentlich bald ein fröhliches Ende. Zu Johannis denke ich im Paradies zu sein." Vielleicht wäre Ofterdingen „der phantastischste Roman der deutschen Romantik geworden". Eine Textstelle wurde zum Begriff: „Was ihn aber mit voller Macht anzog, war eine hohe, lichtblaue Blume, die zunächst an der Quelle stand und ihn mit ihren breiten, glänzenden Blättern berührte. Rund um sie her standen unzählige Blumen von allen Farben, und der köstlichste Geruch erfüllte die Luft."

Ofterdingens Traum von der blauen Blume wurde zum Inbegriff der Romantik, zum Symbol für die Sehnsucht der Menschen nach einer Welt, die es nicht gibt, aber geben sollte. „Romantik" war eine große geistig-schöpferische Bewegung, nicht nur in Deutschland. Sie suchte nach einem neuen Sinn des Lebens, wollte Welträtsel lösen. Mit Romantik verbinden wir viele Namen wie August Wilhelm Schlegel, Friedrich Schleiermacher, Ludwig Tieck, Clemens von Brentano, Henriette Herz, Rahel Varnhagen, Bettina von Arnim, wir denken an Caspar David Friedrich und Philipp Otto Runge.

Der zu früh gestorbene Novalis gilt vielen als „Vordenker" der Romantik. Die schleichende Krankheit wurde ihm und den Seinen zum Schicksal. Im November 1795 erkrankte die über alles geliebte 13jährige Verlobte Sophie. Schillers Arzt, Hofrat Stark, operierte sie an der Leber. Mögliche Diagnose: Senkungsabzeß in Verbindung mit einer tuberkulösen Erkrankung des Brustraums (36).

Sophie erduldete grausame Qualen, bis sie endlich 1797 nach einer erneuten Operation sterben durfte. Der Gedanke, Sophie nachzufolgen, durchzog fortan Novalis' Gedanken. Nicht lange nach Sophie erlag Bruder Erasmus im Hardenbergschen Elternhaus der Tuberkulose. Im Sommer 1798 dürften die Ärzte bei Novalis die Lungentuberkulose diagnostiziert haben, denn er meldete, er wolle das vom Vater geschenkte Pferd nun zu Reitkuren benutzen. Ausgiebige Bewegung, Reiten und Trinkkuren galten damals als wirksame Therapien von Lungenerkrankungen. Novalis las das beliebte „System der Heilkunde“ des schottischen Arztes John Brown (deutsch 1796) und entwickelte seine eigene Philosophie: „Krankheiten, besonders langwierige, sind Lehrjahre der Lebenskunst und Gemütsbildung. Man muß sie durch tägliche Bemerkungen zu benützen suchen.“ In seinen „Hymnen an die Nacht“ lesen wir vom Abschied:

Noch wenig Zeiten,
So bin ich los
Und liege trunken
Der Lieb im Schoß.

Ich fühl des Todes
Verjüngende Flut
Zu Balsam und Äther
Verwandelt mein Blut.

Novalis hatte sich mit Julie von Charpentier verlobt und lag schwerkrank in Weißenfels, versuchte, die ständigen Schmerzen zu ertragen, den quälenden Bluthusten, die Schwäche der Glieder. Aus dem Tagebuch vom 6. September 1800: „Ich kann noch lange Blut auswerfen – aber wird das helfen, daß ich mich jedesmal von neuem ängstige? Angst schadet, Mut stärkt . . .“, und am 16. Oktober: „Seither habe ich mich sehr wohl befunden und keinen Anfall von Ängstlichkeit gehabt. Dies beweist deutlich, daß alle Ängstlichkeit ganz unabhängig von äußeren Umständen ist . . .“
Novalis ließ sich von einigen befreundeten Ärzten beraten und notierte: „Opium und Mandelwasser anschaffen.“ Die Behandlung mit China mußte aufgegeben werden, da sie zu purgierend wirkte. Novalis wollte in Dresden gern wieder reiten, war aber zu schwach, zu abgezehrt, und das Blutspeien hörte nicht auf, der Husten, der kurze Atem. Täglich fuhr er vier Stunden spazieren und brauchte Kalkwasser und Milch. Es wurde eine letzte Reise unternommen, von Dresden über Meißen, Oberhaldenhof und nach Weißenfels. Die Schwäche nahm schnell zu, die Auswürfe wurden „mit jedem Tag trüber“. Novalis soll gesagt haben: „Wenn ich erst wieder besser bin, dann sollt ihr erst erfahren, was Poesie ist, ich habe herrliche Gedichte und Lieder im Kopfe.“ Hofrat Stark kannte die Euphorie der Todkranken: „Sie sind wie ein auslöschendes Licht, wo ein einziger Öltropfen es auf einen Augenblick wieder aufflammen macht, dann aber auch geschwinder wieder verlöscht.“ Bruder Carl notierte am 25. März 1801: „Jetzt um $1/2$ 11 Uhr schläft er tief, röchelt, und der Atem setzt ganze Züge

aus; er erwacht nur auf Augenblicke und spricht recht irre; nur manchmal ist er bei sich, aber überaus ruhig und dem Anschein nach ohne Schmerzen. Um $^1/_2$ 1 Uhr starb er sanft und ohne alle Bewegung."
29 Jahre waren dem Manne gegeben, der gesagt hatte: „Wer die Wahrheit verrät, verrät sich selbst. Es ist hier nicht die Rede vom Lügen, sondern vom Handeln gegen Überzeugung."

Einen Bruder im Geiste des Novalis – nannte mancher die vielleicht wichtigste Figur der romantischen Malerei: Philipp Otto Runge, geboren zu Wolgast in Pommern am 23. Juli 1777. In Dresden lernte er 1801 Ludwig Tieck kennen, der ihm die Schriften des Novalis und Wackenroders nahebrachte. Runge sah in der Landschaft das Gesamtkunstwerk, und Kinder spielen in seinen Bildern eine wichtige Rolle, wie die Hülsenbeckschen Kinder von 1806 in der Hamburger Kunsthalle oder die süße kleine Perthes von 1805 (32). Ihn bewegte die seelische Bedeutung der Farben: „Das Licht ist die Sonne, die wir nicht ansehen können; aber wenn sie sich zur Erde oder zum Menschen neigt, wird der Himmel rot. Blau hält uns in einer gewissen Ehrfurcht: das ist der Vater; und Rot ist ordentlich der Mittler zwischen Erde und Himmel; wenn beide verschwinden, so kommt in der Nacht das Feuer, das ist das gelbe und der Tröster, der uns gesandt wird – auch der Mond ist nur gelb."
Runges „Farbenkugel" von 1810 ist ein Gegenstück zu Goethes „Farbenlehre". Als dieser vom Sterben Runges erfuhr, schrieb er dem Hamburger Buchhändler Perthes am 16. 11. 1810: „Daß wir Herrn Runge verlieren sollen, schmerzt mich sehr. Doch er ist jung, Hoffnung ist bei den Lebenden, und meine Wünsche können ihn nicht loslassen. Es ist ein Individuum, wie sie selten geboren werden. Sein vorzügliches Talent, sein wahres treues Wesen als Künstler und Mensch erweckte schon längst Neigung und Anhänglichkeit bei mir; und wenn seine Richtung ihn von dem Wege ablenkte, den ich für den rechten halte, so erregte es in mir kein Mißfallen, sondern ich begleitete ihn gern, wohin seine eigentümliche Art ihn trug. Möchte er sich doch nicht so geschwind in die ätherischen Räume verlieren! Lassen Sie meine Grüße an ihn recht aufrichtig teilnehmend und herzlich sein." Vielleicht erinnerte sich Goethe beim Schreiben dieses Briefes an die eigene, in der Jugend überwundene, Tuberkulose?
Runge starb wenig später, am 2. Dezember 1810, 33 Jahre alt. Jens Christian Jensen (37) teilt mit, Runge sei an „Auszehrung" gestorben, an plötzlich ausbrechender Lungentuberkulose. Ein Augenzeuge berichtet: „. . . daß die ihm häufig eingegebenen schmerzstillenden, die Sinne mit falscher Annehmlichkeit

täuschenden Opiate in ihm . . . zuletzt einen solchen Abscheu erregt hatten, daß er, schon in Todeskämpfen, die Wärterin, die ihm ein solches, wie er meinte, reichen wollte, heftig bei den Händen griff und eine Zeitlang, zum unsäglichen Schrecken dieser Armen, festhielt."

Anfang 1810 hatte Runge sein letztes Bild gemalt, „Sophia Sieveking auf dem Sterbelager", das verschollen ist. Sophia, die Tochter des späteren Senators Carl Sieveking, starb mit 19 Jahren am 13. 2. 1810 an einer „zehrenden Krankheit". Die erhaltene Kreidezeichnung rührt uns an. Das Mädchen hat sich in sein Schicksal ergeben. Der Leib scheint schon vergangen. Um so stärker spricht das weiße Gesicht mit den geschlossenen Augen, das den Ausdruck letzter Gelöstheit – und – mit den leicht geöffneten Lippen – letzter Angespanntheit trägt, als hielte das Mädchen den Atem an. Des Malers Ahnung vom eigenen baldigen Ende?

Das fragend auf den Beschauer gerichtete Selbstbildnis von 1809 zeigt die Verwandtschaft mit dem Anblick anderer vergeistigter Phthisiker. Matthias Claudius schrieb zum Tode Runges: „Er hat sehr gelitten, aber meisterlich, das muß man ihm lassen!" Und Richard Benz: „Hier können wir nicht von einem ‚sinnvollen' Schicksal sprechen, wie wir es bei anderen Frühvollendeten, bei Mozart und Schubert etwa, tun: daß doch alles Große in der gedrängteren Zeit diesen Genien zu sagen vergönnt war. Von diesen haben wir doch vollendete Opern, vollendete Quartette, Lieder, Symphonien – aber bei Runge begann erst etwas, was außer ihm keiner je wollte und konnte . . . Er hätte die neue Landschaftskunst, vielleicht die neue Architektur, gestiftet. Nun aber war sie eben erst zur Welt geboren worden, die neue Malerei, als er die Augen schloß . . ." Nur einer bewahrte in Deutschland nach ihm die romantische Idee der Maler: Caspar David Friedrich, dessen Bilder heute wieder Hunderttausende in die Museen locken.

Mancher verstieg sich zu der Behauptung, die Phthisis sei die „Krankheit der Romantik" schlechthin gewesen. Das war sie wohl nicht. Wir sollten aber eines Schreibenden gedenken, der, wie Simon Dach vor ihm, Dichterworte fand, den Schmerz zu besingen: der Reinfelder Matthias Claudius, geboren am 15. 8. 1740, gestorben 1815 im Hause des Schwiegersohnes Johann Georg Perthes in Hamburg. Berühmt wurde Claudius als Herausgeber des Wandsbeker Boten, 1770 bis 1775 unter dem Pseudonym Asmus. Ein Volksschriftsteller, dessen Lieder jeder sang: „Der Mond ist aufgegangen . . ." u.v.a. Bereits mit 19 Jahren litt er unter dem Bluthusten und sein Leben lang an der Lunge. Er dichtete das „Lied für Schwindsüchtige":

Weh mir! Es sitz mir in der Brust
Und drückt und nagt mich sehr;
Mein Leben ist mir keine Lust
Und keine Freude mehr.

Ich bin mir selber nicht mehr gleich,
Bin recht ein Bild der Not,
Bin Haut und Knochen, blaß und bleich
Und huste mich fast tot.

Auch Schlaf, der alle glücklich macht,
Will nicht mein Freund mehr sein
Und lässet mich die ganze Nacht
Mit meiner Not allein.

Die Ärzte tun zwar ihre Pflicht
Und pfuschern drum und dran;
Allein sie haben leider nicht
Das, was mir helfen kann.

Mein Hilf' allein bleibt Sarg und Grab.
O sängen an der Tür
Sie schon und senkten mich hinab!
Wie leicht und wohl wär's mir!

Ob Claudius seiner Qual Ausdruck gibt im Gedicht oder Simon Dach lange vor ihm: eine Verwandtschaft in den Texten der Phthisiker ist nicht zu übersehen. Das Leid hat die verschiedendsten Geister vereint, über die Barrieren der Sprachen hinweg.

Rauchzeichen am Horizont

Je näher wir heranrücken an die uns näheren Epochen der Geschichte, um so deutlicher finden wir die krankmachenden Phänomene geprägt vom Umfeld, in das die Opfer hineingeboren wurden, in dem sie lebten und starben. Vergessen wir über den wenigen „Zeitzeugen“, von deren Schicksal im Kampf gegen die Schwindsucht jemand Kunde gab, das grau-anonyme Heer der Abertausenden nicht, die der schleichenden Infektion erlagen, die aber nicht interessant genug waren, als daß jemand ihr Leiden und Sterben für die Nachwelt festgehalten hätte. Wenn es hochkommt, erscheinen Namen und Daten in den spärlichen überlieferten Sterbestatistiken.

Macclesfield, Hauptquartier der englischen Seidenindustrie

Beerdigungen in der New Church nach dem Sterberegister von 1776/77

Name	Datum	Alter	Todesursache
1776			
Sara Shaw	16. 6.	1	Masern
John Wheeldon	20. 6.	23	Tuberkulose
Betty Sheldon	12. 7.	—	Masern
Thomas Boothby	15. 8.	53	ermordet
Hannah Dix	2. 10.	48	Kolik
Mary Walley	9. 10.	1 3/4	Tuberkulose
Mary Wadsworth	27. 10.	27	Tuberkulose
Nancy Hood	28. 10.	3	Brustübel
Walter Joseph	3. 11.	3	Pocken
Ann Swindles	17. 11.	3	Pocken
Peter Mottershead	22. 12.	9	Tuberkulose
Ann Sutton	27. 12.	1/2	Tuberkulose
James Cockson	29. 12.	1/2	Zahnfieber
1777			
Susannah Herd	7. 1.	2	Fieber
Elisabeth Darnigan	18. 1.	16	Tuberkulose
Thomas Boulton	30. 1.	1	Zahnfieber
Elisabeth Henley	31. 1.	4	Brustübel
Alice Pritchard	21. 2.	46	Tuberkulose
Ann Hanley	3. 3.	29	Darmentzündung

Die unbekannten Toten stehen am Beginn eines „Wendepunktes in der Weltgeschichte“ (38). Die dreißig Jahre von 1770 bis 1800 „kennzeichnen die erste praktische Realisierung der Maschinenkraft im Rahmen einer neuen, auf kapitalistische Weise produzierenden Industrie“. Nach den ersten Schritten war die ungeheure Entfaltung von Industrie und Wissenschaft im 19. Jahrhundert nicht mehr aufzuhalten und sollte früher oder später die Lebensweise aller Menschen auf der Welt ändern. Für Bauern und arme Arbeiter änderte sich kaum etwas durch die neuen Vorstellungen seit der Französischen Revolution. In den Augen der Besitzenden verwandelte sich die Masse des Volkes in „Mob“, den man fürchtete. Aus dem Mob wurde später „Proletariat“, das man in den qualmerfüllten Industriezentren „verheizen“ konnte.

Stadtansichten aus der Mitte des 18. Jahrhunderts – verglichen mit Ansichten um die Jahre 1830, 1840: Man sieht deutlich die „Rauchzeichen der Industrialisierung“. Und diese Bewegung brachte neue, problematische Fragen für Ärzte und Patienten. Die alten Mittel und Denkschemata griffen nicht mehr. Der weitsichtige Mediziner Christoph Wilhelm meinte um 1800, das enge Zusammenwohnen der Menschen in großen Städten sei das schrecklichste Verkürzungsmittel des Lebens, man könne es an den Totenlisten von Wien, London und Amsterdam erkennen, und Rousseau habe vollkommen recht mit seiner Behauptung, unter allen Tieren sei der Mensch am wenigsten dazu geschaffen, in großen Haufen zusammen zu leben.

Die Borsigsche Werkstatt am Oranienburger Tor in Berlin 1847

OMNE MALUM AB URBE – Alles Übel kommt aus der Stadt – meinten die alten Römer. Natürlich begünstigte auch zu Beginn des 19. Jahrhunderts das enge Zusammenleben in Schmutz und Abfall die Ausbreitung von Infektionen – ideale Wirkungsfelder auch für Mykobakterien. Paris, London, Rom hießen damals Europas größte Städte; um 1800 hatten Berlin, Hamburg und Wien jeweils mehr als 100 000 Einwohner.

Klassenärzte

In Wien war die Schwindsucht so heimisch, daß man sie „Morbus Viennensis“, Wiener Krankheit, nannte. Nach Wiener Mortalitätslisten des Jahres 1815 starben in der Stadt insgesamt 11 520 Menschen; rund ein Viertel davon, 2859, an der Tuberkulose. In Berlin, so wird geschätzt, starben in jenen Jahren mehr als tausend Menschen pro Jahr an dieser Krankheit.

Wer stand den Leidenden bei? Mit der medizinischen Grundversorgung war es nicht gut bestellt. 1795 hatte Berlin 156 000 Einwohner; es praktizierten 40 bis 50 Ärzte: statistisch versorgte einer mehr als 3000 Einwohner. Darüber hinaus gab es eine Vielzahl von Wundärzten. Ärzte waren für gehobene Schichten da; um 1800 ging das einfache Volk nicht zum Arzt, sondern zum Bader oder zum Quacksalber (39). Auch dies ist ein Grund dafür, daß wir so wenig vom Leiden und Sterben (oder Gesundwerden) der unteren Klassen erfahren. Für den Patienten damals war es Glückssache, an einen Mediziner zu geraten, der gelernt hatte, wie man eine Tuberkulose diagnostiziert und was zur Linderung getan werden kann. Vielen Medizinern galt jede Krankheit noch immer als verursacht von einer Störung der Säfte, wie die Antike dies gelehrt hatte. Die Medizin als praktische Wissenschaft steckte in ihren Anfängen. Naturheilverfahren setzten sich durch, Luftkuren wurden gegen die Tb empfohlen. Manch einer vertraute auf Wasserbehandlungen, wie Schäfer Prießnitz und Pfarrer Kneipp sie entwickelt hatten. 1810 kam Samuel Hahnemann mit seiner Homöopathie auf den Markt. Wohlhabende zahlten für Behandlungen mittels Hypnose und Messmerschem Magnetismus.

In Frankreich wachte die wissenschaftliche Medizin auf und meldete Fortschritte. Nach dem Studium von neunhundert Leichenöffnungen veröffentlichte Gaspard-Laurent Bayle (10) 1810 seine *RECHERCHES SUR LA PHTHISIE PULMONAIRE.* Er schildert eine granulomatöse Tuberkulose: „Die Lungen sind gespickt mit transparenten, glänzenden Miliargranulationen . . .“ Und er beschreibt die nicht offene Schwindsucht, bei der kein Symptom auf eine Tuberkulose hinzeigt, während in den Lungen Tuberkeln sitzen. „Man sieht also, daß ich als schwindsüchtig Personen ansehen muß, die weder Fieber noch Abmagerung oder eitrigen Auswurf aufweisen; es genügt, daß die Lungen eine Läsion zeigen, die dazu neigt, sie zu zersetzen und Geschwüre zu bilden. Ist es nicht unbestreitbar, daß der Arzt eine Krankheit von Grund auf kennen muß?“ Bayle beschreibt noch sechs Varianten der Tuberkulose, darunter mindestens zwei, nämlich eine krebsartige und eine geschwürbildende Schwindsucht, den eitrigen Lungenabszeß, die nichts mit Tuberkulose zu tun haben. Er soll der Krankheit auch ihren Namen gegeben haben: Tuberkulose.

... alles für meine Patienten

Fünfundzwanzig Jahre nach Bayle führte ein Praktiker Tag für Tag Buch über seine Patienten, ihre Leiden und seine Therapien: Dr. Iacob Christian Gottlieb Schäffer, Fürstlich Thurn- und Taxischer Leibarzt, schrieb über die Zeit- und Volkskrankheiten der Jahre 1806 und 1807 in und um Regensburg (40). Lange vor Einführung einer Biomedizin machte er sich Gedanken über die Abhängigkeiten der Krankheiten von der Jahreszeit: „... daher sollten die Kliniker mit Fleiß die Iahresgänge beobachten, weil hievon die Iahreskrankheiten vorzüglich abhängen ... selbst die Aequinoctial-Zeitpunkte sind für den praktischen Arzt mit Aufmerksamkeit zu beachten, weil diese Momente nicht nur günstig zur Veranlassung der Wechselfieber und Schlagflüsse, sondern auch für Lungenschwindsüchtige vorzüglich fatal sind.“
650 bis 700 Patienten betreute Dr. Schäffer im Jahr, und er warb bei den Kollegen für eine genaue Statistik aller Kranken und Krankheitsverläufe in Süddeutschland. Wenn es ihm möglich war, hat er selbst nach einem Todesfall die Leiche geöffnet, um die Todesursache präzise festhalten zu können. Mai 1806: „... wurde ich zu einer 62jährigen Witwe am sechsten Tag dieses falschen Seitenstichs gerufen, dem bis dahin blos Meerzwiebelsaft und Brustthee entgegen gesetzt und welcher zwar allmählich samt Schmerz und Fieber gehoben wurde, aber leider in eine Lungenschwindsucht überging, die nach vier Wochen dieses starke Weib, das zwölf Kinder getragen hatte, in ein wahres Skelett umwandelte und endlich tödtete. Sie warf täglich ungemein viel Eiter aus, weil im Anfang dieser Entzündung und örtlichen Schwäche nicht gehörig begegnet wurde.“ Juli 1806: „Von 56 Kranken verlohr ich ausser den zwei frommen Frauen einen 30jährigen Schneider an der Lungenschwindsucht, der mich im letzten Stadio rufen lies, wo die Naturkräfte durch Nachtschweisse und Durchfälle so geschwächt waren, daß sie den auf den Lungen kochenden Eiter nicht mehr wegschaffen konnten.“
Wer in seinem 140 Seiten starken Büchlein aus dem Jahre 1808 blättert, schaut in die kleine und doch harte Welt der Dörfer und Kleinstädte vor fast zweihundert Jahren: „... auch sah man häufig bey denen, welche schwache Lungen und Anlage zur Schwindsucht hatten, Blut mit Husten auswerfen ... In Allem hatte

ich 53 Kranke nach und nach zu besorgen. Eine 50jährige Jungfer verlohr ich an der Lungenschwindsucht und ein 37jähriges Dienstmädchen an der Abzehrung ... an der falschen Lungenentzündung verlohr ich in diesem Monat zwei Klosterfrauen ... von 87 Kranken verlohr ich außer dem Rothgerber einen 23jährigen Bierbrauer, welcher dem Trunk mehr ergeben war, an der Lungenschwindsucht."

Für Dr. Schäffer war die Schwindsucht nur eine unter vielen Krankheiten, mit denen er Tag für Tag konfrontiert wurde: „... wurden Kinder häufig von dem Scharlachfieber samt dessen wassersüchtigen Folgen und mit dem Keuchhusten gequält, die Erwachsenen aber litten an podagrischen, rheumatischen und katarrhalischen Zufällen ... einen Jüngling verlohr ich an der Lungenvereiterung, viele Kinder erkrankten an den Masern, an den falschen Pocken, an Stickfluß. Cholera morbus tritt häufig auf und typhöse Fieber." Er hatte es zu tun mit „Schlagfluß", „Nervenfieber", „Seitenstich", „Nesselsucht" und anderen Leiden, deren damalige Bezeichnungen heute kaum mehr verstanden werden.

Was konnte der Arzt tun, verordnen? Klistiere waren üblich, aromatische Umschläge, Blasenpflaster, Kräuterumschläge mit Weingeist, Kampferpulver, Brechweinstein, Moschus, Belladonnapulver, Dovers Pulver, Huxhams Wein mit Flieder, Tee von Wollenblumen, Canthariden- und Opiumtinktur, Isländisches Moos und andere Tinkturen.

In der Volksmedizin spielte das „Gebräuchliche Lungenkraut" *(Pulmonaria officinalis,* Rauhblattgewächs) eine Rolle. Die moderne Forschung hat die Inhaltsstoffe analysiert: Schleimstoffe, 2,5—5% Kieselsäure, ca. 6—10% Gerbstoff, Saponin, ca. 13—15% Mineralsubstanzen. In Brust- und Hustentees und -tropfen ist *Pulmonaria* auch heute vertreten. Zu den Heilpflanzen gehört hier auch der wilde Hanf *(Galeopsis).* Geiger beschreibt um 1830 ausführlich: „Galeopsis ochroleuca Lam., gelber großblühender Hohlzahn, weiße haarige Kornwuth ... eine schon längst in manchen Gegenden beim Landvolk als Arzneimittel benutzte Pflanze. Seit einigen Jahren ist sie auch in mehreren Gegenden Deutschlands in Apotheken eingeführt ... Offizinell ist: das Kraut, Blankenheimer Tee, Liber'sche Auszehrungskräuter (herba Galeopsidis ochroleucae) ... Man gibt die Pflanze in Aufguß oder Abkochung, in Lungenkrankheiten."

Hager schrieb 1874: „Vor 70 Jahren wurde das Kraut der Galeopsis ochroleuca von dem Regierungsrat Lieber in Kamberg als ein vorzügliches Geheimmittel gegen Abzehrung und Lungensucht verkauft. Jetzt ist es noch hin und wieder ein Objekt des Handverkaufs, übrigens ohne medizinischen Wert." Angaben im

Hager-Handbuch, um 1930, sind: „Anwendung. Gegen Husten und Katarrh im Aufguß ... ist gegen Schwindsucht angepriesen worden“; in der Homöopathie bei Milzerkrankungen.

Ob Dr. Schäffer den Herrn Lieber und dessen Geheimrezept kannte, wissen wir nicht. Als Praktiker wird er Wundermitteln gegenüber kritisch gewesen sein. Mit einigem Schmunzeln werden unsere medizinisch gebildeten Leser verfolgen, was Dr. Schäffer im Jahre 1808 seinen Standeskollegen ins Stammbuch schrieb: „Es gibt schreibende Ärzte und reine Kliniker. Das Verhältnis zueinander ist 4 : 32. Die Schreibenden sind Professoren, die sich mehr mit Theorie, als mit der Praxis beschäftigen. Die nicht schreibenden Ärzte sind in zwei Klassen einzuteilen: in solche, die lesen, mit dem Geist der Zeit vorwärts schreiten und in solche, welche es bei ihrem erlernten Wissen bewenden lassen. Besitzen diese vorzügliche Talente, practisches Genie, so berichtigen sie durch Beobachtung am Krankenbette ihr Wissen durch Erfahrung, bilden sich zu sehr brauchbaren und glücklichen Ärzten, bleiben aber ... brauchbare Routiniers. Gebricht es aber diesen an eignem Denken und Beobachten, fehlt es ihnen an nothwendigen Vorkenntnissen, an Verstandesbildung, haben sie sich aus einer Badstube oder Pillenfabrik in Aeskulaps Tempel eingeschlichen, dann bilden sie den eigentlichen Tross der Aerzte, der in Allem was Wissen und Theorie betrifft, als Null zu betrachten ist.“ Damit dürfte der gute Doktor die Scharlatane gemeint haben, die versuchten, ihm ins Handwerk zu pfuschen. Aber wieviele „richtige“ Ärzte gab es denn schon? Die Universitäten waren klein, die medizinischen Fakultäten unbedeutend. In Tübingen bekam der Medizinstudent noch zu Beginn des 19. Jahrhunderts im Verlauf seiner dreijährigen Ausbildung nur zwei Leichensektionen zu sehen, obwohl in Mitteleuropa seit langem die Leichen von Hingerichteten für diesen Zweck freigegeben waren. Über „epidemische Verhältnisse“ lernte der junge Arzt im Studium so gut wie nichts, monierte ein Arzt 1823 (15).

Es ist dein Tod!

Immer wieder klagte Dr. Schäffer, daß er einen lange und sorgfältig behandelten Patienten verlor, und selbstverständlich stand er auf vertrautem Fuß mit dem allgegenwärtigen Tod. Er lebte jedoch in einer Zeit, in der das Bild des Todes sich allmählich veränderte. In der Epoche früher Industrialisierung wan-

delten sich die familiären Strukturen (39). Hohe Geburtenzahlen und hohe Sterblichkeit der Kinder gab es noch immer, auch die höhere Sterblichkeit der Ehepartner, 20 Jahre dauerte um 1800 eine durchschnittliche Ehe. Der Tod als Ereignis und Erwartung war gegenwärtig; normal waren Waisenkinder und Stiefmütter und -väter.
Mit dem beginnenden 19. Jahrhundert veränderte sich die Todeserfahrung. Der Tod wurde nicht mehr primär erfahren als „unser aller Tod", auch nicht – die Urerfahrung der Christen – als „mein Tod" in Blick auf Gericht und Heil, sondern als der Tod des anderen, „dein Tod" – der Tod des geliebten, des unersetzlichen Familienmitglieds. Der Akzent verschiebt sich dabei vom Sterbenden und Gestorbenen auf die Trauernden, vom Öffentlichen aufs Private, von der Hinnahme des natürlich und göttlich Bestimmten zur Erfahrung eines tiefsten Einbruchs, zum Unglück der Verlassenheit, vom Ritual zur nicht mehr formalisierbaren Trauer.

Ins Wasser geschrieben

Rom im Februar 1821. Im Sterben bittet der junge Dichter den Freund, auf dem Friedhof den Platz für sein baldiges Grab zu besichtigen, freut sich über die Blumen dort – „Ich fühle schon, wie die Veilchen über mir wachsen" – und entwirft die Inschrift für sein Grabmal: „Hier ruht einer, dessen Namen ins Wasser geschrieben wurde." John Keats, der englische Romantiker, gestorben zu Rom an der Piazza di Spagna am 23. Februar 1821, mit 26 Jahren, und begraben bei der Pyramide des Cestius, wo wenig später auch Shelley und Goethes Sohn ihre letzte Ruhe fanden.
John Keats wurde am 31. Oktober 1795 in London geboren. Der Vater, ein Fuhrunternehmer, erlag früh einem Unfall, die Mutter litt an Tuberkulose. John ergänzte seine mageren Schulkenntnisse im Selbststudium. Eine frühe Gonorrhoe wurde mit der damals in Mode befindlichen Quecksilberkur behandelt (41). 1811 ging John in die „Lehre" zum Chirurgen Thomas Hammond, besuchte ab Oktober 1815 das Guys-Hospital als Medizinstudent und erhielt im Juli 1816 sein Diplom als Apotheker. Der Arzt Keats war in der Ausübung seines Berufs recht behindert durch seine Anteilnahme an menschlichem Leid.
Sein Auge war zu gut geschult, als daß er die Anzeichen der Schwindsucht bei sich selbst hätte übersehen können. Er liebte seine Geschwister George, Tom

und Fanny mit ganzer Seele. Voller Hingabe pflegte er Bruder Tom bis zu dessen Tod im Dezember 1818. Vielleicht steckte er sich schon damals mit einer Kehlkopftuberkulose an. Im Dezember 1816 gab Keats die Medizin auf und widmete sich vier Jahre, die ihm blieben, der Dichtung. Er tat sich unendlich schwer mit dem Schreiben seiner Gedichte und Balladen („Endymion", „Hyperion", „Lamia", „The Eve of St. Agnes", „To Autumn", „On Melancholy"): „Oft bete ich inbrünstig, daß der Tod mich aus diesem Tale und seinem Jammer hinwegnehmen möge; nach Luft ringend, weil ich verzweifelte, verwünschte ich mich Stunde um Stunde"; „A Thing of beauty is a joy for ever", beginnt sein Gedicht „Endymion". Es wurde von Kritikern so bös verrissen, daß der empfindsame Dichter, krank wie er war, an den Rand des Zusammenbruchs geriet. Die herzliche und unerfüllbare Liebe zu Fanny Brawne tat ein übriges.

John Keats

Die Ärzte rieten zu einer Kur in Italien. Shelley lud ihn nach Pisa ein, doch er zog nach Rom, litt unter der ungewohnten Nahrung und der schlechten Behandlung durch die Wirte. Weihnachten 1820 erlitt er einen schweren Blutsturz, nun war auch die Lunge im Stadium fortschreitender Zerstörung. Rührend sorgte Maler Severn für den Todkranken. Er schrieb: „Ich finde niemanden, der mich ablöst, alle laufen sie fort ... letzte Nacht dachte ich, es ginge zu Ende; ich konnte das Röcheln in seiner Kehle hören ... ich wachte die ganze Nacht bei ihm ... sein Gesicht ist in den letzten Tagen grauenhaft verfallen. Seine letzten Worte sind: Ich werde leicht sterben, habe keine Angst, Severn, sei tapfer, Gottlob, es ist vorbei!"

„Ich habe immer das Gefühl, daß mein eigentliches Leben vorbei ist und daß ich eine posthume Existenz führe", hatte Keats 1820 geschrieben. War Hoffnungslosigkeit die Stimmung dieses kurzen Lebens (42)? Erika Mitterer übertrug 1930 dieses Keatssche Sonett:

Wenn ich manchmal fürchte, früh zu sterben,
eh Worte die Ideen nachgestalten,
eh viele Bücher, sicher vorm Verderben,
die reiche Beute aufgespeichert halten:

Wenn ich der Nacht ins Sternenantlitz blicke,
das Riesenwolken sinnvoll übergeistern,
und weiß: nicht ich werd diese Traumgeschicke
einst mit dem Zaubergriff des Zufalls meistern:

Und wenn ich fühle, daß ich dich, du Wesen
des Augenblicks, nie wiedersehen werde,
nie mehr an deinem Zauber soll genesen:

Dann tret ich fort und steh am Rand der Erde
und denke nach, allein, in tiefem Sinnen,
bis Ruhm und Liebe schemengleich zerrinnen.

Ersehnte Keats seinen Tod – oder hatte er im Angesicht des Unvermeidlichen resigniert, sein Schicksal angenommen – wie man heute sagen würde? Der Leidensweg dieses sympathischen jungen Dichters zeichnet gleich einem Symbol das Wesen der quälend langsam tötenden Phthisis.

Das Lauschpapier

Während John Keats vergebens Linderung suchte unter der warmen Sonne Italiens, hatten ehrgeizige Forscher wie van Swieten, Baillie, Beaumes, Auenbrugg und Bayle (auch er ein Opfer der Tuberkulose) in Europa Spuren verfolgt, die einmal zu den Ursachen der Seuche führen mochten und so zu einer Chance wirksamer Therapie. Sie konnten sich nicht vorstellen, wie viel Zeit noch vergehen würde bis zur großen Verkündigung Kochs in Berlin 1882.

Laënnec bei einer Untersuchung

Der Schwindsüchtige auf dem Krankenlager und der untersuchende Arzt, kein Gemälde gibt die Szene gespenstischer wieder als das Bild von Théobald Chartran in der Sorbonne zu Paris. Wir erblicken in dem Horchenden einen Arzt, dem alle Phthisiker unendlich viel verdanken: René Théophile Hyacinthe Laënnec, Lungenspezialist und Erfinder eines entscheidend wichtigen diagnostischen Hilfsmittels, des Stethoskops.

„Im Jahre 1816 wurde ich durch eine junge Frau konsultiert, die allgemeine Symptome einer Herzerkrankung zeigte. Wegen ihrer Körperfülle konnte ich mit der Hand und durch Perkussion wenig feststellen. Alter und Geschlecht der Patientin erlaubten mir nicht, zu der Methode des direkten Auflegens des Ohrs auf die Brust eine Zuflucht zu nehmen. Ich erinnerte mich einer bekannten aku-

stischen Erscheinung ... Ich ergriff ein Blatt Papier, rollte es zu einer recht festen Rolle, deren eines Ende ich auf die Herzgegend setzte, das andere an mein Ohr. Ich war erstaunt und beglückt, das Schlagen des Herzens erheblich klarer und deutlicher zu vernehmen, als ich es je zuvor gehört ..."
Beim Horchen mit dem bloßen Ohr fürchtete Laënnec sich vor allem vor der Ansteckung an Schwindsüchtigen, worüber er genau informiert war. Er ersetzte die Papierrolle durch einen Holzzylinder. Das im Museum in Nantes aufbewahrte Originalhörrohr, das er „Stethoscop-Brustprüfer" benannte, war aus poliertem Nußbaum hergestellt, 33 cm lang mit einem Durchmesser von 3,8 cm. Das von Laënnec eigenhändig gedrechselte Hörrohr wurde von seinem Verleger für 3 Francs verkauft, gleichzeitig mit der 1. Auflage seines klassischen Werkes, das am 15. August 1819 erschien.
Tüftler Laënnec wurde am 27. Februar 1781 in Quimper geboren, studierte in Nantes und Paris und wurde 1816 Arzt am Hospital Necker zu Paris. Hier sammelte er – auch mit seinem Hörrohr – Beobachtungen an Herz- und Lungenpatienten und publizierte sie in seiner Abhandlung *TRAITE DE L'AUSCULTATION MEDIATE ET DES MALADIES DES POUMONS ET DU COEUR*.
Ein Klassiker war auf der Bühne erschienen, mit neuen, verblüffenden Erkenntnissen (10): „Die Fortschritte der pathologischen Anatomie haben bis zur Eindeutigkeit erwiesen, daß die Lungenschwindsucht verursacht wird durch die Entwicklung einer besonderen akzidentellen Produktion in der Lunge; die modernen Anatomen haben ihr speziell die Bezeichnung Tuberkel verliehen. Die tuberkulöse Materie kann sich in der Lunge und in den anderen Organen in zwei Hauptformen entwickeln, den Einzelherden und Infiltrationen; jede dieser Formen oder Arten besitzt mehrere Varianten, die hauptsächlich auf verschiedenen Entwicklungsgraden beruhen. Unter welcher Form die tuberkulöse Materie sich auch immer entwickelt; zu Beginn hat sie das Aussehen einer grauen, halbdurchsichtigen Substanz, die nach und nach gelb und undurchsichtig und sehr dicht wird. Anschließend wird sie weich und bekommt allmählich eine flüssige Konsistenz, die dem Eiter gleicht; einmal durch die Bronchien ausgestoßen, hinterläßt sie Höhlungen, die allgemein als Lungengeschwüre bekannt sind und die wir als tuberkulöse Kaverne bezeichnen wollen."
Laënnec sah schärfer als seine Fachgenossen und wurde zum Schöpfer der modernen Pulmologie. Mit lautmalerischen Begriffen beschrieb er die Anzeichen der Tuberkulose in ihren verschiedenen Stadien, so unterschied er ein „Gluckern", ein „Geräusch wie von einem gesprungenen Topf", ein „verschleiertes Atmen", ein „kavernöses Rasseln", ein „metallisches Klirren".

In seiner Systematik unterscheidet Laënnec „die Erkrankungen der Bronchien, wie Katarrh und Bronchienerweiterungen; die Erkrankungen des Lungengewebes, Hypertrophie und Atropie der Lunge, Emphysem und Lungenödem, Lungeninfarkt und Lungenfellentzündung; akzidentelle Bildungen in der Lunge, zu denen Schwindsucht und Lungentumoren zählen; Krankheiten des Rippenfells mit verschiedenen Entzündungsarten und Pneumothorax".
Die Lungenschwindsucht, die auch seinen Freund Bayle 1816 dahingerafft hatte, zwang ihn, im abgelegenen Kerlouarnec in der Bretagne für seine Gesundheit zu leben. Leidlich erholt kehrte er nach Paris zurück. Wie Ebstein (35) berichtet, hatte Laënnec schon vor Jahren am eigenen Körper erfahren, daß die Tuberkulose durch Einimpfung übertragen werden kann, als er sich bei einer Sektion einen Leichentuberkel zugezogen hatte. In seinem Werk trat er gegen die verbreitete Ansicht auf, daß die Lungentuberkulose im Anfangsstadium heilbar sei. Die zweite Auflage seiner zum Lehrbuch umgestalteten Abhandlung war das Vermächtnis an seine Schüler, die aus aller Welt herbeigeströmt waren, um die neue Untersuchungsmethode kennenzulernen. Vereinsamt starb der Bahnbrecher am 13. August 1826 in Kerlouarnec, das ihm 40 Jahre später ein Denkmal errichtete.

Entsetzliche Beängstigung

London, Frühjahr 1826: Am 5. März traf in London der wohlbekannte Komponisteur Carl Maria Friedrich Ernst von Weber ein – geboren am 18. Dezember 1786 zu Eutin in Holstein –, um hier die Uraufführung seines „Oberon" zu leiten. Niemand wußte, warum der schwerkranke Mann diese Strapazen im unwirtlichen Klima Englands auf sich nahm; er selbst gestand einem Freund, er tue es der Familie wegen. (Es gab damals die GEMA nicht, die heute Komponisten ein ansehnliches Einkommen sichert.) Der von Kindheit an zarte Weber hatte Jahre der unruhigen Wanderungen als Pianist und kleiner Komponist hinter sich, als er endlich 1817 zur Gründung einer Deutschen Oper nach Dresden berufen wurde. Dort heiratete er die Opernsoubrette Karoline Brandt, und 1821 ging sein „Freischütz" auf die Bühne.
In London wartete „ganz England" auf den „Oberon", und der geschwächte Mann arbeitete bis zum Umfallen. Ein Zeitgenosse beschrieb (43): „. . . als ich sehen konnte, wie er nach Luft rang, von einem trockenen, stoßweisen schwind-

süchtigen Husten beinahe in Stücke gerissen wurde und in kalten Schweiß gebadet war ... wie dankbar reagierte er mit einem müden Lächeln auf jeden kleinsten Versuch, ihm die grauenhafte Agonie des Erstickens zu lindern, gegen die er mit der ganzen Entschlossenheit seines energischen Wesens ankämpfte."
Bis zum Ende notierte Weber seine Stimmungen und Schmerzen in seinem Tagebuch, im April: „Arger Krampfhusten. Blut ausgeworfen. Laxiert und gebrochen. Schmerz in der Seite. Dämpfe eingeatmet. Oberon zum 11. Male. Nichts gegessen. Arg gehustet. Gearbeitet." Im Mai dirigierte er weiter, fühlte sich manchmal erträglich, aber auch: „Senfpflaster auf der Brust, entsetzliche Beängstigung. Sehr unwohl, gar kein Atem. Stumpf. Laxiert alle Stunden. Um 8 ins Konzert, ich hielt es mit der größten Not aus. Früh entsetzliche Hitze. Abends Göschen und Fürstenau ..." Erschütterndes Protokoll eines Sterbenden, der noch so viel zu tun hatte.
Am 4. Juni saßen die Freunde zusammen. Am Morgen des 5. Juni wurde Weber vermißt, man brach die Tür zum Schlafzimmer auf. Der Arzt stellte den Tod fest, der zwischen ein und zwei Uhr nachts eingetreten sein mußte. Aus dem ärztlichen Gutachten: „... fanden wir ein Geschwür an der linken Seite des Kehlkopfs. Die Lungen waren fast gänzlich in krankhaftem Zustand, mit zum Teil eitrigen Tuberkeln und zwei Kavernen, von denen eine ungefähr eigroß, die andere etwas kleiner war. Damit ist die Todesursache hinlänglich geklärt."
Weber wurde feierlich beigesetzt in der Kirche zu Moorfields. Lange bemühten Freunde sich um die Rückführung des Sarges nach Dresden; erst 1844 gelang es Richard Wagner, genügend Geld aufzutreiben. Per Schiff und Bahn ging der Sarg nach Dresden und wurde am 15. Dezember beigesetzt in der Familiengruft auf dem katholischen Friedhof. Seine 1821 begonnene zwölfte Oper, „Die drei Pintos", mußte der Komponist unvollendet zurücklassen. In seiner biographischen Skizze hatte er 1818 geschrieben: „Wenn sie einmal einen Stein über meine Hülle legen, so werden sie mit Wahrheit darauf schreiben können: ‚Hier ruht einer, der es wahrhaft redlich und rein mit Menschen und Kunst meinte.'"

Dicke Luft

Der Dandy war soeben in Mode gekommen. Ihn und die Premierengäste des „Oberon" kümmerte nicht im geringsten, daß Kunst ein Luxus der Oberen Zehntausend war. „Niemals vorher hatte sich Reichtum so einfach zusammen-

tragen lassen; aber auch das Elend war nie zuvor so verbreitet und so wenig durch soziale Maßnahmen gemildert worden. Mit den neuen Triumphen der Mechanisierung gingen Rauch und Schmutz, Trostlosigkeit und Häßlichkeit einher, wie sie keine der vorhergehenden Zivilisationsstufen hätte hervorbringen können (38).“ Eine Umwelt voller Dreck und Gifte.
Und die Frauen im eben entstehenden Proletariat trugen – wie immer – die Lasten als Stütze der Familie: als Dienstboten und Tagelöhnerinnen, als Arbeiterinnen im Heim und in den Fabriken – und, ebenso natürlich, für den halben Lohn der Männer. Die Kinder der Unterschichten wie der Bauern mußten mit ihrer Arbeit ebenso zum Lebensunterhalt beitragen. Die Manager der Textilfabriken ließen in Lumpen verpackte Kinder in den Schornsteinen auf und abziehen zur Rußentfernung, und in den Arbeitspausen schlugen sich Jungen und Mädchen mit den Schweinen um den Brei im Trog. Die „Industrielle Revolution“ wurde sehr teuer erkauft. Gegen die luftverpestende Industrie erhob sich mancherlei Protest, nicht zuletzt wegen der Ängste vor der Auszehrung. Nach 1830 wurde immer mehr Steinkohle verheizt, Gasbeleuchtung eingeführt. Die rußigen, undurchsichtigen Rauchschwaden stanken und drangen schmerzhaft in die Lungen.
Die „besseren“ Leute ekelten sich nun vor den üblen Gerüchen des Proletariats, und Ärzte fühlten sich aufs äußerste gemartert durch ihre Hausbesuche in den Slums. Ein Opfer seines Berufes seufzt: „Wenn der Arzt einen Armen besucht, kommt es oft vor, daß er den stinkenden Geruch des Zimmers nicht ertragen kann; er schreibt seine Verordnung möglichst bei der Tür oder am Fenster“ (23); ein anderer: „Während meines ganzen Aufenthalts bei dieser Frau war es mir unmöglich, das Taschentuch, das ich sicherheitshalber mitgenommen hatte, auch nur einen Augenblick von Mund und Nase zu nehmen. Dennoch schienen die Hausbewohner die Unannehmlichkeit dieses Miasmas ebensowenig zu bemerken wie die Kranke.“
Von einer gründlichen Untersuchung und somit sicherer Diagnose konnte da wohl keine Rede sein. Einzelne Forscher bemühten sich, die Luftströme zu „beherrschen“ und so die verpesteten Orte zu desodorieren. Der hermetisch verschlossene Raum brachte Mr. Pearson, einen Arzt, auf die Idee, im Krankenzimmer eine bekömmliche Temperatur zu schaffen, damit er seine Patienten zu Hause behandeln konnte, anstatt sie für lange Zeit in den teuren Süden zu schicken. Er schuf ein wohltemperiertes Treibhaus, indem er Kaminöffnungen zustopfen und doppelte Türen und Fenster einsetzen ließ. – Hoffentlich blieb den armen Kranken noch etwas Luft zum Atmen.

Sie gaben sich erdenkliche Mühe, die Ärzte, und arbeiteten an den Grundlagen einer modernen, „wissenschaftlichen“ Therapie dieses 19. Jahrhunderts. Doch es ging zögerlich voran, und die alte Drecksapotheke wurde nicht vergessen. Man verschrieb auch weiter Harn und Kot: 1852 berichtete ein angesehener Autor, nützlich für die äußerliche Behandlung der Tuberkulose, der Lepra und anderer hartnäckiger Krankheiten sei eine Mixtur aus Ammoniak und Guano, dem Vogeldung. Und 1862 schrieb ein Kollege begeistert über den Wert des Reptilienkots für die Behandlung der Schwindsucht. Urin, Schafskot etc. sind vielleicht Überreste des „Sympathiezaubers“, den auch Galen, Paracelsus und andere alte Mediziner kannten.

Tod in Schönbrunn

Schafskotkügelchen in Urin – ob jemand auf die Idee kam, diese Medizin dem Prinzen ans Krankenlager zu bringen? Möglich, wenn es Rettung versprach – für den hübschen und charmanten Franz Joseph Karl, Herzog von Reichstadt. Er war der einzige Sohn Kaiser Napoleons I. und seiner Frau Marie Louise, Erzherzogin von Österreich. Eine Figur für Dramen und Romane: Der künftige „König von Rom“ war in Paris geboren worden, am 20. März 1811. Schon als Junge verehrte er den Vater und studierte mit Eifer die Kriegswissenschaften. Frankreichs Thron wollte er besteigen, Fürst Metternich intrigierte dagegen. Ahnte er, daß der Prinz nicht alt werden würde? Mit 21 zeigten sich bei dem jungen Mann erste Anzeichen der Lungenschwindsucht. Man munkelte, so müsse es ja kommen, nach diesem Lotterleben und den vielen pikanten Abenteuern.
Seine Mutter wurde nach dem Fall Napoleons degradiert zur Herzogin von Parma: Sie erfuhr sehr spät vom tödlichen Leiden des Sohnes und wäre sofort an sein Lager geeilt, schrieb jedoch dem Erzieher Dietrichstein: „Andererseits haben wir die Cholera vor den Toren, und wenn ich in diesem Augenblick abreise, würde es einen erbärmlichen Eindruck machen.“ Staatsräson ging allemal vor. Doch am 24. Juni 1832 traf Marie Louise endlich im Schloß Schönbrunn ein und eilte ans Krankenlager. Augenzeugin Baronin Sturmfeder schrieb: „Sonst ist viel Betrübnis in Schönbrunn. Der arme Herzog ist in einem elenden Zustand, immer zwischen Leben und Tod.“
In Irmgard Schiels Biographie der Erzherzogin lesen wir von den letzten Tagen (44): „Die Pflege des Todkranken stellte an seine Betreuer fast unerträgliche

Anforderungen. Die eitrigen Expektorationen, die der Prinz nicht mehr ausspucken konnte, mußten von seiner Umgebung aus seinem Mund entfernt werden. Den ganzen Vormittag litt ich an fortgesetzten, durch einen fürchterlichen Geruch hervorgerufenen Übelkeiten", schrieb Moll. „Die drei, vier letzten Tage konnte man die Beschreibung seiner Qualen beinahe nicht mehr anhören", berichtete Baronin Sturmfeder, „und selbst seine Mutter hatte mir vor ein paar Tagen, als ich ihr . . . begegnete, gesagt, ‚ich bin nicht Egoistin genug, um die Verlängerung seiner Leiden zu wünschen'. Sie weinte, als sie dies sagte. – 21. Juni: In der Nacht wurde es immer übler, und gegen 3 Uhr sagte er: ‚Ach Gott, meine Mutter, ich gehe unter!' – Man holte die Erzherzogin. Er sprach beinahe nicht mehr, sah aber alle an und war bei sich bis auf den letzten Augenblick." Seine Mutter, Erzherzog Karl und seine Herren waren bei ihm, bis er aufgehört hatte zu atmen . . ., es war der 22. Juli 1832.

Heilbar – aber wie!

Der vielversprechende Adelssproß bekam keine Chance – so wenig wie Zehntausende seiner Untertanen im Laufe des 19. Jahrhunderts. In den ersten drei Jahrzehnten wußte man immer noch kaum etwas über die Ursachen, über die Erreger, über die Wege der Infektionen, über Verläufe und Prognosen. Das galt für die Schwindsucht, es galt für das Heer der „Grandes Maladies": Pest, Cholera, Typhus, Diphtherie, Tollwut, Kindbettfieber, Gelbes Fieber, Fleckfieber, Schlafkrankheit, Malaria und und . . . Kontagium? Miasma? Wie, zum Teufel, holte man sich das Übel? Spezialisten, Fachärzte gab es noch nicht – niemanden, der mit seinem Wissen auf der Höhe der Zeit war; und selten einen Austausch neuer Erkenntnisse, wie heute jeder Kongreß ihn bringt. Frankreich hatte manches beigetragen zum Wissen über die Phthisis, Laënnecs Licht leuchtete über Europa. Doch es waren die pragmatischen Engländer, die den Karren ein Stück weiterschoben.

Um 1835 konnte London sich des ersten Hospitals für Schwindsüchtige in der Welt rühmen. Vermutlich hatte es seine Existenz der traurigen Tatsache zu danken, daß nahezu „ein Drittheil der erwachsenen Bevölkerung Großbritanniens" diesem Leiden zum Opfer fiel. Vor kurzem war der Oberon-Komponist von Weber der Tuberkulose erlegen und lag in der Kirche zu Moorfields. Vielleicht wäre ihm zu helfen gewesen, hätte er früher den Rat der Ärzte des Londoner Hospitals gesucht, falls er von dessen Existenz gewußt hätte.

Nach allem, was wir über die Zeit wissen, brauchte man gute Nerven, um in einem Spital für Lungenkranke seinen Dienst zu tun, für hunderte hustender, keuchender, sterbender Menschenbündel. Die Spuckflasche war noch nicht erfunden, und jeder Patient spuckte seinen Schleim auf den Boden – machte die Säle zu Brutstätten für Mykobakterien und andere unangenehme Gäste. Zeitgenossen berichten vom betäubenden Gestank Tuberkulöser nach verfaultem Fleisch. Die Beziehungen zwischen Arzt und Patient – heute von vielbesprochener Bedeutung – waren 1835 noch stark distanziert. Ein Arzt war glücklich, wenn er die richtige Diagnose stellte – ohne Röntgengerät, ohne Bakterientest – und in steter Gefahr, sich selbst anzustecken.
In dieser Welt müssen wir uns das tägliche Wirken des Chefarztes Franz Hopkins Ramadge vorstellen, der 1835 seine Erfahrungen niederschrieb unter dem erstaunlich optimistischen Titel: „Die Lungenschwindsucht ist heilbar!“ (45) Das macht neugierig, und der Leser wird durch ein Kaleidoskop verschiedenster Patientenschicksale geführt und erfährt alles über Diagnose, Verlauf und Ende der Krankheit. Insgesamt hatte Dr. Ramadge etliche tausend Fälle von „Lungensucht“ behandelt und dreitausend Leichen untersucht. Für ihn war klar, daß die vor allem in England unter Arbeitern weit verbreitete „Mißbildung“ der Brust die Krankheit hervorrufe, während breitbrüstige Seeleute und Bergsteiger sie nicht bekämen. Ansteckend sei die Tuberkulose nicht. Als scharf beobachtender Kliniker kam er zu Schlußfolgerungen, die noch lange vertreten werden sollten: „Zu den traurigsten und bemitleidwerthesten Fällen ... gehören ... das schnelle und frühzeitige Dahinschwinden der Jugend, insbesondere bei dem weiblichen Geschlecht. ... Es gibt keinen traurigeren Anblick, als ein solches weibliches Wesen, das, nahe an der Grenze des ehelichen Glücks, sich hülf- und ahnungslos dem unerbittlichen Geschicke unterwerfend, und noch reizend und liebenswürdig bis zum letzten Hauche seines Lebens, wie eine hinwelkende, schon in der Knospe geknickte Blume dahinstirbt.“ Die schwindsüchtigen Mädchenblumen spielen zum Ende des Jahrhunderts eine bis in die Künste reichende Rolle. Auch die Sache mit dem Sex hat unser Arzt beobachtet: „Wenn wir anderen Krankheiten zum Raube werden, so ermatten die sinnlichen Begierden und verfallen gleichsam in Schlaf, während in dem letzten Stadium der Lungenschwindsucht die Liebe zum andern Geschlecht mit dem Verfall der Kräfte zu wachsen scheint, und sich so die Krankheit noch kurz vor dem Tode auf das Leben eines noch ungeborenen Wesens fortpflanzt. Dasselbe findet, jedoch im geringeren Grade, auch bei dem zarteren Theile der Schöpfung statt.“ – Wer denkt nicht an den „Zauberberg“?

Der Arzt glaubte nicht, daß Erkältung die Ursache ist. Er sah sie im „Vorhandensein verborgener Tuberkel in den Lungen. Daß nur dann Phthisis entsteht, wenn diese sich erweichen . . ." Eine erbliche Anlage zur Lungensucht läßt er gelten. Und macht eine Bemerkung, die heute wieder aktuell wird: „Wenn Menschen an chronischen oder unheilbaren, innerlichen oder äußerlichen Krankheiten irgendeiner Art leiden, und der Körper ist durch die lange Dauer des Übels geschwächt, so kommt in dergleichen Fällen besonders gerne Lungenschwindsucht hinzu."
Dr. Ramadge ist durch jahrelange Übung so erfahren, daß ihm ein Blick auf den Kranken genügt. Er schildert uns die typischen Symptome: „. . . ist gewöhnlich ein unbedeutender Husten das erste Symptom . . . Nach einiger Zeit nimmt der . . . Husten zu, und es wird ein wenig farbloser Schleim . . . ausgehustet. Darauf folgt eine gewisse Schwere und ein nicht bedeutender Schmerz in der Brust, verbunden mit beschwerlichem Athmen, allgemeiner Schwäche und einem beschleunigtem Puls, der selten unter 90, während der Hitze des hektischen Fiebers aber gemeiniglich 120 Schläge zählt. Gegen Nachmittag hat der Kranke gewöhnlich eine fröstelnde Empfindung längs des Rückgrathes, worauf gegen Abend vermehrte Wärme und endlich Ausdünstung folgt, welche meistens nach Mitternacht sehr heftig wird, und den Körper sehr abmagert. Wenn sich mit diesen Symptomen Blutspeien verbindet, oder wenn die ausgehusteten Stoffe ein eiterartiges Aussehen annehmen, so haben wir alle Ursache, auf das Daseyn der Lungenschwindsucht zu schließen . . . Sobald sich das hektische Fieber vollkommen ausgebildet hat, bemerkt man auch schon die Abnahme an Fleisch, die mit schnellen Schritten wächst, je nachdem Schweiße, Diarrhöe und Auswurf zunehmen . . ."
Vorbeugend empfahl Ramadge – vor allem, wenn eine erbliche Anlage zur Phthisis anzunehmen ist: stärkende Diät, tägliche Bewegung in frischer Luft, Seereisen, viel Reiten. Davon durchdrungen, daß nur die Kräftigung und Erweiterung des Brustraums die Phthisis heilen könne, hatte der Doktor eine Idee und ließ sich einen sinnreichen Apparat bauen für seine „Inhalationskur": „Zu dem Ende ließ ich Röhren von verschiedenem Durchmesser, je nach dem verschiedenen Alter der Kranken machen, durch welche sie zweimal des Tages, Morgens und Abends einathmen mußten. Die Zeit des Athmens wurde allmählich verlängert, bis zu einer halben Stunde; durch die Verfolgung dieses Heilplans erweiterte sich nach und nach ihre Brust, ihre Gesundheit verbesserte sich zur Verwunderung, und die Eingeweide kehrten nach und nach zu ihrer regelmäßigen Verrichtung zurück, ohne daß weiter Arzneien nöthig gewesen

wären." Zusätzlich ließ Dr. Ramadge beim Patienten durch angesetzte Egel Blut abnehmen, in Verbindung mit einer Gabe von einem „Skrupel" Nitrum. Ins Wasser der Inhalationsmaschine läßt er „eine Hand voll Hopfen, ein wenig Weinessig, oder einen Eßlöffel voll Terpentingeist mischen". Wenn die Inhalation gut bekommt, sollte sie 6 Monate oder länger angewendet werden. Die breitgewordene Brust sei nun gegen Rückfälle gewappnet.
Im übrigen ging der Doktor recht sparsam mit seinen Arzneimitteln um: An Abführmitteln ließ er nur Rhabarber, „calcinierte Magnesia" und „Natrium subcarbonicum siccum" gelten; Brechmittel schätzte er nicht; an „Expectorantia" verordnete er Ipecacuanha und Antimonial-Präparate und bei heftiger Erregung durfte man für nur eine Nacht ein Opiat geben; lieber waren ihm das Bilsenkrautextrakt, Lattich- und Hopfenextrakte, Blasenpflaster bei starkem Auswurf, etwas Bier, aber keine Milch.
Sein Übersetzer, Dr. Hohnbaum, ist anderer Ansicht und schreibt in einer Fußnote: „Der Nutzen einer guten Milch, insbesondere von Thieren, die ihr Futter im Freien suchen, ist in dieser Krankheit zu allen Zeiten anerkannt worden, und wer noch daran zweifeln könnte, frage die Ärzte an Orten, wo Molkenanstalten sind." Über keinen Punkt aber ist Dr. Ramadge so konträrer Meinung wie beim Klima: „Weit entfernt, einen an der Lungenschwindsucht Leidenden in die südlichen Gegenden von Frankreich oder Italien zu schicken, würde ich, wenn je eine Ortsveränderung nöthig wäre, dem Clima von St. Petersburg tausendmal den Vorzug geben." Warum? Weil Ramadge der Überzeugung ist, der Patient würde sich in St. Petersburg einen Katarrh holen, und Katarrhe seien am besten geeignet, die Phthisis zu verhindern bzw. zu heilen.
Chefarzt Dr. Ramadge hatte offenbar gute Erfolge mit seinen einfachen Behandlungsmethoden. Und er läßt uns auch wissen, was ihm geheilte Patienten dankbar schrieben. Am 13. Januar 1834 kam folgender Brief: „Ich, Johann Eales, ein Setzer, 40 Jahre alt, bekam im Juli 1833 heftigen Husten und hektisches Fieber, so daß der Schleim mit Blut gemischt war, und ich nachmals ohngefähr 10 Minuten lang, eine große Menge helles Blut aushustete. Meine Gesundheit und meine Körperkräfte nahmen dabei sehr ab und meine ganze Constitution kam sehr herunter, so daß ich nur mit großer Anstrengung und unter vielen Leiden mein Geschäft fortsetzen konnte. In diesem Leidensvollen und gefährlichen Zustande zog ich den Doktor Ramadge zu Rathe, der mich Hopfendämpfe durch eine ohngefähr vier Fuß lange Röhre einathmen ließ, mir innerliche Arzneien gab und zur Ader ließ. Bald darauf bemerkte ich, daß sich mein Gesundheitszustand sehr schnell verbesserte, und jetzt bin ich so glück-

lich, sagen zu können, daß ich mich außer aller Gefahr und frei von innerlichen Blutungen und allen Zufällen der Lungenschwindsucht befinde." (45)
Ob viele Ärzte damals solche warmen Lobesbriefe empfingen? Er war ein mutiger Arzt, der Dr. Ramadge, der etwas riskierte für das Leben seiner Patienten – im Sinne des alten Hippokrates. In Preußen war man noch nicht so weit. Den Berlinern steckte die Cholera in den Knochen, sie hatte die Stadt 1426 Opfer gekostet, unter ihnen den großen Philosophen Hegel. Das Zeitalter der Industrie dämmerte herauf, Borsig gründete sein Maschinenimperium und die Eisenbahn ratterte von Berlin nach Potsdam.

. . . der seinen Schatten verlor

Seit die Betonmauer zum zwielichtigen Mythos wurde, seit man wieder nach „Ost"-Berlin fährt, wie früher einfach zum Alex, gehe ich zum Beispiel – am liebsten im bunten Herbst – zum Dorotheenstädtischen Friedhof am Halleschen Tor. Zu den halbverborgenen bemoosten Steinen mit den großen Namen, einträchtig liegen sie da in Reih und Glied und rufen nach Erinnerung. Rahel Varnhagen ruht hier mit ihrem Karl-August, die Familie Mendelssohn-Bartholdy, Ringelnatz, und im Geviert der Ketten Antonie und Adelbert von Chamisso (46).
Der „französische Preuße" mit dem Namen Louis Charles Adelaide de Chamisso de Boncourt kam 1790 mit den Eltern nach Preußen, diente als Page der Königin und als Offizier unter Friedrich Wilhelm III. Er wurde Gast im Salon der Frau von Varnhagen, reiste mit der Brigg „Rurik" auf Forschungsreise um die Welt, wurde Kustos für Botanik am Botanischen Institut Berlin. Und war doch eigentlich ein Dichter. Seine Lyrik erschien im Musenalmanach und 1814 der Bestseller „Peter Schlemihls wundersame Geschichte", über die viel diskutiert wurde (47): Der Teufel bietet gegen Schlemihls Schatten nicht bloß Fortunas Glückssäckel an; in seiner Tasche hält er zur Auswahl bereit: Springwurzel, Alraunwurzel, Wechselpfennige, Raubtaler, das Tellertuch von Rolands Knappen, ein Galgenmännlein und Fortunatus Wunschhütlein . . . Freund Julius Eduard Hitzig schildert Chamisso: „Ein Mann voll Unschuld, voll rastloser Tätigkeit, ein kerngesunder Mensch von nobelster Gesinnung" (37).
1835 lebte die vielköpfige Chamissofamilie in dem altmodisch-gemütlichen Haus Friedrichstraße 235, und im kleinen Gartenhaus schrieb der Hausherr seine

Gedichte und Briefe, auch über sein beginnendes Leiden. Im Juni 1835: „Mit mir scheint es auf die Neige zu gehen. Ich habe von der Grippe ein Übel zurückbehalten, das mich untergräbt. Anscheinlich ein Geschwür in der Lunge in der Gegend der rechten Achsel, aus dem ich täglich etliche Tassen Eiter ausleeren muß. Ich magre ab und die Kraft schwindet – sonst ist selbst die Lunge ganz gesund. Verschiedene Versuche haben zu nichts gefruchtet und ich gehe jetzt nach dem Brunnenort Reinerz in Oberschlesien, wenig an die Wunder glaubend, die man davon erzählt." Und am 29. März 1837: „Ich habe Dir gesagt, wie elend es mir geht, ich schleppe mich hustend mit meinem Geschwür in der Brust, aber, was ich nicht geglaubt hätte, die Ärzte haben doch recht, es wird daraus eine bloße Gebrechlichkeit, mit der man sich nur zu befreunden hat, weil man noch ein ganzes Stück Weges zusammengehen kann . . . meine arme Frau liegt mir seit fünf Monaten darnieder, ich will weiter nichts hinzufügen . . . was ich dulde und trage, scheint mir nicht über das vollgestrichene Maß zu gehen . . ."

Ein Blutsturz erstickte Frau Antonie am Morgen des 21. März 1837, sie hinterließ ihre Kinder im Alter zwischen 2 und 16 Jahren. Ihre ältere Schwester übernahm die Sorge für den Haushalt. Im März war Adelberts Gedicht „Traum und Erwachen" entstanden, die letzte Strophe deutet auf sein Ende hin.

So hat euch wohl die Angst zu mir getrieben?
„Wir sind um dich versammelt". – Alle? – gut!
Laßt mich euch überzählen: sechse, sieben –
Und – sagt mir – eure Mutter? „Mutter ruht". –
Das will auch ich: bin müde, meine Lieben.
Drum, fahret wohl! wir sind in Gottes Hut.
Fahrt wohl, ich geb euch allen meinen Segen.
Ich will bequemer mich zur Ruhe legen.

Um fünfzehn Monate durfte der Adelbert die Antonie überleben, arbeitete mit dem Rest der Kräfte am Musenalmanach. Ein letzter Brief: „Geistiges Schaffen ist die tragendste, die wohltuendste Tätigkeit, wer sie sich nur immer erhalten könnte!" Am 16. August legte der Kranke sich zu Bett und versank bald in tiefe Bewußtseinstrübung, aus der heraus er bisweilen in fremden Zungen, wie hawaiisch, phantasierte. In seinen letzten Stunden redete er unausgesetzt französisch. Er starb am 21. August 1838, früh um 6 Uhr. Seine letzte Arbeit war die Übersetzung der Lieder Bérangers gewesen.

In seinem Testament sprach er auch zu den Kindern: „Ich wünsche, daß sie studieren, insofern sie dazu die Mittel haben; bin es aber ganz einverstanden, wenn der eine oder der andere zum bürgerlichen Gewerbe übergehen will. Die Zeit des Schwertes ist abgelaufen, und die Industrie erlangt in der Welt, wie sie wird, Macht und Adel." Die Wirtschaft verdrängt den Krieg – wenn der schreibende Botaniker doch recht behalten hätte.

Wie eine befrackte Marionette sei er auf das Podium gekommen, erzählten Zeitgenossen, leichenblaß wie ein Dämon – der größte Geiger aller Zeiten: Niccolò Paganini. Der begnadete Künstler hatte ein großes Leidenspäckchen zu tragen: Infektionen, Harnsperre, Diarrhoe, Hämorrhoiden, Knochenfraß im Kiefer, Syphilis, Tuberkulose und das „Ehlers-Danlos-Syndrom", eine abnorme Beweglichkeit der Gelenke – übrigens die Voraussetzung für seine begnadeten Doppelgriffe und Passagen und Trillerketten. Wer im rasend applaudierenden Saal wußte denn, unter welchen Qualen der Künstler seine umschwärmten Konzerte durchstehen mußte!
Geboren wurde Paganini am 27. Oktober 1782 in Genua. Nach internationalen Konzertreisen zog er sich für die letzten Lebensjahre in seine Villa bei Parma zurück. Schon im Sommer 1819 hatte sich die Kunde verbreitet, er sei von Schwindsucht befallen, woraufhin der Wirt sein Bett und alle Habe kurzerhand auf die Straße stellte. Im März 1824 heiratete er die bezaubernde Antonia Bianchi und suchte mit ihr Erholung auf Sizilien. Immer wieder brach die Krankheit aus, und er suchte Linderung in Karlsbad, Bad Ems und Baden-Baden. Er versuchte das Wunderelixier „Le Roi", Schwefelbäder und viele Geheimrezepte. Im Verlauf seiner Lungentuberkulose scheint sich eine Kehlkopftuberkulose entwickelt zu haben. Nizza hieß die letzte Station. Die Stimme war völlig vernichtet, seinem geliebten Sohn konnte er nur mit zittriger Hand Wünsche auf kleine Zettel kritzeln. Stundenlang quälte er sich, nur den kleinsten Bissen herunterzuwürgen. Heftige Brustkrämpfe gaben ihm den Rest. Das Genie der Violine hatte Millionen bezaubert und starb nun unter Qualen am 27. Mai 1840.

Immer mehr kälte- und nässegeplagte Europäer suchten die linden Lüfte des Mittelmeers, um ihren harten Husten loszuwerden. Die französische Schriftstellerin, Femme fatale und „Emanze" George Sand brachte den schwer leidenden Geliebten, Frédéric Chopin, im November 1838 nach Palma auf Mallorca, aber die Insulaner hatten nichts übrig für kranke Touristen. Ein mißtrauischer Senor Gomez vermietete den Leuten aus Frankreich sein „Haus des Windes",

und sie litten schrecklich unter Nässe und Kälte. André Maurois erzählt von der Mühsal, die der empfindsame Komponist durchstand, hustend im Qualm der Kohlenbecken, welche die Heizung im Winter ersetzen sollten. Drei Ärzte wurden konsultiert. Chopin schrieb dazu: „Der eine beroch, was ich auswarf; der andere klopfte dort, wo ich auswarf; der dritte betastete und horchte, während ich auswarf.“ Er konnte sich nur mit Mühe ihren Aderlässen und Blasenpflastern entziehen. Als die spanischen Ärzte bestätigten, die Schwindsucht sei ansteckend, setzte Herr Gomez seine Kurgäste stracks vor die Tür: Schwindsucht ist wie die Pest, meinte er. Mühsam fanden die Obdachlosen endlich provisorischen Unterschlupf in der verfallenen Kartause von Valdemosa.
Chopin schrieb die schönsten Präludien in seiner Zelle, aber die Bauern machten den Parisern das Leben so schwer wie möglich. Der Arzt des Ortes diagnostizierte Kehlkopfschwindsucht und riet zu Aderlässen und Diät. George glaubte überhaupt nicht an eine Tuberkulose: „Das Prélude, das er an jenem Abend schuf, erinnert an Regentropfen, die dumpf auf die Ziegel des Klosters herabprasseln; aber in seiner Musik hatten sie sich in Träume verwandelt, die vom

Niccolò Paganini

Himmel herab auf sein Herz fielen." Doch Valdemosa, das Marterhaus, trieb die Unglücklichen fort von der ungastlichen Insel. Und der hartherzige Kapitän der „El Mallorquin" steckte den hustenden Komponisten ins mieseste Bett, gleich neben den Schweinen. Chopin stand am Rande des Grabes und brauchte Zeit zur langsamen Erholung im Hotel de Beauvau zu Marseille. George Sand schrieb im Februar 1839: „Er kann in einem Bett schlafen, das man hernach deswegen nicht verbrennen wird. Er sieht niemanden zurückweichen, wenn er die Hand ausstreckt. Er wird eine gute Pflege und alle Hilfe der ärztlichen Wissenschaft haben. Chopin legt sich ein kleines Bäuchlein zu, hustet fast nicht mehr und wird wieder heiter wie ein Buchfink, wenn der Mistral nicht weht." (48)
Die b-moll-Sonate . . . das zweite Nocturno . . . drei Mazurken . . ., in den Händen einer liebenden Frau vermochte der Kranke in sich die Kräfte aufzubauen, zeitlose Musik zu schreiben. Die Jahre 1840 bis 1845 auf Schloß Nohant brachten den Reichtum der Melodien, trotz (oder wegen?) leidenserzwungener sexueller Enthaltsamkeit. Als George eines Abends vom Frieden des Landlebens schwärmte und Chopin begeistert lauschte, bat die Frau ihn, dies Gefühl in Musik umzusetzen, und Chopin improvisierte sogleich eine Pastoral-Symphonie. Eine Hand zärtlich auf seiner Schulter, murmelte sie: „Mut, ihr samtenen Finger!" Und André Maurois fragt, ob ohne diese Hand und ohne den zauberhaften Einfluß von Nohant Chopin im Verlauf seines kurzen Daseins so viele Meisterwerke komponiert hätte. Wer weiß sogar, ob er noch gelebt hätte? Wieder stehen wir verwundert und ein wenig ratlos vor so einem Fall, da Liebe das Leiden für eine Zeitlang wenigstens aufzuhalten, zu bremsen vermag und dem Genie eine Chance gibt.
Oder hat die Leidenschaft zu dieser Frau ihn vollends verzehrt? 1847 trennten sich George und Frédéric, trafen sich in den Revolutionstagen noch einmal. In ihrer „Histoire de la Vie" (49) notierte George: „Ich wollte mit ihm reden, aber er entzog sich mir . . . man hat mir gesagt, er habe bis ans Ende nach mir verlangt, mir nachgetrauert, mich wie ein Sohn geliebt, doch man hat es mir verschwiegen. Auch ihm hat man verschwiegen, daß ich immer bereit war, zu ihm zu eilen. Für meine Jahre des Wachens, der Angst und der Hingabe haben mich Jahre der Zärtlichkeit, des Vertrauens und der Dankbarkeit belohnt, die eine Stunde der Ungerechtigkeit oder des Irrtums vor Gott nicht auslöschen konnte."
Chopin erlag seiner Tuberkulose, 39 Jahre alt, am 17. Oktober 1849 in Paris. Liszt erzählte, daß Chopins Antlitz schön und jung war, als er im blumenübersäten Sarg lag. Im Frack wurde er beerdigt. Es war nicht sein eigener Wunsch,

obwohl es polnische Sitte war, daß sich die Sterbenden ihre Totengewänder selbst auswählen. Lombroso teilte mit, daß Chopin mit weißer Krawatte, Halbschuhen und Kniehosen begraben werden wollte. Der Arzt G. Ernest schrieb 1930, daß Chopins „Herrlichstes“ seine vielen kleinen Werke sind, die aus Schmerz, Sehnsucht und Trauer geboren sind und ihren Ursprung in seinen körperlichen und seelischen Leiden hatten. (35) Zurück blieben die Totenmaske Chopins und das Doppelporträt der Liebenden, von Freund Delacroix gemalt, das später zerschnitten wurde: Chopin sitzt am Flügel, George hört ihm zu, beschäftigt mit einer Nadelarbeit.

Über Chopin, der wie kein anderer das Atmosphärische, die todesverfallene Schwermut des Leidens, wehmütige Klage und lösenden Trost zugleich, in seine Klangbilder bannt (50), heißt es in Gottfried Benns Gedicht „Chopin“:

Nicht sehr ergiebig im Gespräch,
Ansichten waren nicht seine Stärke,
Ansichten reden drum herum,
wenn Delacroix Theorien entwickelte,
wurde er unruhig, er seinerseits konnte
die Notturnos nicht begründen.

Schwacher Liebhaber;
Schatten in Nohant,
wo George Sands Kinder
keine erzieherischen Ratschläge
von ihm annahmen.

Brustkrank in jeder Form
mit Blutungen und Narbenbildung,
die sich lange hinzieht;
stiller Tod
im Gegensatz zu einem
mit Schmerzparoxismen
oder durch Gewehrsalven;
man rückte den Flügel an
die Tür
und Delphine Potocka
sang ihm in der letzten Stunde
ein Veilchenlied . . .

Chopins zarter, schwacher Körper hat vielleicht den Philosophen Karl Rosenkranz (1805—1879) zu einigen Gedanken für seine Arbeit „Ästhetik des Häßlichen", 1853, angeregt. Er fragt, unter welchen Umständen Krankheit die Ursache der Häßlichkeit sein kann. Darunter rechnet er nicht Hektik und Fieberzustände, die dem Organismus „jene transcendente Tinctur gibt, die ihn ätherischer erscheinen läßt. Die Abmagerung, der brennende Blick, die bleichen oder vom Fieber geröteten Wangen des Kranken können das Wesen des Geistes sogar unmittelbarer zur Anschauung bringen. Der Geist ist dann gleichsam schon von seinem Organismus geschieden. Er durchwohnt ihn noch, allein nur um ihn in der Tat zum reichen Zeichen zu machen. Der ganze Körper in seiner durchsichtigen Morbidezza bedeutet schon nichts mehr und ist durch und durch nur noch Ausdruck des von ihm bereits auswandernden, naturunabhängigen Geistes. Wer hätte nicht schon eine Jungfrau oder einen Jüngling auf dem Sterbebette gesehen, die als Opfer der Schwindsucht einen wahrhaft verklärten Anblick darboten. Der Tod hat keineswegs mit Unausbleiblichkeit eine Verhäßlichung der Gesichtszüge hervorzubringen, sondern ebensowohl kann er einen schönen seligen Ausdruck hinterlassen."

Susan Sontag spricht von der Tb als von einer Krankheit der Zeit, sie beschleunige das Leben, erfülle es mit Höhepunkten, vergeistige es (17). „Mehr als anderthalb Jahrhunderte lang lieferte die Tuberkulose ein metaphorisches Äquivalent für Zartheit, Sensibilität, Traurigkeit, Kraftlosigkeit . . ."

Zeit der Erwartung

Chopin, Chamisso, Paganini, der Herzog von Reichstatt . . . sie litten und starben an ihrer Tuberkulose, aber sie konnten sich zu Lebzeiten Ärzte leisten, Hilfspersonal, lindernde Medikamente, Bäder, Brunnen, Reisen in milde Klimate. Die Masse der „Pauperen" hingegen hatte nur ihre Krankheit und sonst nichts, weder Ärzte noch Medikamente, keine Pflege, keine Versicherung. Die Gräben zwischen reich und arm vertieften sich, denn die Mitte des 19. Jahrhunderts erlebte einen nicht gekannten Aufbruch in eine Zukunft, die vielen ein besseres Dasein zu versprechen schien. Leben, Arbeit, Suff, Mord, Bettelei, Prostitution – es verlagerte sich in die großen Städte, nach Paris, London, Berlin. Die Bevölkerungen wuchsen rasch. Nach 1850 suchte die Industrie immer

hektischer nach billigen Lohnsklaven. Die Mehrheit der Unterschichten vegetierte am Rande eines niedrig angesetzten Existenzminimums.
Beobachter berichten von Lärm, Staub, Enge, schlechtem Licht, Unfall- und Krankheitsrisiken, welche die Situation am Arbeitsplatz bestimmten, dazu kamen lange Arbeitszeiten (14—16 Stunden) auch für Frauen und Kinder und fehlende Sicherheitsmaßnahmen. Es war keineswegs alltäglich, daß die mutige Bettina von Arnim in Berlin die erniedrigende Situation von Arbeiterfamilien untersuchte und darüber einen präzisen Bericht schrieb mit dem Titel „Dies Buch gehört dem König". Der preußische König war alles andere als begeistert, und Bettina handelte sich Ärger ein. Das Großbürgertum hielt nichts von Fürsorgepflicht staatlicher und kommunaler Institutionen, sondern erwartete das Heil vom freien Spiel der (kapitalistischen) Kräfte. – Klingt ziemlich modern. – Und so wurde denn auch dem Militär befohlen, den Hungeraufstand der schlesischen Weber 1844 mit Waffengewalt niederzuschlagen. Gerhart Hauptmann verewigte die Weber, und Heinrich Heine schrieb ein Gedicht: „Das Schiffchen fliegt, der Webstuhl kracht, / Wir weben emsig Tag und Nacht — / Altdeutschland, wir weben dein Leichentuch, / Wir weben hinein den dreifachen Fluch, / Wir weben, wir weben! . . ."
Nach 1845, in der Hungerkrise, kam es oft zu Unruhen. Berlin erlebte im April 1847 seine „Kartoffelrevolution". In Oberschlesien erkrankten 80 000 Menschen an Hungertyphus, 16 000 starben. Auch die Tuberkulose forderte ihre Opfer, aber wieviele genau? Das Bild ist verschwommen. Ein Fachmann (51): „Nur dann, wenn jede Leiche obduziert würde, könnten wir eine einwandfreie Todesursachen-Statistik erstellen. So lange dies nicht der Fall ist und so lange vielfach Laien als Leichenbeschauer tätig sind, bleibt eine solche Statistik eine Illusion. Nachdem außerdem die Einwohnerzahlen der Städte und Länder seinerzeit weitgehend auf Schätzung beruhten, sind wir zu der Annahme berechtigt, daß die Tuberkulose-Mortalitäts-Statistiken, die aus dem 19., oder gar aus dem 18. Jahrhundert vorliegen, mit Skepsis zu bewerten sind . . . In London sollen im Jahre 1750 rund 100 Personen von je 10 000 Lebenden, also ein Prozent, an Tb gestorben sein. Ob diese Angaben den Tatsachen entsprechen, läßt sich heute nicht mehr feststellen; es ist auch nicht genau bekannt, wie diese Zahlen gewonnen worden sind."
Wir müssen die verschiedenartigen Altersgliederungen in den Bevölkerungen berücksichtigen. So müssen Länder mit hoher Geburtenziffer und damit vielen jungen Menschen andere Sterbeziffern für die gesamte Bevölkerung aufweisen als Völker, in denen die jüngeren Altersklassen schwach besetzt sind. Sie haben

dafür einen großen Bestand an alten Menschen, deren höhere Letalität zwangsläufig eine höhere allgemeine Sterblichkeit verursacht. An der Sterblichkeit – und besonders der Tuberkulose – der Menschen und der verschiedenen Völker sind zu viele einzelne Faktoren beteiligt, welche die ganze Skala zwischen Klima, Primitivität und höchster Kulturstufe umfassen, als daß sich Abweichungen durch simple Theorien erklären ließen. Das Geschehen ist zu differenziert.

Anfällige Mädchen

Der amerikanische Fachschriftsteller Edward Shorter (52) wagt es trotz ähnlicher Bedenken, auf die besondere Gefährdung der Frauen in Europa und den Vereinigten Staaten im 19. Jahrhundert aufmerksam zu machen. Vor der Jahrhundertwende betrug die durchschnittliche Lebenserwartung für beide Geschlechter etwa 35 bis 40 Jahre, wobei die Frauen im Schnitt etwa drei Jahre länger lebten als die Männer. Ab Mitte des 19. Jahrhunderts berechnet Shorter eine höhere Sterblichkeit von Frauen in jungen Jahren und eine geringere in höherem Alter. Um 1850 zum Beispiel lebten in der Altersgruppe 10 bis 35 Jahre die amerikanischen Männer länger als die Frauen. Erst im letzten Viertel des 19. Jahrhunderts begannen die Frauen auf allen Altersstufen die Männer zu überleben.

Woran erkrankten Frauen im besonderen Maße? Die zuverlässigsten Statistiken über Todesursachen stammen aus England (52) (Seite 60): Mitte des 19. Jahrhunderts (1848—1872) starben die meisten Mädchen an Infektionskrankheiten. Ein Viertel der Todesfälle von Mädchen im Alter zwischen 5 und 14 Jahren ging auf das Konto des Scharlachs. 14% starben am Fleckfieber oder Typhus und etwas mehr als ein Zehntel der Mädchen starb an Lungentuberkulose. Für jede der genannten Krankheiten wiesen Mädchen eine höhere Sterbeziffer auf – und damit eine größere Anfälligkeit – als Jungen.

Ein klares Bild ergibt sich auch für die heranwachsenden englischen Mädchen. Die Hälfte der Todesfälle in der Altersgruppe 15 bis 24 Jahre war auf Lungentuberkulose zurückzuführen. Auch in dieser Altersgruppe zeigte sich bei den Frauen eine stärkere Tendenz zum tödlichen Ausgang. Bei Tb lag ihre Sterberate beispielsweise um 22 Prozent höher. Ebenfalls Nummer eins der Todesursachen – 40 Prozent aller Todesfälle von Frauen im Alter zwischen 25 und 44 Jahren – bei Frauen im gebärfähigen Alter war Tuberkulose. Shorter fand in

England eine besondere Neigung der Frauen zu Infektionskrankheiten und er berechnet: Wenn die Lebensspanne der Frauen kürzer war als die der Männer, so lag das in erster Linie daran, daß sie häufiger Tuberkulose bekamen und daß sie häufiger von Krankheiten heimgesucht wurden, die auf Schmutz und mangelnde Hygiene zurückzuführen waren: „Nichts in der genetischen Ausstattung der Frauen prädisponierte sie dazu, mit dreiunddreißig Jahren durchschnittlich häufiger an Tuberkulose oder Typhus zu sterben als Männer. Es war das harte Leben, dem sie ausgesetzt waren. Frauen bestimmter Altersgruppen starben eher, weil ihr Leben in diesem Alter sehr viel entbehrungsreicher war als das der Männer und weil sie deshalb weniger Widerstandskraft gegen Infektionskrankheiten hatten. Zwei Umstände fallen dabei besonders ins Auge: Die knochenharte Feldarbeit in den ländlichen Gebieten und die Belastungen durch das Ehe- und Familienleben . . . Auf dem Lande zu leben bedeutete . . . für Frauen, besonders als Heranwachsende und wenn sie in der Blüte ihrer Jahre standen, eine höhere Sterblichkeit als für Männer."
Bei der Skrofulose ließ sich ein geschlechtsspezifisches Verteilungsmuster nicht erkennen. Wenn die Bakterien aber die Lungen angriffen, so taten sie das aus unerfindlichen Gründen damals vor allem bei Mädchen und jungen Frauen. Die Bauern Lettlands kannten ein deftiges Gedicht auf die kläffende Hausfrau: „Lieber eine Frau, die furzt, / Als eine, die bellt; / Der Furzknoten jagt übers Feld, / Dem Kläffer fehlt's an Lebenskraft."

Das bleiche Erscheinungsbild junger Menschen wurde, wie Rosenkranz vorhersah, zu einer Art von Mode. „Die Schwindsucht wurde als Erscheinungsbild verstanden", meinte Susan Sontag (17) und zitiert Camille Saint-Saëns, 1930: „Chopin war zu einer Zeit tuberkulosekrank, als eine gute Gesundheit nicht schick war; es war modisch, blaß und abgezehrt auszusehen; die Prinzessin Belgiojoso schlenderte über die Boulevards, bleich wie der leibhaftige Tod." In Blüte und Schönheit dahingerafft wurde auch die bekannte Pariser Malerin Maria Konstantinowa Baschkirceva, geboren 1860 bei Poltawa, gestorben am 31. Oktober 1884, deren „Journale" von Theodor Lessing ins Deutsche übertragen wurden. Darin notierte die Malerin: „Ich huste unaufhörlich, doch oh Wunder, weit davon entfernt, mich häßlich zu machen, verleiht mir das ein schmachtendes Aussehen, das sehr kleidsam ist." Das klingt recht aufgesetzt für einen jungen Menschen, der an der überaus schmerzhaften Kehlkopftuberkulose stirbt.
Schwindsucht: interessant, traurig, morbide . . . die unheilbare Schicksalskrankheit wurde nun einbezogen in das Denken, Phantasieren, Fühlen der Men-

schen, wurde zum Bestandteil einer Lebens- und Leidensform dieser Zeit. War es eine Art von Anpassung an das Unvermeidliche, an die Schicksalhaftigkeit des krankmachenden Rätsels?

Das Urbild der „Kameliendame"
nach einem Gemälde von Vienot

Aus einer allgemeinen Zeitströmung heraus ist der Riesenerfolg zu verstehen, den Alexandre Dumas der Jüngere 1847 mit seinem Roman „Die Kameliendame" hatte. Triumphalen Beifall und den Sitz in der Académie Française brachte ihm 1852 die Dramatisierung des Buches. Wer kannte und liebte es nicht, das schöne Fräulein Marguerite Gautier, wie sie im kleinen blau ausgeschlagenen Coupé zweispännig über die Champs-Elysées kutschierte. Wie der jugendliche Schwärmer Armand Duval sich zutiefst in die Kurtisane verliebte, die Abend für Abend in der Loge saß mit den weißen und roten Kamelien. Ganz Paris litt mit Madame bei ihrem monatelangen Todeskampf, ihrer Sehnsucht nach dem fernen Freund: „Ich wußte nicht, daß der Körper solche Leiden verursachen kann. Ich bezahle nun meine Vergangenheit doppelt und dreifach. Ich bekam keine Luft mehr, und Ohnmachten und Hustenanfälle wechselten fortwährend ab."
Kaum kaschiert erzählt Dumas mit der „Kameliendame" die traurige Geschichte der 1824 in der Normandie geborenen Alphonsine Plessis, die zur Comtesse

Duplessis wurde. Im Frühjahr 1846 befiel sie eine heftige Lungenentzündung, die der Arzt Koreff behandelte und heilte. Auch Liszt verkehrte in ihrem Hause. Den Frühling 1846 sah man sie in ihren Lieblingsbädern am Rhein. Aber weder die Landluft noch das von Koreff verordnete Strychnin konnten ihr Lungenleiden lindern. Dumas sah sie im September im Theater, in Gesellschaft eines russischen Grafen. Dumas ließ sich vorstellen, soupierte mit ihr bei einer Freundin. Sie hatte dann einen solchen Hustenanfall, daß sie sich zurückzog. Später trennte sich Dumas von ihr, da, wie er in einem Brief mitteilte, sein Vermögen nicht ausreichte, ihr eine Existenz zu sichern. Die Plessis starb mit 23 Jahren am 22. Februar 1847 in Paris, während Dumas mit seinem Vater Spanien durchreiste. Ihr Grab liegt auf dem Montmartre.

Ärzte holen auf

Verdis „La Traviata" brachte die Tb auf die Bühne wie ein rauschendes Fest. Millionen weinten bei der erschütternden Arie der sterbenden Violetta – und im Alltag wurde weiter gelitten an der schleichenden Infektion. Genesung blieb die Ausnahme von der Regel. Aber es ging doch aufwärts zwischen Krankenbett und Laboratorium: Dank Auenbrugg und Laënnec konnte der Arzt die physischen Zeichen der Tuberkulose in ihren verschiedenen Stadien beschreiben, konnte ein „Gluckern" von einem „kavernösen Rasseln" unterscheiden.

Nach 1844 (53) erneuerte die methodische Anwendung des Mikroskops auch die morphologische Erforschung tuberkulöser Läsionen. Die Untersuchungen Reinhardts, 1847, und jene Rudolf Virchows nach 1850 führten dazu, die tuberkulöse Knötchenbildung, eine echte zelluläre Neubildung, von den durch Lungenentzündung hervorgerufenen Läsionen zu trennen. Auch die Physiologie hatte Neues zu melden: 1841 führte Magnus die erste Bestimmung der Gase im Blut durch, 1862 entdeckte Felix Hoppe-Seyler, daß der Sauerstoff vom Hämoglobin der roten Blutkörperchen im Organismus transportiert wird. Auch die dringend benötigte Grundlagenforschung kam also Schritt für Schritt voran.

Ein großer Schritt wurde am 5. Dezember 1865 in Paris getan. Jean-Antoine Villemin (1827—1892) hielt seinen Vortrag vor der Medizin-Akademie über Ursachen und Natur der Tuberkulose. Er berichtete seinen gespannten Zuhörern, wie er die käsige Substanz eines Schwindsüchtigen in das Ohr eines Kaninchens gebracht habe und schloß mit den bemerkenswerten Sätzen: „Die Tuberkulose ist die Auswirkung eines speziellen Erregers, mit einem Wort, eines Virus... einmal in einen Organismus eingedrungen, der für ihn empfänglich ist, muß also dieser Erreger sich und gleichzeitig die Krankheit fortpflanzen, als deren Hauptprinzip und Ursache er tätig ist." Villemin wurde leidenschaftlich und kontrovers diskutiert. Die Verpflanzung wurde bald anerkannt, viele Kliniker mochten aber nicht bestätigen, daß die Tuberkulose eine infektiöse, eine ansteckende Krankheit sei.

Die neue, naturwissenschaftlich ausgerichtete Medizin blühte zuerst in Frankreich (54). Bis weit ins 19. Jahrhundert blieb Paris das Zentrum für Mediziner aus aller Welt. Neben Paris erreichte die Wiener Medizin ihren Höhepunkt nach 1840. Dort sichtete der Anatom Carl von Rokitanski (1804—1881), unterstützt vom Kliniker Josef Skoda (1805–1881) in 35 Jahren 30 000 Sektionsprotokolle und erarbeitete auf dieser Basis anatomische Bilder von den einzelnen Krankheiten und ihren Stadien. Der Vergleich Tausender von Krankheitsfällen mit ebenso vielen Sektionsprotokollen gab eine Grundlage für das Erkennen der Krankheitserscheinungen. Doch auch dies konnte den erbitterten Gelehrtenstreit um die Frage nicht schlichten, was denn wirklich verantwortlich sei für das Ausbrechen einer Infektionskrankheit (55). Noch 1840 mußte der Anatom Jakob Henle (1809—1885) bekennen: „Die Entstehung der Eingeweide-Würmer läßt sich heutzutage ohne *generatio aequivoca* (Urzeugung) nicht wohl erklären."

Dieser Satz steht im Abschnitt „Von den Miasmen und Kontagien" seiner Schrift *PATHOLOGISCHE UNTERSUCHUNGEN,* in der die Gründe dafür zusammengestellt wurden, daß die Materie der Kontagien nicht nur eine organische, sondern auch eine mit individuellem Leben begabte ist. Zu dem kranken Körper steht sie im Verhältnis eines parasitischen Organismus. Der Beweis für eine derartige Natur eines bestimmten Kontagiums müßte dadurch geführt werden, daß die lebenden Tierchen oder Pflanzen nicht nur konstant innerhalb des Körpers gefunden würden, sondern daß sie auch außerhalb des Körpers isoliert und ihre Kräfte besonders beobachtet werden könnten. Mit anderen Worten: Es mußte für eine bestimmte Krankheit ein bestimmter Erreger (Kontagium) gefunden werden, diesen mußte man isolieren und dann durch Experimente nachweisen, daß er allein die betreffende Krankheit hervorruft. Diese Forderung wurde später das „Henle-Kochsche Postulat" genannt. Auf seine Erfüllung mußten die Kranken noch lange warten.

Die Medizin wurde nun auch zur Basis einer wissenschaftlich-medizinischen Ausbildung. Dazu schrieb 1845 ein Wiener Krankenhausdirektor: „So wie sich unsere Vorfahren mehr um den Erfolg ihrer Kuren kümmerten, so kümmern wir uns um den Erfolg unserer Forschungen. Die Medizin ist eine Wissenschaft, keine Kunst!" Wichtige Verbreitungsmedien für neue Erkenntnisse waren ab Mitte der 1840er Jahre die Fachzeitschriften: *ZEITSCHRIFT FÜR RATIONELLE MEDIZIN, ARCHIV FÜR PHYSIOLOGISCHE HEILKUNST,* u. a. Es gab harte, polemisch vorgetragene Widerstände gegen eine moderne Medizin, die verschiedenen Schulen der Medizin bekämpften sich mit ziemlicher Erbitterung.

Immer mehr Professoren schätzten den anschaulichen Unterricht am Krankenbett in der Klinik. 1822 gab es in Preußen 155, dreißig Jahre später aber schon 684 öffentliche Krankenhäuser. Sie erhielten nach den 1850er Jahren Gas, Licht und WC eingebaut. Man darf zusammenfassen: Im Laufe des 19. Jahrhunderts entstand, was wir heute „Gesundheitswesen" nennen (39).

Doch wer sorgte für die Kinder? Für sie bestand höchste Gefahr. Erst 1844 finanzierte Dr. Christ in Frankfurt das erste neuerbaute Kinderkrankenhaus mit 52 Betten. 1847 folgte Hamburg mit einer Spezialklinik für erkrankte Kinder der Armen. Weitere Häuser entstanden in Wien, Bremen, Basel und Dresden (28). Aber: Kinder unter zwei Jahren, mit ansteckenden Krankheiten behaftet, wurden bis Ende des 19. Jahrhunderts abgewiesen, man sorgte sich um Ansteckung und Ernährungsschwierigkeiten für die Kleinsten. Erst 1876 stattete man Neubauten mit eigenen Isolierstationen aus.

Und doch, im Verlauf des 19. Jahrhunderts nahm die Säuglings- und Kindersterblichkeit weiter zu (15). Und weil in Deutschland die Neugeborenensterblichkeit bis gegen 1870 noch anstieg, wuchs die Lebenserwartung der Deutschen in jener Zeit nur langsam. In München, in Berlin starb ein Drittel aller Neugeborenen im ersten Lebensjahr, die Hälfte erlebte den fünften Geburtstag nicht. Die kleinen Würmer starben, wie zuvor, an Masern, Scharlach, Pocken, Diphtherie ... Infektionskrankheiten bildeten vom ersten Atemzug an den unbarmherzigen Auslesefaktor für die Europäer.

Wenn die Landkinder erkrankten, riefen sie gern die Großeltern (56). Deren Geschicklichkeit mit Hausmitteln und Sympathieverfahren war allgemein bekannt. Bei Schwindsucht zum Beispiel bekam man Schneckenbrühe zu trinken oder man schlug sein Nachtlager im Kuhstall auf. Und wenn die Kleinen starben? Eigene Begräbnisse bekamen sie erst nach 1800, zuvor sah man in Kindern nur unfertige Menschen. Kinder mit weißen Engelchen als Unschuldszeichen auf den kleinen Gräbern kennt man seit der Romantik um 1850. Aber getrauert haben die Angehörigen wohl immer um ihre toten Kleinen.

Tod im Pfarrhaus

In England, dem klassischen Schauplatz der Tuberkulose, wurde die Hilflosigkeit der Medizin oft zum Schicksal für ganze Familien. Zum Beispiel in der einsamsten Landschaft Großbritanniens, im nördlichen Yorkshire, wo graugrüne Hügelwellen endlos rollen bis an den Horizont, mit Wind und Regen und fröste-liger Kälte und krankmachender Unwirtlichkeit. Das alte Pfarrhaus zu Haworth ist heute Andachtstätte für Pilger aus aller Welt, die eintauchen möchten in die viktorianische Welt der jungen Damen, deren Gedichte und Romane in dieser Abseitigkeit das Licht der literarischen Welt erblickten.

Das Pfarrhaus war eine Stätte des Todes. Er traf die Familie des Geistlichen Patrick Brontë, der als Sohn eines Bauern in Nordirland zur Welt gekommen war. Fünf Töchter und einen Sohn zog das Pfarrerehepaar im zugig-feuchten Haus, dicht an den Gräbern des Friedhofs, mit Liebe und Strenge auf. Die Schwestern Maria und Elisabeth starben schon im Alter von zehn und elf Jahren an der Schwindsucht. Charlotte, Emily und Anne verdienten sich ihren Lebensunterhalt nach der Schulzeit als Lehrerinnen und Gouvernanten. Der geliebte Bruder Branwell, das Familiengenie, versuchte sich als Maler und starb mit 28 Jahren an Suff und Opium. Unter den männlichen Pseudonymen Currer, Ellis und Acton Bell veröffentlichten Charlotte, Emily und Anne 1846 ihren ersten Gedichtband in London. Dann schrieben die Damen, wie gehetzt, ihre umfangreichen Romane: 1847 erschien das epochale Werk „Wuthering Heights" (Sturmhöhen) von Emily, „Agnes Grey" von Anne; 1848 folgte ihr Roman „Die Herrin von Wildfell Hall", 1849 veröffentlichte Charlotte „Shirley" und 1853 „Villette". In der mehrfach verfilmten Erzählung „Sturmhöhen" findet (57) die Moorlandschaft von Yorkshire eine an die düstere Meisterschaft der Droste erinnernde, die Schauerlichkeit des gotischen Romans belebende Gestalt. Maeterlinck schrieb, in dem Werk liege mehr Energie, mehr Leidenschaft, Eifer, Liebe und Erlebnis, als nötig wäre, um nacheinander zwanzig heroische, zwanzig glückliche oder unglückliche Schicksale zu erfüllen und zu befriedigen (58).

Emily und Anne blieb die Zeit nicht, sich an den frischen Autorenruhm zu gewöhnen. Emily erkältete sich auf einer Beerdigung und spürte bald Schmerzen in der Brust. Dünn und blaß, verbat sie sich jede Hilfe, jedes Mitleid. Schwester Charlotte notierte voller Kummer: „Der tiefe, kurze Husten hört nicht auf. Nach der geringsten Anstrengung keucht sie wie rasend, und diese Symptome werden von Schmerzen in der Brust und in der Seite begleitet. Nur einmal durfte ich ihren Puls zählen: 115 Schläge in der Minute! Und trotz ihres schlimmen Zustandes weigert sie sich beharrlich, einen Arzt zu holen." In Charlottes „Das Tal der Schatten" liest man über den Arzt: „Da kam einer, der war ein Orakel: er verkündete einen dunklen Spruch, dessen Bedeutung die Zukunft zeigen würde, schrieb etliche Rezepte, gab eine Reihe von Anweisungen – und das alles im Brustton einer ehrfurchtgebietenden Autorität – strich sein Honorar ein und verschwand. Vermutlich sah er genau, wollte aber nicht zugeben, daß hier nichts mehr zu machen war."

Emily Brontë

Gelähmt mußte die Familie mitansehen, wie Emily langsam zugrunde ging. Während sie körperlich immer mehr verfiel, gewann sie an Willensstärke, wie man sie an ihr nie zuvor beobachtet hatte, stärker als ein Mann und zugleich schwächer als ein Kind. Am Morgen des 19. Dezember 1848 verlangte sie endlich nach einem Arzt. „Es war schrecklich. Sie war bei vollem Bewußtsein, und

keuchend und widerstrebend wurde sie aus einem glücklichen Leben gerissen." Dreißig Jahre und fünf Monate war sie alt geworden.
Auch Anne erholte sich nicht von einer Erkältung. Charlotte schrieb: „Vor einer Woche haben wir einen erfahrenen und geschickten Arzt aus Leeds kommen lassen, der sie sich anschauen sollte. Er untersuchte sie mit dem Stethoskop. Über seinen Bericht will ich im Augenblick schweigen, selbst berühmte Ärzte haben sich schon in ihrem Urteil getäuscht." Anne erwartete nichts mehr von ihrem Leben, ging ihrem Ende entgegen, ebenso still und unbemerkt, wie sie gelebt hatte. Einmal nur wollte sie noch das Meer sehen, im Seebad Scarborough. Die Ärzte glaubten an die Heilkraft von Klima und Luftveränderung bei der Schwindsucht, wenn es rechtzeitig geschah. An die Freundin Ellen Nusseys schrieb Anne 1849: „Ich fürchte den Tod nicht, doch ich wünschte, Gott würde mir noch etwas Zeit lassen, weil ich gerne noch einiges Gute auf der Welt täte, bevor ich hinscheide. Ich trage noch viele Pläne mit mir herum, geringfügige, unbedeutende sicherlich, aber ich würde es bedauern, wenn nichts mehr daraus werden könnte, auch deshalb, weil ich dann fast umsonst gelebt hätte."
„Ich habe noch so viel vor" . . . „Ich will nicht umsonst gelebt haben" – Anne drückt aus, was kreative Schwindsüchtige zu allen Zeiten empfunden und ähnlich gesagt, geschrieben haben, wenn sie zu früh aus ihrem Schaffen gerissen wurden.
Der Arzt schickte Anne nach dem verregneten Frühling an die Küste, nachdem Zugpflaster und Lebertran nichts bewirkt hatten. Mit Schwester Charlotte und Ellen Nussey reiste Anne über York ins Seebad Scarborough, wo die Gesellschaft am Abend des 25. Mai 1849 ihre Unterkunft in den heute verschwundenen „Woods Lodgings" am Cliff Nr. 2 bezog. Am folgenden Tag unternahmen sie eine kurze Fahrt in der Eselskutsche am Strand „mit seiner unsagbar reinen und frischen Luft". Am 28. Mai starb Anne in den Armen der Schwester, knapp dreißig Jahre alt. Ihre Ruhestätte fand sie auf dem Friedhof der Pfarrkirche St. Mary.
Charlotte wurde von der Tuberkulose verschont und starb statt dessen an der Geburt ihres ersten Kindes am 31. März 1855. Patrick Brontë hatte seine Familie überlebt. Das alte Pfarrhaus wurde in unseren Tagen restauriert und als Museum eingerichtet zum Gedenken an die weltberühmten „Frühvollendeten".

Manches Leid

Wirksame Medikamente gegen die schleichende Infektion warteten „im Schoß der Zukunft“, eine Arznei aber wirkte oft Wunder: die Große Liebe! Emily und Anne war sie nicht vergönnt gewesen, wohl aber den beiden folgenden Frauengestalten, die, jede auf ihre Weise, der Literatur ihrer Epoche ihre Impulse gaben.

Im Viktorianischen England war es die sympathische, hochbegabte Elisabeth Barrett, die am 6. März 1806 geboren wurde. Vater Edward Barrett, ein ehemaliger Plantagenbesitzer, siedelte bald danach mit seiner Familie an den Severnfluß und erwarb im Dorf Colwall das bescheidene Gutshaus „Hope End“, um es fürstlich auszubauen. Klein Elisabeth durchstreifte mit Bruder Edward zu Pferd die Landschaft und schrieb mit sechs das erste Gedicht, so schön, daß Vater sie zum „Poeta laureatus“ ernannte und eine Zehnschillingnote spendierte. Dann aber: der Reitunfall, das Nervenfieber, die Lungenschwindsucht. Jahre verbrachte das Mädchen im Bett, erschüttert vom Tod der geliebten Mutter und dem Konkurs des Vaters, der Hope End verkaufen und nach Sidmouth ziehen mußte. Der Tod Bruder Edwards brachte sie an den Rand des Grabes. Trotz allem – sie schrieb an ihren Gedichten. Mitleidig verfolgte sie das Los der gequälten Kinder in den Fabriken und schrieb 1841 ihr „The Cry of the Children“. Der Durchbruch zur Dichterin kam mit den beiden Bänden der „Poems“. Wieder folgten Perioden schwerer Krankheit, Innehalten mit dem Schreiben. Aber: 39 Jahre war Elisabeth alt, als sie die große Liebe fand in Gestalt des sechs Jahre jüngeren und schon weltbekannten Dichters Robert Browning. Elisabeths tyrannischer Vater untersagte eine Heirat, aber Elisabeth folgte ihrem Robert heimlich, unerkannt 1846 nach Florenz in die Ehe. Und wurde unendlich glücklich.

Wer mag, kann die bewegende Geschichte einer großen Liebe nachlesen in den „Sonnets from the Portugese“, 1850, und in den nach Robert Brownings Tod erschienenen „Letters of Robert Browning and Elisabeth Barrett Browning“, 1889. 1856 schrieb Elisabeth ihren weithin gelesenen Versroman „Aurora Leigh“, die Liebesgeschichte einer Dichterin zu einem Sozialreformer. In ihren Gedichten drückte sie immer wieder aus, wie nahe sie dem Tode gewesen und daß nur Robert sie gehalten habe:

Ich aber werde dem nahen Himmel fremd um deine Erde.
Und eine Stimme rief, die furchtbar war:
Rate, wer hält dich so?
Der Tod gewiß. Die Liebe, klang es wieder sanft und nah.
Deine Heilkunst wußte ein Gegengift zu finden –
so träume ich nicht mehr vom Tode.

(nach einer Übersetzung von Rilke)

In ihrem Lebensabriß der Dichterin schreibt Ida Cermak (42): „Als Elisabeth am 29. Juli 1861 stirbt – die Todesursache wird eindeutig als Tuberkulose diagnostiziert – hat sie ein erfülltes Leben hinter sich. Nicht einen Tag seit ihrer Flucht ist sie tagsüber im Bett gelegen und bis zum Ende hat sie die Befürchtungen des Arztes, der die Schwere ihres Zustands erkannte, nicht geteilt, ist bis zur letzten Stunde fröhlich gewesen . . . entgegen ihrer eigenen Hoffnungslosigkeit hat ein Mensch, der ohne jede Bedingung zu dieser Kranken sein Ja gesprochen hat, ihr ein reiches und erfülltes Leben wider alle medizinischen Prognosen ermöglicht.“

Heute zählt man Elisabeth Barrett Browning zu den wichtigen lyrischen Dichterinnen der englischen Literatur. Ihre Berufskollegin im fernen Deutschland erlebte ihre große Liebe spät, vielleicht zu spät: Das Edelfräulein Annette (Anna Elisabeth) Freiin von Droste-Hülshoff, die am 10. Januar 1797 auf der adligen Wasserburg Hülshoff im Westfalenland geboren wurde. In ihrer näheren Verwandtschaft grassierte die Schwindsucht. 1814 schrieb sie einem Freund: „Eine täglich zunehmende Magerkeit und Blässe, das Verschwinden meines Appetits, eine immerwährende Mattigkeit und die mit einem solchen Zustande unzertrennlich verbundene Niedergeschlagenheit brachte mich auf den Gedanken der Auszehrung . . .“ 1818 und 1819 mußte sie Bad Driburg aufsuchen. Nach dem Tod von Vater und Bruder zog die Mutter mit beiden Töchtern auf ihren Witwensitz Rüschhaus bei Münster. 1828 wurde Annette von ihrem früheren Arzt an einen Homöopathen überwiesen. Aus ihrem elenden Leben mit dem „schwachen, miserablen Körper“ flüchtete Annette in ihre Kunst, aber das intensive Schaffen trieb sie, besonders 1834/35, aufs neue in schweres Siechtum. Man verbot ihr sogar Lesen und Schreiben. Nach der Hochzeit der Schwester Jenny mit Freiherrn von Laßberg, der später nach Schloß Meersburg am Bodensee zog, brachte Annette dort im südlichen Klima kränkelnd die Jahre 1841 bis 1844 zu.

Annette war zäh und schrieb gegen ihre Leiden an: „Ledwina“, „Geistliches Jahr“, „Das Hospiz auf dem großen Sankt Bernhard“, „Des Arztes Vermächtnis“, die „Judenbuche“. Annette reiste, wann immer sie konnte, war befreundet mit Adele Schopenhauer, Wilhelm Grimm, Emma von Thurn, Ludwig Uhland. Sie schrieb Balladen, Versepen, Gedichte (59). Peter Berglar notierte: „Als Mensch und als Dichterin ist sie von der Krankheit entscheidend geprägt worden. Die gelegentliche Hektik und Exaltiertheit im Wesen ... die fieberhafte, dem Grausigen zuneigende Phantastik ihrer Tagträume und Nachtgesichte, welche dem Werk weithin anhaften, machten ihre Stärke und zugleich ihre Schwäche aus, waren Motor der schöpferischen Aktivität und zugleich deren Hemmschuh – und sind eine für Lungenkranke charakteristische psychische Verfassung gewesen.“

Annette Freiin von Droste-Hülshoff

Die große, für jene Zeiten „unmögliche“ Liebe des alternden Fräuleins zu dem jugendlich-schwärmenden Levin Schücking geschah in den wenigen Monaten von Oktober 1841 bis zum April 1842 am Bodensee. Damals entstanden ihre reifsten Gedichte, darunter die „Heidebilder“:

O schaurig ists übers Moor zu gehn,
Wenn es wimmelt vom Heiderauche,
Sich wie Phantome die Dünste drehn
Und die Ranke häkelt am Strauche,
Unter jedem Tritte ein Quellchen springt,
Wenn aus der Spalte es zischt und singt,
O schaurig ists übers Moor zu gehn,
Wenn das Röhricht knistert im Hauche!

„Der Knabe im Moor“ – vielleicht hat die Aussichtslosigkeit dieser einseitigen Liebe einer reifen Frau zu einem Jüngling Annette dazu getrieben, das Äußerste aus sich herauszuholen. 1843 ersteigerte sie das „Fürstenhäuschen“ und schrieb: „Hier vergesse ich ganz, wie es tut, niemals einen ganz freien Atemzug zu haben.“ Nun war sie ganz allein, todkrank, müde, ihre Liebe zu Schücking brach auseinander im erbitterten Zorn. Annette war an Bett und Zimmer gefesselt: „Ich sah den Tag nur den niedrigen Balken meines Schlafzimmers . . . jetzt kam ich mir oft vor wie ein armer Soldat, der sich auf dem Schlachtfeld verblutet . . . mein Gehirn ist so gut wie gar nichts mehr, schreiben bringt mich nach wenigen Zeilen einer Ohnmacht nahe. Lesen darf ich mit größter Vorsicht . . . ich bin jede Stunde bereit und meinem Schöpfer dankbar, daß er mir durch das ständige Gefühl der Gefahr eine vollkommene Befreundung mit dem Tode gegeben hat.“ „O schlafen möcht ich, schlafen / bis meine Zeit herum!“ Am frühen Nachmittag des 24. Mai 1848 starb Annette am letzten Blutsturz. Ihr Grabstein auf dem Meersburger Friedhof wurde eingelassen in eine Nische der Kirchhofsmauer.

Nummer eins

Mit dem Fortschreiten des 19. Jahrhunderts legte die Schwindsucht Tempo zu. Sie grassierte, sie galoppierte, sie breitete sich aus wie ein Flächenbrand. *Mycobacterium tuberculosis* erhob sich zur „Nummer eins der Mafia“ prominenter Krankheitserreger in Europa. Heimtückisch, ungesehen, unerkannt noch, schlugen die Mykobakterien zu. Und weil die Tröpfcheninfektion eine effektive „Fortbewegungsart“ für die Tuberkelbakterien ist, riß die Infektionskette nicht ab. Aber nur dann, wenn ausreichend ansteckungswürdige und -empfängliche Wirte dicht aufeinander hausten, so daß ein Huster immer mehrere Empfänger zugleich mit seinen Tröpfchen „bedienen“ konnte. Fachleute schätzten, daß zwischen 1851 und 1910 in England und Wales nahezu vier Millionen Menschen der Tb zum Opfer fielen. Etwa drei Viertel von ihnen hatten an Lungentuberkulose gelitten. Am stärksten heimgesucht wurden junge Erwachsene. In der Altersgruppe der Zwanzig- bis Vierundzwanzigjährigen ging die Hälfte aller in jenem Zeitraum verzeichneten Todesfälle auf Tb zurück (60). Burnet (61) erklärt die seit dem 19. Jahrhundert zu beobachtende rückläufige Tb-Sterblichkeit damit, daß „besonders im 19. Jahrhundert gerade Menschen mit konstitutioneller Tuberkuloseanfälligkeit ‚ausgemerzt‘ worden seien. Damals starben weit mehr Menschen vor Erreichen des fortpflanzungsfähigen Alters, so daß die durchschnittliche Resistenz der Bevölkerung von Generation zu Generation stieg.“

Wohnverhältnisse um die Mitte des 19. Jahrhunderts

Die Betroffenen des 19. Jahrhunderts konnten nicht ahnen, daß sie die Verlierer waren im großen Spiel von Mutation und Selektion. Niemand wußte, wie ihm geschah. Dem Erreger auf der anderen Seite kam nichts so gelegen für den eigenen Daseinserfolg, wie die ziemlich verrückte Idee der Europäer von einem ewig vorantreibenden Fortschritt. Um ihre Utopien zu erreichen, nahmen die Menschen ungeheure Opfer auf sich. Wie Lemminge ins Meer, strömten die Menschenmassen in die riesigen Baustellen der wachsenden Großstädte: „Zwischen 1871 und 1910 wuchs die Bevölkerung um rund 50 Prozent, die deutschen Großstädte um etwa 300 Prozent“ (15).

Zeitgenossen und Autoren haben sich bemüht, das „Wohnen“ in den Städten in düsteren Farben zu malen. Die Stadt Wien bezeichnete Karl Kraus böse als „Versuchsstation für Weltuntergänge“. Gerhart Hauptmann gestaltet das Thema in „Die Ratten“ (1911) und „Der Biberpelz“ (1893). Friedrich Funder berichtete von der Wiener Unterwelt (62): „Kinderreiche Familien der Arbeiter und Stückmeister halfen sich durch die Aufnahme sogenannter Bettgeher. Das waren Menschen, die dazu verurteilt waren, nicht einmal ein Kellerloch als eigene Wohnstatt zu besitzen. Nur für die Nacht gehörte ein Unterschlupf ihnen, in fremdem Wohnraum ein Bett, das sie nicht selten mit einem Schicksalsgenossen zu teilen hatten. In Wien gab es 80 000 bis 100 000 dieser Bettgeher. Diese überfüllten Wohnungen waren Brutstätten des Elends jeder Art.“

Was konnte die Medizin ausrichten? Erbärmlich wenig. Obwohl die Ärzte – statistisch (15) – „mehrere tausend Menschen zu betreuen hatten, litten sie doch an einem erheblichen Mangel an Nachfrage. Damals schätzte ein Arzt, daß die große Mehrheit aller Deutschen, zwei Drittel bis fünf Sechstel, medizinisch nicht ausreichend versorgt würde.“ Doch die Arztdichte nahm zu: 1876 praktizierten im Deutschen Reich 13 728 Ärzte, 1900 bereits doppelt so viele. Auch die Ausbildung der Ärzte wurde besser, stärker akademisiert. Die handwerklich ausgebildeten Wundärzte verschwanden allmählich, und die Chirurgen mußten an einer Universität studiert haben. Neue Erkenntnisse förderten neue Fachbereiche wie Hygiene und Bakteriologie. 1865 übernahm Max von Pettenkofer in München den ersten Lehrstuhl für öffentliche Hygiene. Er glaubte fest an die krankmachenden Ausdünstungen, die Miasmen. Und der Streit zwischen „Kontagionisten“ und „Miasmatikern“ wurde noch lange nicht beigelegt. Dabei war man schon nahe an der Wirklichkeit der Mikrowelt, am Wirken der kleinen Erreger. Das Malariaplasmodium hatte man gesehen, den Milzbranderreger, die Trichine, den Diphtherie-Erreger und viele Pilze. Die Zeit war reif für begabte Mikrobenjäger.

In Lille und Paris arbeitete die streitsüchtige, aufbrausende Künstlernatur Louis Pasteur (1822—1895) mit Hilfe zahlreicher Experimente an der Aufklärung mikrobakteriellen Wirkens. Am Beispiel der Pilzgärung formulierte er: „Ich fand, daß alle mit Recht so genannten Gärungsprozesse stets in Beziehung stehen zur Anwesenheit und Vermehrung organischer Wesen.“ Beim Studium einer Epidemie unter Seidenraupen in den 1850er Jahren kam er zu der Überzeugung: „Mikroben sind die Erreger ansteckender Krankheiten. Alle durch solche Erreger verursachten Krankheiten müssen von der Erdoberfläche verschwinden!“
Nach 1880 studierte Pasteur die damals herrschende sogenannte Hühnercholera und konnte gegen sie eine Schutzimpfung entwickeln. Immer wieder beschäftigte ihn der Milzbrand bei Schafen und Kühen, und auch hier konnte er den Bauern mit einem Impfstoff helfen. Unter weitem internationalen Echo impfte Pasteur Menschen gegen die fast immer tödlich verlaufende Tollwut. Das „Institut Pasteur“ wuchs nach dem Tod des Schöpfers zu einem Zentrum bakteriologischer Forschung heran und hatte später ein gewichtiges Wort mitzureden bei dem Gelehrtenstreit um die Aufdeckung des Aids-Virus.
Ein Jahr älter als der französische Kollege war der „Papst der deutschen Medizin“, der weltbekannte Pathologe, Schriftsteller und Gesundheitspolitiker Rudolf Virchow. Er stammte aus Hinterpommern. Am 13. Oktober 1821 wurde er in dem Ackerbürgerstädtchen Schivelbein an der Rega geboren. Der Hochbegabte studierte auf Staatskosten in der von Friedrich Wilhelm II. gegründeten Internatsschule „Pepinière“ und wurde 1843 zum Doktor der Medizin und Chirurgie promoviert. Man holte ihn zunächst als Chirurg an die Charité und 1849 als Professor nach Würzburg. Er publizierte mit erstaunlicher Schnelligkeit, in Würzburg schrieb er auch sein großes Buch *DIE CELLULARPATHOLOGIE.* Das Virchowsche Lehrgebäude setzte sich rasch allgemein durch: Beobachten, Experimentieren, Arbeitshypothesen, Thesen, Gesetzmäßigkeiten; Virchow prägte den Begriff „Infektionskrankheit“. 1856 holte man den schon recht bekannten Wissenschaftler nach Berlin und wählte ihn 1859 sogar ins Stadtparlament. Im Auftrag der Regierung bereiste er das schlesische Hunger- und Epidemiegebiet und den Spessart und berichtete nüchtern über die erschreckenden Lebensbedingungen der dortigen armen Bevölkerung. Virchow engagierte sich lebhaft in der öffentlichen Gesundheitspolitik und versuchte, Bildung als Mittel gegen Verelendung und Krankheit zu fördern – der Anfang einer Gesundheitserziehung.
1856 lebten 442 000 Menschen in Berlin, dreißig Jahre später dreimal so viele; innerhalb von drei Jahrzehnten mußte Berlin fast eine Million Menschen auf-

nehmen und verkraften. Schwerwiegende Probleme von Müllabfuhr und Abwasserkanalisation mußten gelöst werden. Als einer der ersten prominenten Politiker setzte Virchow sich im Reichstag für ein modernes Abwassersystem ein – später die wesentliche Voraussetzung für eine wirksame Bekämpfung von Infektionskrankheiten wie etwa Cholera. Virchow sprach aus, was mancher Politiker dachte, aber nicht zu sagen wagte (63): „Repräsentiert nicht jeder Todesfall eines arbeitsfähigen Menschen einen finanziellen Verlust? Bringt nicht jede Krankheit, die ein arbeitsfähiges Glied der Gesellschaft außer Tätigkeit setzt, Nachteile, die in Geldeswert zu veranschlagen sind?“ Aus diesen Überlegungen heraus dürfte Virchow auch sein Postulat von einem „Recht auf Gesundheit“ formuliert haben, das er jedem Menschen zubilligte. Viele neue, ungewohnte Gedanken eines mutigen Mannes, der sich nicht scheute, dem mächtigen Reichskanzler von Bismarck mit heftiger Widerrede entgegenzutreten.
Der sauberen Systematik des Geheimrats und preußischer Ordnungsliebe der Untergebenen haben wir zu danken, daß uns lehrreiche Statistiken aus seinen Tagen überliefert sind. Zum Beispiel „Gestorbene nach der Todesursache und

1872. Todesursache. (Virchow'sche Nomenclatur.)	Januar.		Februar.		März.		April.			
	m.	w.	m.	w.	m.	w.	m.	w.	m.	w.
76. Halsentzündung (Laryngitis) . . .	2	—	—	1	2	—	1	2	—	—
77. Bräune, Croup (Angina membr.) .	45	48	52	39	45	40	27	45	46	35
78. Keuchhusten (Tussis convulsiva) . .	3	12	8	8	14	8	3	9	5	4
79. Grippe (Influenza)	—	—	—	—	1	1	—	—	—	—
81. Halsschwindsucht (Phthisis laryng.) .	2	1	2	—	3	—	—	—	2	–
82. Bronchitis (Bronchitis acuta) . . .	—	—	3	1	1	—	3	4	3	-
83. Chron. Bronchialkatarrh (Bronch. chr.)	6	1	3	2	1	3	1	—	—	
84. Lungenentzündung (Pneumonia) . .	63	50	71	63	69	62	64	56	78	
85. Lungenschwindsucht (Phthisis pulm.)	180	111	167	100	203	131	175	120	189	
6. Blutsturz (Haemoptoë)	12	5	12	9	7	6	10	7	11	
7. Lungenbrand (Gangraena pulm.) . .	1	—	—	1	—	—	—	1	-	
3. Asthma (Asthma)	1	3	—	1	1	2	—	—		
Lungenemphysem (Emphys. pulm.) .	—	1	1	—	—	—	1	—		
Lungenlähmung (Oedema pulm.) .	28	32	26	26	37	34	27	[illegible]		
leuritis (Pleuritis)	7	14	4	3	11	5	10			
stwassersucht (Hydrothorax) . .	3	2	1	1	1	—	[illegible]			
Krankh. d. Respirationsorgane	353	280	350	255	396	29				
(Peritonitis) .	14	25	8	[illegible]						

Todesursachen an der Charité 1878, Bericht von Virchow 1883

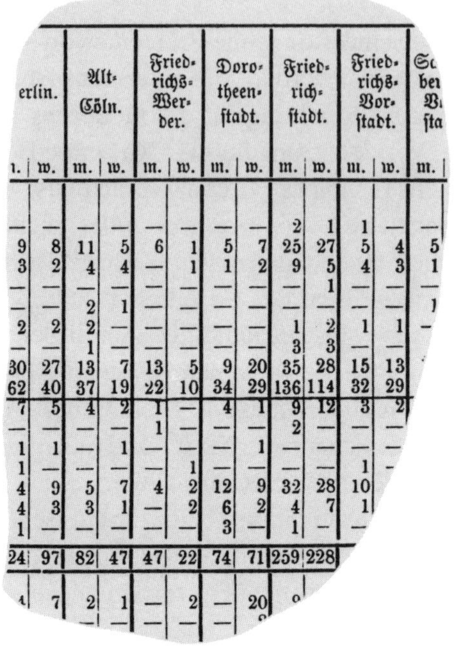

(B)erlin. m.	w.	Alt-Cöln. m.	w.	Friedrichs-Werder. m.	w.	Dorotheenstadt. m.	w.	Friedrichstadt. m.	w.	Friedrichs-Vorstadt. m.	w.	Sc… m.
—	—	—	—	—	—	—	—	2	1	1	—	—
9	8	11	5	6	1	5	7	25	27	5	4	5
3	2	4	4	—	1	1	2	9	5	4	3	1
—	—	—	—	—	—	—	—	—	1	—	—	—
—	—	2	1	—	—	—	—	—	—	—	—	1
2	2	2	—	—	—	—	—	1	2	1	1	—
—	—	1	—	—	—	—	—	3	3	—	—	
30	27	13	7	13	5	9	20	35	28	15	13	
62	40	37	19	22	10	34	29	136	114	32	29	
7	5	4	2	1	—	4	1	9	12	3	2	
—	—	—	—	1	—	—	—	2	—	—	—	
1	1	—	1	—	—	—	1	—	—	—	—	
1	—	—	—	—	1	—	—	—	—	1	—	
4	9	5	7	4	2	12	9	32	28	10		
4	3	3	1	—	2	6	2	4	7	1		
1	—	—	—	—	—	3	—	1	—	—		
24	97	82	47	47	22	74	71	259	228			
4	7	2	1	—	2	—	20	[illegible]				

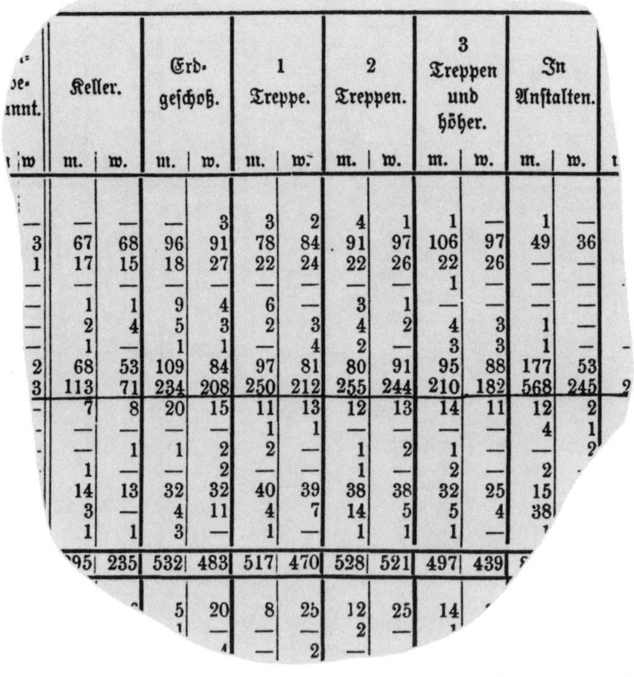

…bekannt. w.	Keller. m.	w.	Erdgeschoß. m.	w.	1 Treppe. m.	w.	2 Treppen. m.	w.	3 Treppen und höher. m.	w.	In Anstalten. m.	w.
—	—	—	—	3	3	2	4	1	1	—	1	—
3	67	68	96	91	78	84	91	97	106	97	49	36
1	17	15	18	27	22	24	22	26	22	26	—	—
—	—	—	—	—	—	—	—	—	1	—	—	—
—	1	1	9	4	6	—	3	1	—	—	—	—
—	2	4	5	3	2	3	4	2	4	3	1	—
—	1	—	1	1	—	4	2	—	3	3	1	—
2	68	53	109	84	97	81	80	91	95	88	177	53
3	113	71	234	208	250	212	255	244	210	182	568	245
-	7	8	20	15	11	13	12	13	14	11	12	2
-	—	—	—	—	1	1	—	—	—	—	4	1
-	—	1	1	2	2	—	1	2	1	—	—	2
	1	—	—	2	—	—	1	—	2	—	2	
	14	13	32	32	40	39	38	38	32	25	15	
	3	—	4	11	4	7	14	5	5	4	38	
	1	1	3	—	1	—	1	1	1	—		
	95	235	532	483	517	470	528	521	497	439		
			5	20	8	25	12	25	14			
			1	—	—	—	2	—	1			
				4	—	2	—					

Todesursachen nach Stadtteilen und Wohnungslage (Virchow 1883)

den Calendermonaten“ der Jahre 1869 bis 1878: Unter den Todesursachen (in der Virchowschen Nomenklatur) finden wir die Halsschwindsucht („Phthisis laryng.“), die Lungenschwindsucht („Phthisis pulm.“), die Darmschwindsucht („Phthisis intest.“); die Zahlen der Verstorbenen sind differenziert nach Geschlecht, Alter, Todesdatum, Wohnort, Wohnsituation und Amtsbezirk so sorgfältig und übersichtlich erfaßt, daß für nachfolgende Mediziner- und Historikergenerationen die Statistiken eine Fülle von Informationen bieten. „Carcinome“ (Krebs) zum Beispiel kamen viel seltener vor als die übermächtige Phthisis – inzwischen hat der Krebs stark aufgeholt.
Der Pathologe Virchow an seinen Seziertischen hatte klarer als jeder andere die schreckliche Ernte vor Augen, die die gängigen Infektionskrankheiten seiner Epoche erhielten. So betrachtet, ist sein Denkmal, das Fritz Klimsch für die Charité gestaltete, nicht ganz falsch: Ein Gigant im Duell mit der Krankheit.

Krankheit im Abbild

„Nie habe ich so viel Glück an mir gehabt, als in den kränksten und schmerzhaftesten Zeiten meines Lebens ... Wer oft krank ist, hat nicht nur einen viel größeren Genuß am Gesundsein, wegen seines häufigen Gesundwerdens; sondern auch einen höchst geschärften Sinn für Gesundes und Krankhaftes in Werken und Handlungen, eigenen und fremden: so daß zum Beispiel gerade die kränklichen Schriftsteller – und darunter sind leider fast alle großen – in ihren Schriften einen viel sichereren und gleichmäßigeren Ton der Gesundheit zu haben pflegen, weil sie besser als die körperlich Robusten sich auf die Philosophie der seelischen Gesundheit und Genesung und ihre Lehrmeister, Vormittag, Sonnenschein, Wald und Wasserquelle, verstehen ...“

... schrieb Friedrich Nietzsche, der einiges vom Kranksein verstand. Seine Worte wären anwendbar auf Autorinnen wie die Brontës, die Barrett-Browning, die Droste.
Titel wie „Kunst und Krankheit“, „Der kranke Künstler“, „Krankheit als Metapher“, „Krankheit als Schicksal“ kennzeichnen die Auseinandersetzung mit dem Krankheitsbild der Tuberkulose. Immer wieder auch haben Autoren ver-

sucht, das Leidensbild in eine Handlung zu gießen, mit Protagonisten, die leiden, sterben oder mitleidend reagieren. Zu ihnen gehört der Franzose Henri Murger, am 24. März 1822 in Paris geboren und dort am 28. Januar 1861 in einem Hospital der Tuberkulose erlegen. Sein kurzes Leben lang wurde der Mann gequält von Not, Krankheit, Entbehrung. 1851 endlich gelang ihm der künstlerische Durchbruch mit der realistischen Darstellung vom Leben und Sterben unter dem Titel „Scènes de la vie de Bohème". Damit machte der Autor den Begriff „Bohème" zum Schlagwort für eine Lebensart. Sich selbst schilderte er als Rodolphe, den Philosophen Jean Wallon als Colline, Alex Schaune als Schaunard. Tränen vergoß das internationale Publikum allerdings erst, als Giacomo Puccini 1896 den Stoff vertonte zu seiner Oper „La Bohème". Mimis Tuberkulose-Tod auf der Bühne entsprach dem Gefühl der Zeit, die diesen Tod stets vor Augen hatte.

Mimì:	Du! Du Verschwender! Danke. Er kostet viel. Weinst du? 's geht besser . . . Weinst du um mich – warum? O Lieb' . . . immer mit dir! Die Hände . . . voll Wärme . . . und . . . und schlafen . . .
Rodolfo:	Was hat der Arzt gesagt?
Marcel:	Er kommt.
Musette:	Gebenedeite Jungfrau, zeig dich barmherzig diesem armen Wesen, laß sie, bitte, nicht sterben. Stell noch hier einen Schirm hin, die helle Flamme blendet sie. So, gut . . . Laß sie wieder genesen. O heil'ge Mutter, ich bin nicht würdig deiner Gnade, doch die arme Mimì hat eines Engels Unschuld.
Rodolfo:	Ich hoff noch immer. Erscheint es euch gefährlich?
Musette:	Gewiß nicht.
Schaunard:	Marcel, sie ist gestorben . . .
Colline:	Musette, da nehmt! Und wie geht's?

Rodolfo:	Siehst du? Sie ist ruhig.
	Was bedeutet dieses Kommen und Gehen . . .
	Warum schaut ihr mich so an . . .
Marcel:	Sei mutig . . .
Rodolfo:	Mimì! Mimì!

(Nach der Reclam-Ausgabe, Stuttgart 1992)

Mit den Ursachen für tausendfaches Leiden und Kränkeln beschäftigte sich der geniale französische Zeichner Gustave Doré (1832—1883) während seiner Reise nach London im Jahre 1868. Er zeigte das barbarische Elend der Armenviertel während der Hoch-Zeit der Industriellen Revolution. Seine Lithographien wirken heute wie die Photos eines Reporters: „Kinderspielplatz der Armen", „Verkäufer in den Slums", „Erschöpft auf der Brükke", „Die Häuser der Armen" oder „Bishopgate Street". Während wir es in den 40er Jahren des 19. Jahrhunderts mit beklagenswerten Einzelschicksalen Schwindsüchtiger zu tun haben, mit Emily und Anne Brontë etwa, tritt die Tuberkulose uns in Dorés Bildern als Phänomen der Masse vor Augen. Hier kann jeden die Infektion erwischen, denn die vermiefte, nasse, kranke, stickig-enge Umwelt ist dem Mykobakterium gerade recht. Hier finden Bakterien aller Art und Herkunft reich bestellte Felder: Weil du arm bist, mußt du früher sterben!

Bishopgate Street

„Armut“, schreibt Evans (60), „erhöhte die Wahrscheinlichkeit, an Tuberkulose zu sterben, nicht nur deshalb, weil damit oft ein beengtes Wohnen in überbelegten Häusern einherging, . . . sondern auch, weil ihr jene zum Opfer fielen, deren Widerstandskraft durch unzulängliche Ernährung bereits geschwächt war, wenn die Krankheit ausbrach.“ Evans zieht die Zahlen für Hamburg zwischen 1886 und 1900 hinzu und schließt: „. . . mithin lag die Tuberkulosesterblichkeit der niedrigsten Klasse von Steuerzahlern nahezu dreieinhalbmal so hoch wie in der höchsten.“ Für die Armen war eine Behandlung im Krankenhaus nicht zu bezahlen; nur Lebertran stand reichlich zur Verfügung. Evans beschreibt: „In den Armenvierteln der Stadt hausten nach wie vor Familien, bei denen der Vater (weniger häufig die Mutter) arbeitsunfähig zu Hause blieb, von Hustenanfällen gequält allmählich immer schwächer wurde und sich immer weniger um sich selbst zu kümmern vermochte, bis er (oder sie) schließlich starb. Tuberkulosekranke bürdeten den betroffenen Familien oft auf Jahre zusätzliche wirtschaftliche Sorgen und seelisches Leid auf.“
Der besser Verdienende oder anderweitig zu Wohlstand Gekommene konnte sich teure Medikamente leisten oder sich zurückziehen in eines der sündhaft teuren Sanatorien, die an „immunen Orten“ gebaut wurden, dort, wo keine Lungenschwindsucht vorkam oder schon viele Kranke geheilt worden waren. Über 900 m hoch lagen Churwalden, Davos Dörfli, St. Moritz, Mürren, Pontresina, von 400 bis 800 m St. Blasien, Freudenstadt, Ischl, Interlaken, Thun, Gmunden – und Görbersdorf.

Damals . . .

Walbrzych, Waldenburg, die alte Stadt im niederschlesischen Revier: Graubraun, kahl, leblos, übriggeblieben vom großen Krieg. Als ob die düsteren Häuser rechts und links der toten Straße auf den Befehl warten, endlich zusammenzufallen. Niemand scheint ein Ziel zu verfolgen, nichts tut sich. Ruinen, überwachsen mit Gras, leicht zugedeckt mit dem Staub des Morgenschnees, der schon braun angelaufen ist. – So der Eindruck 1993.
Nur 60 Jahre zurück, ein gutes Menschenalter: Damals stand ein Reporter an der Straße, suchend, fragend nach den sozialen Umständen. Alexander Graf Stenbock-Fermor reiste 1930 „durch die proletarische Provinz“ und fand heraus, daß der Waldenburger Bergmann der am schlechtesten bezahlte Bergmann

in ganz Deutschland sei. Ungefähr hundert Mark blieben ihm im Monat für die Familie, für Wohnung und etwas zu essen. Der Graf nahm zu Protokoll: „Die Kinder haben Skrofulose und Tuberkulose, ihre mageren unterernährten Körper stecken in Lumpen. Die Mutter steht an den Schrank gelehnt, das ausgemergelte Gesicht mit breiten Backenknochen, die schweren Hände ruhen auf dem schwangeren Bauch. Von den Abhängen der Berge steigen die Fördertürme, die Koksöfen, die Halden, die Schornsteine, und verstreut überall die schmutzigen Mietskasernen, einzeln oder in Blocks, wie aus den grauesten Vororten der Großstädte herausgeschnitten und sinnlos auf eine Waldlandschaft geklebt.
Über 40% aller Wohnungen in Waldenburg sind Einzelzimmer, einschließlich Küche. Hier herrscht das größte Wohnungselend in Deutschland. Ein Beispiel von unzähligen: Eine mittelgroße Stube. Der Fußboden völlig schadhaft. Feuchte Wände; Wanzen; ein Ehepaar mit fünf Kindern; Ausschlag; die älteste Tochter schwanger. Es gibt Ratten. Zwei Töchter schlafen auf dem Sofa; der Mann lungenkrank und arbeitslos. 1169 Kinder sind auffallend unterernährt. 1622 Kinder als krank festgestellt. Rachitis bei 85 Kindern, Skrofulose bei 365 Kindern, Tuberkulose bei 203 Kindern, Skoliose bei 17 Kindern. 952 Kinder mit sonstigen Krankheiten behaftet. 380 Kinder müssen verdienen helfen, davon sind 138 Kinder noch nicht 12 Jahre alt.“ Vater Zille schreibt: „Mit einer schlechten Wohnung kann man genau so gut einen Menschen umbringen wie mit einer Axt.“ Zille hat es gewußt.
„In Waldenburg arbeiten Frauen und Mädchen in uralten Porzellan-Fabriken. Der Porzellanstaub erzeugt bei den Arbeiterinnen chronische Luftröhrenreizungen und macht sie empfänglich für Tuberkulose-Infektion. Die Lungen verstorbener Arbeiterinnen enthalten bis zu 22,7% Kieselsäure und Sand, die sich zu förmlichen Lungensteinen zusammenballen. Und dies bei einem Stundenlohn von 18 Pfennigen. ‚Mir san halt nich recht vo der Stelle kumma‘, sagt demütig gebeugt die kleine magere Frau mit der zerrissenen geblümten Bluse. So sieht ein Hund aus, der Schläge fürchtet.“
Manches ist anders, besser, hygienischer geworden im Revier des heutigen Walbrzych, aber etwas von der alten Resignation, vom Gefühl, es nicht ändern zu können, hängt noch in der rauchigen Luft über den Fördertürmen. Stanislaw Domin, der Direktor der Kurverwaltung von Sokolowsko – Görbersdorf, ein freundlich-bestimmter Arzt unter der Bürde einer Verwaltung, die nichts bewirken kann, weil es an Geld fehlt, überall – und oft auch am guten Willen: „Was wollen Sie, die Menschen kämpfen um Jobs und Löhne. Die Löhne halten mit

der Inflation nicht Schritt, die Mieten steigen. Überall werden die kleineren und mittleren polnischen Betriebe dichtgemacht, niemand weiß warum. Um Sokolowsko herum haben wir 25—30% Arbeitslosigkeit. Woher sollen wir Hoffnung nehmen. Wer kümmert sich noch darum, daß die Luft voller Staub und Abgase ist, daß zuviel Blei im Blut gemessen wird." Dr. Domin läßt sie nicht spüren, die Angst, daß alles in Sokolowsko am Ende sein wird, daß die Regierung in Walbrzych ihm den Geldhahn zudreht, und wer kümmert sich dann um die Patienten?

Geschäft mit der Phthisis

Am Anfang stand die Idee: abseitig, verrückt, gefährlich gar für die Zeit. Die Idee bestand in der Behauptung, der Arzt möge nicht nur pflichtgemäß eine Tuberkulose nach ihren Symptomen behandeln – er solle und könne sie auch heilen! Aber er müsse eine wichtige Voraussetzung mitbringen: „Nur der Arzt kann segensreich wirken, der mit den Naturwissenschaften vertraut und im mathematischen Denken geübt ist."

Heute eine Selbstverständlichkeit, vor 140 Jahren keineswegs. Der Mann, der sich mit solchen und ähnlichen Sprüchen in den Augen seiner Kollegen zum Außenseiter und Sonderling stempelte, hieß Hermann Brehmer und war am 14. August 1826 auf einem Bauernhof im schlesischen Kurtsch geboren worden. Von seiner Entwicklung wissen wir kaum mehr, als daß er in Breslau Naturwissenschaften studierte und dann in Berlin Medizin belegte. Er unterschied stets zwischen „Medizinern" und „Naturwissenschaftlern". In Berlin infizierte sich der junge Student mit demokratischem Gedankengut, im Preußen nach der gescheiterten 1848er Revolution keine Empfehlung für eine Karriere. Mit Ach und Krach bekam er die Zulassung zum Staatsexamen. 1853 wurde er promoviert mit der programmatischen Arbeit über die Phthisis: *DE LEGIBUS AB INITIUM ATQUE PROGRESSUM TUBERCULOSIS PULMONUM SPECTANTIBUS.* Später folgte die umgearbeitete Dissertation als Buch „Die Gesetze und die Heilbarkeit der chronischen Tuberkulose der Lunge". Damit war der Grundstein gelegt für das Geschäft mit der Tb. Sie war heilbar, aber die Heilung mußte teuer bezahlt werden: im Lungensanatorium.

Der Stoff hatte Brehmer gepackt und ließ ihn zeitlebens nicht mehr los. Schon 1857 kam das Hauptwerk auf den Markt: „Die chronische Lungenschwindsucht und Tuberkulose der Lunge, ihre Ursache und ihre Heilung." Mit Ausnahme einer vernichtenden Kritik ignorierte die medizinische Fachpresse Brehmers

Buch völlig. Nach allgemeiner Lehrmeinung waren die Ursachen der Tuberkulose ebenso unbekannt wie ihre Entwicklung. Brehmer bemerkte erbittert dazu (64): „Nur der blinde Autoritätsmensch kann es für verwerflich halten, daß ein einfacher Arzt etwas Richtiges lehren sollte, das ein Universitäts-Professor noch nicht vorher gelehrt hat." Solcher Klage begegnet man nicht selten im Laufe der Medizingeschichte. Genug, Brehmer fand mit seinem Buch zwei mächtige Befürworter, ohne die er seine großen Pläne nie hätte verwirklichen können: Der deutsche Kliniker Johann Lucas Schoenlein (1793—1864) und der berühmte Naturforscher Alexander von Humboldt (1769—1859) ebneten Brehmer den Weg. Auch Professor Schoenlein soll den Namen „Lungentuberkulose" geprägt haben. Alexander von Humboldt hatte auf seinen Reisen die Erfahrung gemacht, daß Höhenorte für die Ausheilung von Lungenkrankheiten besonders geeignet sind (64).
Worin sah der junge Arzt die Ursachen der Tuberkulose? Disposition, unzweckmäßige Nahrung, dunkle und schlecht belüftete Wohnungen, Mangel an Bewegung und frischer Luft – das alles war nicht so entscheidend. Wesentlich für Brehmer waren die „abnorme Kleinheit des Herzens" und die „Übergröße der Lungen". Folgerung: Das zu kleine Herz fördere zu wenig Blut, die Organe blieben unterernährt, siechten dahin. Für Brehmer ist die Tuberkulose Ausdruck „einer andauernd verlangsamten Ernährung der Lunge resp. des Körpers". Logischerweise müßte die Heilung in einer entsprechenden Diät und passendem Klima zu suchen sein. Also machte der Arzt sich auf die Suche nach „immunen Örtern" und verkündete: „. . . die Schwindsüchtigen dürfen wir nur in hochgelegene Thäler schicken, die von der Lungenschwindsucht frei und gegen Winde geschützt sind."
Aufregend neu war die Idee nicht, sie hatte ehrwürdige Vorbilder. Schon Galen (Seite 24) empfahl trockene, reine Bergluft in Verbindung mit Milchkuren (35). Paracelsus beschrieb den günstigen Einfluß des Gebirgsklimas auf verschiedene Erkrankungen und lobte in der Schweiz das „Land Veldtlin", das heutige Bormio. In seiner *PHTHISIOLOGIA* von 1689 sagte Richard Morton (1635—1698), man solle neben reiner Landluft vor allem Milchdiät einhalten und Mineralwasserkuren nehmen. Von Dr. Ramadges Erkenntnissen wissen wir bereits (Seite 76). Bis zur Mitte des 19. Jahrhunderts spielten Molkenkuren und die Einnahme von Eselsmilch eine Rolle. Der Hallenser Kliniker Friedrich Hoffmann (1660—1742) schickte auch Lungenkranke mit eitrigem Auswurf nach Karlsbad und ließ sie Karlsbader mit Milch trinken. Bei vielen Ärzten setzte sich die Erkenntnis durch, daß Lungentuberkulose in Gebirgen ziemlich selten vorkommt.

Brehmer baute nach solchen Erkenntnissen seine klimatisch-hygienisch-diätetische Behandlungsmethode auf. Seine Patienten sollten gut und nahrhaft essen, Aufenthalt im Freien sowie Hautabreibungen und Bäder erhalten, je nach ihrem Zustand. Alkohol betrachtete Brehmer als Arznei, da er den Stoffwechsel anrege. Er ließ ihn anwenden, um Schüttelfröste zu kupieren und den Nachtschweißen vorzubeugen. Seine Therapie behielt im großen und ganzen ihre Anwendung auch noch nach der Entdeckung des Kochschen Bazillus.
Brehmer suchte geeignete Häuser, wo er seine Patienten behandeln konnte. Vorbilder solcher Bergsanatorien gab es nicht. Er war 32 Jahre alt, als er 1854 in Görbersdorf, dem heutigen Sokolowsko, ankam, verheiratet mit der schönen und reichen Helene von Colomb aus Berlin. Deren Schwester Marie hatte Pleite gemacht mit ihrer Wasserheilanstalt nach Prießnitz und saß in Schuldhaft. Der aufstrebende Doktor nutzte die Gunst der Stunde und übernahm kurzerhand das Anstaltsgebäude seiner Schwägerin in Gestalt eines kleinen umgebauten Bauernhofes. Schwierigkeiten türmten sich auf: Die Patienten mußten im Dorf untergebracht werden, das brachte die Dörfler auf die Beine. – Görbersdorf ein Kurort? Nicht übel. Aber dem Sonderling helfen, den niemand anerkannte? Nein! – Doch nichts ist so erfolgreich wie der Erfolg. Patienten strömten herbei, Heilung von der Schwindsucht zu suchen. Es sprach sich herum. Görbersdorf ein neues Lourdes? Brehmer brauchte dringend ein Kurhaus. Doch die Baukonzession an einen Demokraten? Schoenlein und von Humboldt intervenierten: Er durfte bauen.

Ein Traumschloß

Schön, pompös sieht es aus im Licht des Frühlings, das „Neue Kurhaus" – und ist doch eine Ruine. Seit 1952 ist niemand mehr in dem schweren gotischen Treppenhaus des riesigen Backsteinbaus gewandelt. Welche Qualität an Material und Verarbeitung hat Architekt Edwin Oppler, „Neugotiker", der auch Synagogen baute, dem Neuen Kurhaus von Görbersdorf gegeben, das man 1878 mit Pomp und Gloria einweihte. Unser ZDF-Film erklärte diese Ruine 1993 zum „Traumschloß eines Sonderlings". Wer innehält am Treppenabsatz, mag sie hören, die Stimmen, das Keuchen und Lachen der vielen, die vor Jahrzehnten in die herrlichen Säle strömten zum guten Mahl und Konzert und sich draußen gemessen bewegten unter den Bäumen des weiten Parks.
40 Zimmer im Alten Kurhaus von 1863, das die Russen nach 1945 dem Erdboden gleichmachten; 68 Zimmer für einen oder auch zwei Patienten im Neuen

Kurhaus. In jeder Etage Teeküche und Badezimmer; zwei „Doucheanlagen“ für die Hydrotherapie, zwei Wintergärten, ein holzgetäfelter Festsaal, der sommers als Speisesaal und winters als Bibliothek genutzt wurde. Dann die Warte-, Untersuchungs- und Sprechzimmer. Damals waren die Decken ausgemalt, gab es Tapeten und stilgerechte Möbel in jedem Zimmer. Luftheizung diente im Winter der Gemütlichkeit; die Aborte funktionierten nach dem „Heidelberger Tonnensystem“, die Abwässer klärte man durch Zusatz von Kalkmilch und die Sputa wurden vergraben. Im weitläufigen Park mit seinen Promenadenwegen unterschiedlicher Steigung und mit Ruhebänken, die Brehmer für seine Patien-

Das Neue Kurhaus in Sokolowsko 1993

ten bauen ließ, steht noch die zarte Bronzefigur einer Frau. Denn Brehmer meinte, zum Gesundwerden gehöre eben auch der Anblick des Schönen – und hatte so unrecht damit nicht. Übrigens, Liegehallen, später das Markenzeichen aller Lungensanatorien, schätzte Brehmer nicht, nannte sie „doch nur eine von Kranken überfüllte Stube, der die vierte Wand fehlt".
Das „Traumschloß eines Sonderlings" wurde im Laufe des Jahres 1993 unsanft aus seinem 40jährigen Dornröschenschlaf gerissen: Anonyme ausländische Investoren kauften (wie wir kurz vor Drucklegung dieses Buches erfuhren) den geschichtsträchtigen Bau mit Grundstück und einem Teil des Kurparks – „für 'nen Appel un' 'nen Ei", wenige zehntausend Mark. Auch andere Sanatoriumsgebäude in der Nachbarschaft gingen weg. Und niemand hat eine Ahnung, was die Käufer mit ihren Erwerbungen tun werden. Wird man das Traumschloß restaurieren, wieder in seinen ursprünglichen Dienst stellen oder doch lieber abreißen? Die Freunde Görbersdorfs bangen um eines der letzten Denkmäler für die Geschichte der Tuberkulose – und für die Behandlung der Tuberkulosekranken, die womöglich demnächst auf uns zukommen.

Zucht und Ordnung

Im Taunusstädtchen Falkenstein wird man daran erinnert, daß an der Stelle der Taunusklinik vor 120 Jahren etwas Revolutionäres errichtet worden war, das dann Schule machte. Brehmers Patient und Assistent Peter Dettweiler glaubte nicht an Brehmers These vom „kleinen Herzen" und „großer Lunge", holte sich in England neueste Informationen aus Schwindsuchthospitälern (die ja die längsten Erfahrungen besaßen) und eröffnete 1876 seine Falkensteiner Anstalt in einem Mittelgebirgstal nordwestlich von Frankfurt in 400 m Höhe. Das Kapital für Dettweilers Unternehmen stellten wohlhabende Frankfurter Bürger zur Verfügung. Der Chefarzt baute die von Brehmer seinerzeit verschmähten Wandel- und Liegehallen für sein 100-Betten-Haus. Freiluftkuren gehörten für ihn zur Basistherapie der Tb, und weiterhin die „Douchen", Abreibungen, Atemgymnastik, kräftige Nahrung und Alkohol. Dettweiler glaubte auch an die Macht der Suggestion: Er sorgte für Disziplin und erzog seine illustren Gäste aus Hochadel und Großbürgertum mit Lob und Tadel. In seinen Augen war der Arzt der „Apostel, der wirksam hilft".

Dettweilers Ruf drang bald über seine „Zuchtanstalt“ hinaus. In den Jahren nach 1882 forderten sozial Engagierte die Errichtung von Heilstätten für Normalbürger und Arbeiter. Tatsächlich wurde 1892 in Falkenstein die erste „Volksheilstätte“ Deutschlands eröffnet – auf Veranlassung Dettweilers und unterhalten von Bürgerspenden und Verträgen mit Ortskranken- und Hilfskassen.
Von einer locker-erotischen „Zauberberg“-Atmosphäre privater Anstalten war hier allerdings nichts zu spüren. Hoffnungslos Schwerkranke wurden gar nicht erst zugelassen. Die individuelle Freiheit war eng begrenzt. Der Heilplan für jeden Patienten rollte mit militärischer Genauigkeit und Pünktlichkeit ab. Die Geschlechter waren räumlich strikt getrennt. Die Patienten kamen aus der

Sanatorium in Falkenstein um die Jahrhundertwende

schwer arbeitenden Bevölkerung – für sie konnte es im Sanatorium nur besser sein als draußen. Am Anfang des Aufenthalts wurde gemurrt über das dauernde Liegen, die strenge Tageseinteilung, das frühe Zubettgehen. Wenn aber das Gewicht zunahm und der Husten nachließ, fühlte man sich schon viel besser.
Die Patienten trugen ihre Kurkosten nicht selbst, und mancher litt unter der Massenabfertigung von Patienten, die wic Nummern behandelt wurden. In großen Volksheilstätten kam es nicht selten zu harten politischen Agitationen und Auseinandersetzungen, und die Anstaltsärzte waren überfordert mit der Aufgabe, Frieden zu stiften. Anfang der 1930er Jahre berichteten Volksheilstätten über den täglichen Ärger mit lauttönenden Radiogeräten in den Zimmern und auf den Liegeterrassen.
Die Sanatorien gaben einer dünnen Bevölkerungsschicht die teuer erkaufte Chance, nicht sofort an ihrer Tb zu sterben, möglicherweise sogar gesund zu werden, vor allem dann, wenn die Kur in einem sehr frühen Stadium der Infektion angetreten wurde. Stehen doch die Sanatorien und auch die späteren Volksheilstätten am Beginn einer weltweiten „konzertierten Aktion" gegen die Infektionskrankheit. Auch der Normalbürger mußte sich nun seinem Leiden nicht mehr so gänzlich hilflos ausgeliefert fühlen wie zuvor.

Vom Himmel bevorzugt

In den Jahren um 1870 näherte man sich der Entdeckung des Erregers und einem Heilmittel gegen Tuberkulose. Für zwei Jahre mußte aber die Forschung ruhen, weil der Krieg gegen den „Erzfeind" Frankreich erst überstanden werden mußte. In Berlin starb zu dieser Zeit ein Arztkollege, dem Brehmer vielleicht hätte helfen können, wäre er frühzeitig gekommen. Dieser Mann wurde von seinen Patienten verehrt wie der liebe Gott, denn er hatte vielen das Augenlicht wiedergegeben: Albrecht von Graefe, der Star-Operateur an der Charité. Gerhard Jaeckel (65) charakterisierte seinen Auftritt: „Auf zwei Begleiter gestützt, kommt Graefe herein. Scharf sticht die klassisch schöne Nase aus einem ausgemergelten, wachsbleichen Gesicht. Nur auf den hervorstehenden Backenknochen leuchten hektische rote Flecken. Er drückt ein Taschentuch vor den Mund, bleibt zweimal stehen, weil Hustenanfälle ihn schütteln. Acht Jahre hat er sich keine Stunde geschont, um eines einzigen Patienten willen machte er weite Reisen . . ."
Graefes Leidensgeschichte begann im Herbst 1868. In seinen Briefen jedoch sprach er mehr über die Erkrankung seiner Frau und vom Tode seines Söhn-

chens als vom eigenen Leid. Im Mai 1870: „Daß ich mir als verständiger Mensch und Arzt keine übertriebenen Hoffnungen mache, versteht sich von selbst; allein Beschäftigung bis zum letzten Augenblick scheint mir das Beste und hält jedenfalls von unnützem Grübeln ab.“ Sein Arzt Traube schickte Graefe nach Inselbad bei Paderborn und später nach Lippspringe. Obwohl Graefe nur in den Morgenstunden und auf seinen Reisen zu literarischen Arbeiten kam, hat er 2500 Druckseiten mit seinen Schriften gefüllt. 1862/63 weilte er zu Kuren in Baden-Baden und Nizza.
Mit welcher Klarheit dieser Mann die Wirkung der Tb schilderte: „Ich war aus einem belebten und mich befriedigendem Wirkungskreise, aus den Trümmern eines langersehnten häuslichen Glücks plötzlich herausgerissen, um vielleicht nur dem Kampfe meines geschäftigen Temperaments gegen einen gebrechlichen Körper unfruchtbare Jahre zu weihen. Der Ruck in meinem Wesen war erheblich und warf mich anfangs moralisch sehr darnieder. Später, als sich das Bild des Glückshelden allmählich verdunkelte und das des allgemeinen menschlichen Pleuritikers in den Vordergrund trat, da fühlte ich mich, umgeben von so vielen und treuen Pflegern, überschüttet mit den Zeichen der Teilnahme von allen Ecken und Enden relativ recht beglückt und vom Himmel wahrlich bevorzugt, wenn ich an den armen, verlassenen Pleuritiker in einem Hospitale dachte, welcher dieselben geistigen und körperlichen Zustände, ohne all die physischen und gemütlichen Komforts durchzumachen hat, welche mir vergönnt waren. Könnten wir doch diese Auffassungsweise, die wir freilich oft genug formulieren, aber doch nicht eigentlich wirken lassen, in die gesunden Tage mit hinüber nehmen, wie anders würden wir das Dasein genießen!“ (35)
Am 20. Juni 1870 hielt der Augenarzt letzte Visite. Er fuhr zurück in sein Haus Viktoriastraße 34 am Rande des Tiergartens und studierte noch Krankengeschichten, sorgte sich um seine Patienten. Am 20. Juli 1870, morgens um drei Uhr, starb Albrecht von Graefe. In Berlin hingen Fahnen aus den Fenstern, denn seit 24 Stunden war Krieg mit Frankreich.

„Das Ironische ließ ihn die Wirkung der eigenen Passionsgeschichte durch wehmütigen Spott vernichten und in das Gegenteil verwandeln.“ Unter dem Spott das Leid verbergen: auch so kann man mit der Tuberkulose umgehen, lehrt uns der Lebens- und Leidensweg des dänischen Dichters Jens Peter Jacobsen aus Thistedt. Dort wurde er am 7. April 1847 geboren, und der Vater wollte an die Krankheit des Sohnes nicht glauben, denn er selbst war von der Phthisis geheilt worden. Jens übersetzte als Naturwissenschaftler Darwins „Entstehung der

Arten“ und die „Abstammung des Menschen“ ins Dänische. Berühmt wurden seine Novelle „Mogens“ (1872), die Romane „Fru Marie Grubbe“ (1876) und „Niels Lyhne“ (1880). Daß er lungenkrank war, wollte er nicht wahrhaben. Unter Qualen schrieb er in den letzten elf Jahren seines Lebens alle größeren Arbeiten.
Anfang 1878 meldete er aus Montreux: „Ich bin mitten in einem Anfall von Husten.“ Er schrieb gerade an „Niels Lyhne“ und hoffte, daß die Götter die Arbeit beschleunigen möchten. Alle seine literarischen Pläne, die seine kranke Brust verwahrte, suchte er – ehrgeizig wie er war – noch möglichst zur Ausführung zu bringen. Dazu gehörte „Doktor Faustus“. In seiner Krankheit war er niemals Hypochonder, er hatte stets eine scherzhafte Wendung zur Hand, um zu erklären, auf welche neue Erfindung seine Krankheit jetzt verfallen war. Die Krankheit war für ihn Erkältung oder Kopfschmerz und schlechte Verdauung, nie aber die Tuberkulose. Im März 1885 wurden die Atembeschwerden so groß, daß er fast nicht mehr schlafen konnte. Um Mitte April schwollen seine Beine an, und er war nicht mehr fähig, auszuhusten. In seiner kleinen feuchten Studentenwohnung schloß er am 30. April 1885 die Augen, bis zuletzt aufopfernd gepflegt von der Mutter.

Bezwinger des Todes

Allzuweit ist es nicht von der Charité zur Clara-Zetkin-Straße Nummer 36, der dunkelrot, bombensplitterzernarbten Front des Instituts für Medizinische Mikrobiologie. Ein kleines Museum empfängt drinnen mit Devotionalien, Bildern, Handschriften und Nobelpreisurkunde des großen Robert Koch. Einen schönen alten Hörsaal gibt es zu sehen und das Bibliothekszimmer, in welchem ein Kapitel Schwindsuchtgeschichte erarbeitet wurde – vor mehr als hundert Jahren.
Was geschah, brachte Hans Steinhoff in den Ateliers der Ufa 1939 ins Bild. Emil Jannings spielte den Koch, Werner Krauß den Virchow in dem Film „Robert Koch, der Bezwinger des Todes“. Man bescheinigte dem Film die Prädikate „staatspolitisch und künstlerisch besonders wertvoll“, und die Biennale von Venedig verlieh ihren ersten Preis. Die entscheidende Szene zwischen Koch und seinem Kontrahenten Virchow spielte hier, in der Bibliothek an der Clara-Zetkin-Straße, die damals Dorotheenstraße hieß. Man schrieb den 24. März

1882. Es tagte die Berliner Physiologische Gesellschaft unter dem Vorsitz von Emil Du Bois-Reymond. Und Koch hielt Vortrag. Im Ufa-Film läuft die Szene so ab:

Koch betritt den Raum.
1. Zuhörer: „Der Herr aus Wollstein!"
2. Zuhörer: „Schade, daß Virchow kneift, da kommen wir um das ganze schöne Duell." Koch geht ans Pult.
Koch: „Meine Herren! Das Wesen der Tuberkulose zu ergründen, ist schon wiederholt versucht worden, aber bis jetzt ohne Erfolg. (Gemurmel im Raum.) Bisher hat man geglaubt, die Tuberkulose sei auf Ernährungsstörungen oder auf einen Zerfall der Zellen zurückzuführen. Ich werde Ihnen beweisen, daß die Tuberkulose eine parasitische Krankheit ist. Der von mir entdeckte Erreger, den ich den Tuberkelbazillus nenne, ist die Ursache der Tuberkulose." (Lautes Gemurmel im Saal, die Herren blikken sich an.) „In Zukunft wird man es also im Kampf gegen diese schreckliche Plage des Menschengeschlechts nicht mehr mit einem undefinierbaren Etwas zu tun haben, sondern mit einem faßbaren Parasiten, dessen Lebensbedingungen bekannt sind. Wenn ich nun überzeugt sein darf, daß sich unter den Ärzten die Gewißheit Bahn gebrochen hat, die Tuberkulose ist eine Infektionskrankheit, dann muß ich in dieser Stunde zum edelsten Wettstreit aufrufen, sich der Bekämpfung dieser mörderischen Seuche mit allen Kräften zu widmen. Darf ich Sie nun, meine Herren, bitten, sich die Ergebnisse meiner Arbeit anzuschauen. Herr Geheimrat Virchow?"
Virchow, Medizinpapst, von dessen Urteil für Koch viel abhängt, steht gemessen auf und blickt lange durch die aufgebauten Mikroskope mit den von Koch vorbereiteten Präparaten.
Koch: „Sie sehen das mikroskopische Bild eines durch Tuberkulose zerstörten Lungengewebes. Der Erreger ist nicht sichtbar." (2. Bild): „Durch Färbung mit Methylenblau und braunem Vesuvin ist es mir gelungen, den Erreger sichtbar zu machen. Die deutlich erkennbaren blauen Stäbchen sind die Tuberkelbazillen, die Erreger der Krankheit."
1. Zuhörer: „Ich glaube, Koch hat recht!"
2. Zuhörer: „Nicht festlegen, bevor Virchow gesprochen hat."
1. Zuhörer: „Wird er denn?"

2. Zuhörer: „Ja oder nein muß er doch sagen."
Virchow schaut vom letzten Präparat auf und sagt mit der unnachahmlichen Vornehmheit eines Werner Krauss: „Herr Regierungsrat, ich danke Ihnen für Ihren interessanten Vortrag. Meine Herren!" – Kein Urteil also, weder ja noch nein.
Koch: „Das ist doch nicht möglich!"
1. Zuhörer: „Er kann doch nicht einfach weglaufen."
2. Zuhörer, sieht aufs Präparat: „Das ist genial!"
3. Zuhörer: „Aber das wäre ja eine Revolution in der ganzen Medizin."
4. Zuhörer: „Ja, das ist es auch, Kollege."

Der Film bot ein heroisches Kolossalgemälde vom verzweifelten Kampf des großen Arztes gegen die tückischen Erreger. Ein Arztbild, dessen Konturen sich bis in unsere Tage gehalten haben. Die Wirklichkeit an diesem 24. März war nüchtern, wenn auch in ihren Auswirkungen nicht weniger dramatisch. Ein

Robert Koch

Zeitzeuge, der Geheime Obermedizinalrat Professor Dr. Martin Kirchner (66): „Ich entsinne mich noch heute der Begeisterung, die die Lehrer und Teilnehmer an dem Kursus ergriff, als sie den Vortrag lasen: Die Schwindsucht war als Infektionskrankheit erkannt, sie mußte auch verhütbar, vielleicht heilbar sein. Kochs Name war in aller Munde in der ganzen Welt, weit über die Kreise der Ärzte hinaus."

Kochs historischer Vortrag lautete nüchtern: *DIE ÄTIOLOGIE DER TUBERKULOSE.* Im Juli 1883 erschien er gedruckt im zweiten Band der „Mitteilungen aus dem Kaiserlichen Gesundheitsamte". Koch beschreibt zunächst das Verhalten und die Einfärbung des als unbeweglich beobachteten Bazillus und teilt mit, bei welchen Krankheiten des Menschen er Tuberkelbazillen gefunden hat: Miliartuberkulose, käsige Bronchitis, Pneumonie, Hirntuberkeln, Darmtuberkulose, Drüsenskrofulose, fungöse Gelenkentzündung. Dann schildert er, bei welchen Tierarten er Tuberkelbazillen nachweisen konnte: Rind, Schwein, Huhn, Affe, Meerschweinchen, Kaninchen. Um nachzuweisen, daß der Bazillus die Ursache der Tuberkulose wäre, infizierte er zahlreiche Tiere nicht nur mit Tuberkulosematerial von Kranken, sondern auch mit den Reinkulturen von Tuberkelbazillen, deren Gewinnung er beschreibt. Schließlich weist er auf die Bedeutung seiner Befunde hin, die er in der Erleichterung der Erkennung der Krankheit (Diagnose) und in der Möglichkeit ihrer Verhütung (Prophylaxe) durch Desinfektion des Auswurfs der Phthisiker sieht. Da er, wie er ausdrücklich betont, die bei Menschen und Tieren gefundenen Tuberkelbakterien für identisch hielt, so schließt er folgerichtig mit einer Warnung vor der Milch und dem Fleisch perlsüchtiger Rinder.

Robert Koch wurde zum Nationalhelden der Deutschen, überhäuft mit Orden, Titeln, Ämtern und Geld; nationalistischer Chauvinismus war im Spiel. Das junge Kaiserreich nach 1871 brauchte Helden, gerade in der Wissenschaft. Die Gegnerschaft zwischen Koch und dem älteren Pasteur in Paris hat hier – auch – ihre Wurzeln. Pasteur war eine aufbrausende, streitsüchtige Künstlernatur, Koch der kritische, jede These mehrfach prüfende methodische Gelehrte wie aus dem Bilderbuch.

Die Stufen zum Ruhm

Als drittes von dreizehn Kindern des Bergbeamten in Clausthal wurde er am 11. Dezember 1843 geboren und Robert Hermann Heinrich Koch getauft. Der fleißige Schüler liebte die Naturwissenschaften und studierte Mathematik,

Botanik und Physik in Göttingen, wandte sich dann der Medizin zu. Sein Lehrer, der Anatom Henle, predigte das „Contagium animatum“, die Ansteckung durch bisher unbekannte Lebensformen. Nach der Promotion 1866 wurde Koch Arzt an der Idiotenanstalt zu Langenhagen und ehelichte seine Jugendliebe Emmy Fraatz. Tochter Gertrud wurde geboren. Als Arzt in Verwundeten- und Typhuslazaretten erlebte Koch den Deutsch-Französischen Krieg von 1870/71. Kurz danach ließ er sich nieder als Physicus des Kreises Bomst im Viertausend-Seelen-Städtchen Wollstein. Er mußte Atteste ausstellen, Seuchen behandeln, impfen.
Frau Emmy schenkte dem Gatten ein Hartnacksches Mikroskop, damit betrachtete er im kleinen Hauslabor Bakterien und lernte, sie zu fotografieren. Im Mai 1876 zeigte er an der Breslauer Universität den Professoren Cohn und Cohnheim seine Ergebnisse bei der Erforschung des Milzbranderregers. Die Herren waren beeindruckt – nicht jedoch Geheimrat Virchow, den der junge Doktor in Berlin besuchte. Koch betrachtete unbeirrt weiter seine Mikroorganismen, nun schon mit dem Hochleistungsmikroskop, das die Firma Zeiss ihm baute, einschließlich Ölimmersion und indirekter Beleuchtung. Emmy betreute derweil Patienten und verbrannte im Zimmerofen die Kadaver eingegangener Versuchstiere. Im Juli 1880 holte sich die Reichshauptstadt den Landarzt und machte ihn zum Regierungsrat im Kaiserlichen Gesundheitsamt, damals recht bescheiden untergebracht in der Luisenstraße 57 gegenüber der Charité. Aber die Labors waren modern und die Assistenten gut, Friedrich Löffler und Georg Gaffky vor allem.

„Zur Untersuchung von pathogenen Mikroorganismen“ hieß seine erste Veröffentlichung in den „Mitteilungen aus dem Kaiserlichen Gesundheitsamte“ und erläuterte neue Verfahren zur Untersuchung, zum Konservieren und Photographieren der Bakterien, Präparatefärbungen, Herstellung von Reinkulturen, die Übertragung pathogener Mikroorganismen auf Versuchstiere und die Notwendigkeit strengster Sterilisierung von Händen, Geräten und Nährböden. Heute Selbstverständlichkeiten, damals neu, ungewohnt, aber faszinierend. Manch ein Kollege hielt ja die Schwindsucht für eine chronische Ernährungsstörung, vererbt von Geschlecht zu Geschlecht. Noch 1879 ließ man in der Charité die Phthisiker abseits liegen, ohne ernsthafte Behandlung mit Ausnahme von Beruhigungsmitteln. Koch experimentierte Tag und Nacht mit dem reichen Kranken„material“ der Charité und hatte das Problem der Infektion der Tb innerhalb eines halben Jahres gelöst, 1882.

„Zur Erholung“ reisten Koch und sein Stab 1883 nach Ägypten und Indien auf der Suche nach dem Erreger der grassierenden asiatischen Cholera. Auf Betrei-

BERLINER

KLINISCHE WOCHENSCHRIFT.

Organ für practische Aerzte.

nach amtlichen Mittheilungen.

Montag, den 10. April 1882. № 15. Neunzehnter Jahrgang.

I. Die Aetiologie der Tuberculose.

Dr. Robert Koch,

Kochs Veröffentlichung in der
„Berliner Klinischen Wochenschrift“ vom 10. April 1882

ben des mächtigen Geheimrat Althoff ernannte man Koch danach zum Dircktor des neu zu crrichtenden Hygienischen Instituts, am 1. April 1885. Der Professor in der Klosterstraße, Ecke Sieberstraße, saß lieber am Labortisch, anstatt Vorlesungen zu halten. Junge Leute versammelten sich um ihn, die später Lorbeern ernteten: von Esmarch, Fränkel, Kirchner, Nocht, Behring, Kitasato. Koch, der Chef, hatte nicht nur Freunde und Gönner, auch erbitterte Gegner. Mancher dachte wie Buttenwieser, der vor der Nürnberger Medizinischen Gesellschaft beklagte, Phthisiker würden wie Pestkranke von den eigenen Angehörigen gemieden, sollte die Lehre von der Ansteckungsfähigkeit der Tuberkulose bei Laien in Fleisch und Blut übergehen. Ein guter Menschenkenner, denn ahnen konnte Buttenwieser nicht, wie recht ihm das AIDS-Drama hundert Jahre später geben sollte.

Mekka der Phthisiker

Für den Apotheker Libbertz in der Lüneburger Straße 28 zu Berlin kam 1890 das große Geld, denn er hatte ein Wundermittel zu verkaufen: Kochs „Tuberkulin“. Völkerwanderungen halb- und schwerkranker Phthisiker hatten sich aufgemacht ins Mekka der heilenden Substanz. Krankenhäuser, Kliniken, Fremdenpensionen, Hotels, überschwemmt von verzweifelt hoffenden Schwindsüchtigen. Robert Koch hatte im Labor nach endlosen Versuchen eine Substanz entwickelt, die viel zu versprechen schien. Marktreif war sie noch nicht. Doch das Kaiserreich brauchte internationales Prestige und bedeutete: „Koch muß reden!“ – auf dem X. Internationalen Medizinischen Kongreß 1890 in Berlin. Die Welt wartete in knisternder Spannung. Koch betrat das Podium, sprach von seiner Substanz: „Meerschweinchen, wenn man sie der Wirkung einer solchen Substanz aussetzt, reagieren auf eine Impfung mit tuberkulösem Virus nicht mehr. Bei Meerschweinchen, welche schon in hohem Grade an allgemeiner Tuberkulose erkrankt sind, kann der Krankheitsprozeß vollkommen zum Stillstand gebracht werden.“ – Eine Bombe, denn was Meerschweinchen hilft, muß auch Menschen helfen. Eine beginnende Phthisis, so Koch, sei damit sicher zu heilen. Das Wundermittel: „. . . eine aus glyzerinhaltigen Fleischbrüh-Kulturen der Tuberkelbazillen durch Eindampfen auf ein Zehntel und darauf folgendes Filtrieren gewonnene klare, braune, würzig riechende Flüssigkeit.“

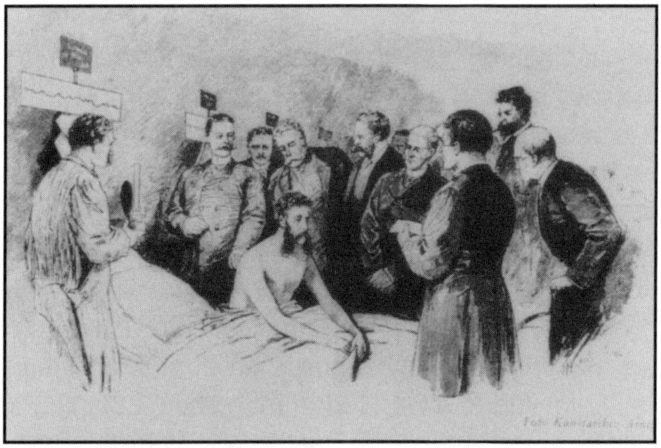

Tuberkulin-Impfung durch Robert Koch in der Charité 1890

Tausend Dollar sollen Kranke um 1890 für ein Gramm geboten haben. Ärzte, die daran glaubten, injizierten Tuberkulin in Gaben von 0,0005 g allmählich ansteigend bis 0,001 g verdünnt mit sterilisiertem Wasser. Man beobachtete aber, daß das Mittel bei weit fortgeschrittener Tuberkulose den Exitus beschleunigte. In Anfangsstadien der Tb glaubte man, Erfolge verzeichnen zu können. Doch als Heilmittel war Tuberkulin eine Katastrophe. Millionen Kranke hatten auf eine Substanz gehofft, die keine Heilung brachte. Das war schlim-

mer, als von keinem Mittel zu wissen. – Ein weiterentwickeltes Tuberkulin dient heute als Hauttest zum Nachweis einer Tuberkuloseinfektion.
Koch, von dem Eingeweihte wissen wollten, er habe mit dem Staat um Millionen Mark Abfindung für seine Erfindung gepokert, erlitt durch das Fiasko keinen Schaden. Doch es schmerzte ihn – wie der Klatsch um sein Verhältnis mit Fräulein Freiberg, das er erst nach der Scheidung von Emmy nach 26 Jahren Ehe heiraten konnte. Nur einem Hochberühmten konnte man im prüden Kaiserreich nachsehen, daß er fortan mit einer um 29 Jahre jüngeren Frau auf Weltreise ging. Für Kaiser und Reich hatte Koch viel getan. So vollzog Wilhelm II. denn auch am 30. Juni 1900 – nach der Annahme im Reichstag – das fortschrittliche „Gesetz betreffend die Bekämpfung gemeingefährlicher Krankheiten“, diesen entscheidenden Schritt hin zu einer landesweiten Seuchenbekämpfung.
1901 verkündete Koch in London, man müsse beim Tuberkelbazillus zwei Arten unterscheiden: *Typus humanus* (beim Menschen) und *Typus bovinus* (beim Rind). Ein Jahr später starb Rudolf Virchow, der eigensinnig von „sogenannten“ Tuberkelbazillen gesprochen hatte.
Am 10. Dezember 1905 wartete auf den Mikrobenjäger in Stockholm die Krönung des Lebens, der Nobelpreis für Medizin. Dieser Mann mit „Ecken und Kanten“, seinem unbeirrbaren Fleiß, hatte den Preis verdient wie wenige. Friedlich durfte er sterben an Herzlähmung am 27. Mai 1910 in Baden-Baden. Sein Laboratorium im Erdgeschoß des Instituts gestalteten Mitarbeiter in ein feierliches Mausoleum um. Es bewahrt die Asche des Verstorbenen und verzeichnet seine Entdeckungen an der Wand. Das Institut Pasteur stiftete einen vergoldeten Lorbeerkranz. Wilhelm II. gab dem Institut den Namen „Robert Koch“. Paul Warncke dichtete dazu diesen Nachruf im Geist der Epoche und nicht ohne hintergründigen Humor:

Er hat mit seines Geistes Fackel tief
Ins dunkle Todestal hineingeleuchtet.
Aufsprang das Tor, als er sein „Sesam“ rief,
Und Augen wurden hell, die leidbefeuchtet.
Im Leben fand er Tod, im Tode Leben,
Und unermüdlich vorwärts drang sein Streben.
Zu frühe rief ihn ab ein jäh Gebot.
Warum so früh? Ihn fürchtete der Tod!

Kochs Mitarbeiter, Martin Kirchner, gab eine Statistik zur Verbreitung der Tuberkulose heraus, die recht aufschlußreich ist (66): „Im Jahre 1883 starben in Preußen von je 100 000 der am 1. Januar Lebenden 318 an Tuberkulose, 1884: 310, 1885: 308, 1886: 311. Von 1887 ab trat eine von Jahr zu Jahr wachsende Abnahme der Sterblichkeit an Tuberkulose ein, sie sank von 311 im Jahre 1886 auf 233 im Jahre 1895, weiter von 230 im Jahre 1896 auf 191 im Jahre 1905 und von 173 im Jahre 1906 auf 153 im Jahre 1910, dem Todesjahr Kochs. Im Ganzen sank sie von 1886 bis 1910 um 50,8%, während vor 1886 die Sterblichkeit an Tuberkulose in Preußen keine bemerkenswerten Schwankungen gezeigt und durchschnittlich jährlich 315 von je 100 000 Lebenden betragen hatte."
Diese Abnahme sei möglich gewesen durch eine gezielte Tb-Bekämpfung nach der Entdeckung des Bazillus. Obwohl viele fruchtbare Anregungen Kochs leider auf wenig Gegenliebe gestoßen seien, gab er den Rat, aus Familien von Kranken mit offener Tb entweder die Kranken oder die gesunden Kinder zu entfernen und dadurch vor Ansteckung zu bewahren.
„Von 1910 bis 1913 nahm die Tuberkulosesterblichkeit in Preußen weiter ab von 153 auf 137 von je 100 000 Lebenden; während des Krieges hat sie in bedrohlicher Weise wieder zugenommen und dezimiert auch jetzt noch unter den Wirkungen des Friedens von Versailles das deutsche Volk in betrübender Weise."

1890, als die Medien überkochten vom Getöse um das Heilmittel Tuberkulin, erdachte der englische Gynäkologe J. H. Keeling sein „Lied des kleinen Ungeheuers", in dem der Tuberkelbazillus selbst seine Geschichte in Reimen erzählt (67):

> I'm a hoary old Bazillus
> And come of an ancient race.
> Long before Adam I roamed the earth,
> I was in at the death, and I watched the birth
> Of all that creeps, or swims, or flies,
> No matter their shape, no matter their size . . .

In freier Übersetzung: „Ich ergraute, alte Bazille / Stamme aus uralter Sippe. / Lange vor Adam auf der Erde, / Sah Tod und Geburt aller, / Die da kriechen, schwimmen, fliegen, / Ungeachtet der Form und der Größe . . ."

Einsichten

Der Erreger trug nun seinen vorläufigen wissenschaftlichen Namen, und zum ersten Mal in der langen Krankheitsgeschichte der Menschheit wußte man, wer oder was da von jeder Generation einen Tribut forderte. Und man wußte endlich auch etwas mehr von den Beziehungen zwischen Wirten und Erregern, konnte präzise Diagnosen stellen und lernte das Phänomen der Inkubationszeit kennen (30). Man lernte begreifen, daß die Tuberkulose eine chronische Infektionskrankheit ist mit einem außerordentlich komplizierten und wechselvollen Verlauf, daß sie in jedem Lebensalter, in unterschiedlicher Ausprägung und in den verschiedensten Organen vorkommen kann.
Im letzten Drittel des 19. Jahrhunderts entwickelte sich die moderne Bakteriologie als eigenständiges Fach und diente einem klareren Verständnis dessen, was wir „Epidemie“ nennen, mit Hilfe wissenschaftlich exakter, nachvollziehbarer Experimente. Man erkannte, daß die Tuberkulose zu jenen Erkrankungen gehört, die in direkter Infektion von Mensch zu Mensch – ohne Zwischenwirt oder Überträger – weitergegeben wird, wie Typhus, Cholera, Pocken, Masern.
Krankheitserreger gedeihen in dicht besiedelten Gebieten, weil hier die Chance einer Übertragung vom infektiösen zum rezeptiven Individuum groß genug ist: Je größer die Bevölkerungsdichte, desto höher die Gefahr von Infektionskrankheiten (14). Um die durch Krankheiten erlittenen Verluste an Arbeitskräften wettzumachen, waren die Großstädte angewiesen auf den steten Strom von Zuwanderern aus ihrem Umland.

Der Reisende hätte also Städte wie Paris und Berlin besser meiden sollen. Aber gerade hier spielte sich ja das geistig-kulturelle Leben ab. Jules Laforgue mag so empfunden haben, als er 1880 mit zwanzig Jahren als Korrespondent des „Figaro“ von Paris nach Berlin ging. Bald avancierte der junge Philosoph zum Vorleser und Reisebegleiter der Kaiserin Augusta und lernte die Deutschen, ihre Kunst und Kultur, aus der Nähe kennen. Max Klinger und Heinrich Heine hat er geliebt und bewundert. Laforgue schrieb Gedichte voller Bildkraft unter dem Einfluß des Volksliedes. Frühzeitig verfiel er einer seltsamen Verbitterung, wurde ein Schwärmer und zugleich Zweifler von bösartiger Offenheit gegenüber einer Umwelt, deren Leere und Zusammenhanglosigkeit ihn erschreckte. In seinen „Sagenhaften Sinnspielen“ von 1887 modernisierte er Gestalten der

Dichtung wie Hamlet, Lohengrin und Parsifal. Als Kunstkritiker beschäftigte sich Laforgue intensiv mit Watteau (Seite 42). Laforgue heiratete die Engländerin Leah Lee, aber das Glück blieb ihm versagt. Von Berlin nach Paris zurückgekehrt, steckte der junge Ehemann seine Frau mit der Schwindsucht an. Sein vom körperlichen Leiden aufgeputschter Pessimismus stärkte in ihm Atheismus und Nihilismus. Goldschmit-Jentner meinte, man könne diesen Dichter nur verstehen, wenn man bei seinen formschönen Dichtungen an sein Leiden denke. „Als eines Morgens seine Frau erwacht, liegt neben ihr Jules Laforgue tot im Bett. Mit ihm starb ein armer Mensch, ein Dichter, der sich nur in der Unwirklichkeit zu Hause fühlen konnte. Am 22. August 1887, an seinem siebenundzwanzigsten Geburtstag, wurde er bestattet."
Aus dem „Klagelied über das Vergessen der Toten" in der Übersetzung von Kurt Niederau:

Ihr, meine Damen, meine Herrn,
verlort die Schwester irgendwann,
an eure Türe pocht es laut,
macht auf: das ist der Sensenmann.
Und wenn ihr kein Erbarmen habt,
dann wird er kommen (ohne Groll),
wird euch bei den Füßen ziehn,
nachts, wenn der Mond einst rund und voll!

Zudringlich stürmt
der rauhe Wind.
Die Toten? Auf
dem Wege sind . . .

Manch einen trieb die Angst vor dem unaufschiebbaren Ende, immer aber verknüpft mit einer leisen Hoffnungsspur, in die äußerste Ferne, zu den sanften Frauen der Südsee. Europäer schwärmten für die letzten freien Räume, seit Kapitän Bligh und den Meuterern der Bounty, seit den abenteuerlichen Reisen Paul Gauguins, Jack Londons, Somerset Maughams, Joseph Conrads, Herman Melvilles und vieler anderer. Dorthin, ins verträumte Samoa, zog es auch einen Dichter, der sich in die Herzen der Kinder schrieb: Robert Louis Stevenson. Am 13. November 1850 wurde er in Edinburgh als Sohn eines Leuchtturmbauers geboren. Im Alter von dreißig Jahren brach seine latente Tuberkulose aus, mit hohem Fieber, quälendem Husten und Blutauswürfen. 1880 heiratete er in Kalifornien Mrs. Osbourne und pendelte zwischen Amerika, England, Schottland, Schweiz und der Riviera. 1890, nach weiter Südseereise, ließ er sich auf der Samoainsel Upolu nieder, die später deutsche Kolonie wurde. Hier verbrachte er, von den Samoanern voller Verehrung „Tusitala", Geschichtenschreiber, genannt, die letzten Lebensjahre.

Robert Louis Stevenson

„Infolge einer seltsamen Ironie sind die Orte, wohin wir geschickt werden, wenn die Gesundheit uns im Stich läßt, oft einzigartig schön ... (und) ich wage zu sagen, der kranke Mensch ist oft gar nicht mal so untröstlich, wenn er das Verbannungsurteil entgegennimmt, und geneigt, seine mangelnde Gesundheit nicht als das unglücklichste Ereignis seines Lebens zu betrachten." In seiner Biographie beschreibt der Autor, wie der Schwindsüchtige „zärtlich von den Leidenschaften des Lebens entwöhnt wird".
1883 erschien sein erster und zugleich künstlerisch geschlossenster Roman „Treasure Island" – „Die Schatzinsel", die geheimnisvolle und spannende

Geschichte der Schatzsuche auf einer einsamen Insel. Einzelne Figuren des an Defoe erinnernden Abenteuerromans, wie der unheimliche, verschwörerisch gesinnte Schiffskoch Silver mit dem Holzbein und der junge Jim Hawkins, gehören zu den plastischsten Gestalten der englischen Literatur. Das Buch stellte Stevenson in die Reihe von Literaten, deren Werke das Wiederaufleben romantischer Traditionen repräsentieren. Es folgten 1886 „Kidnapped", 1895 „Catriona". Dazwischen liegt die gruselige Doppelgängergeschichte „The Strange Case of Dr. Jekyll and Mr. Hyde" (1886), ein Bestseller, von dem auf Anhieb 40 000 Exemplare verkauft wurden. Nun war Stevenson reich und hätte sich seiner Farm widmen können, aber die Tuberkulose ließ ihm die Zeit dazu nicht. Am 4. Dezember 1894 war er tot. Die Samoaner brachten den Sarg auf den Gipfel seines Lieblingsberges. Der Häuptling befahl, daß fortan in der Umgebung keine Feuerwaffe getragen und kein Tier getötet werden durfte. Gestorben war der Dichter über den Formulierungen seines letzten Romans „Weir of Hermiston". 44 Lebensjahre waren zu kurz für die Stoffe, die Stevenson noch im Kopf hatte. Aber dieses Geschick teilte er mit vielen Kollegen.

Die abrupte Kürzung des Lebensfadens traf auch den hochsensiblen englischen Zeichner Aubrey Vincent Beardsley, geboren am 24. August 1872 in Brighton. Er litt schon als Knabe an einer kranken Lunge und wurde zum scharfen Beobachter der rasch fortschreitenden Krankheit. Im Mittelpunkt standen Blutstürze: „Gestern haben sie mich bei einer Lungenblutung wie einen Leichnam aufgebahrt. Es scheint für mich und meine Lunge kaum noch Hoffnung zu geben", schrieb er und zeichnete „Der Tod des Pierrot": „Als die Morgendämmerung anbrach, fiel Pierrot in seinen letzten Schlummer. Da kamen die Komödianten Arlechino, Pantaleone, il Dottore und Columbia auf Zehenspitzen leise die Treppe hinauf, schlichen sich in den Raum und trugen liebevoll den weißberockten Clown von Bergamo auf ihren Schultern davon; wohin weiß niemand." (31) Der Kranke eilte von Ort zu Ort. Von Epsom ging er nach Boskombe auf Rat seiner Ärzte. Er schrieb von dort: „Mein alter Freund, das Blut, ist wieder aufgetaucht, aber ich unterdrücke es durch Acidum Gallicum. ... Arzneien, Milch, Zurückgezogenheit und Boskombe-Luft scheinen nichts zu frommen und nicht zu vermögen, das Blut zurückzuhalten, das – wie Mord – ans Tageslicht will."
Unter dem Druck seiner Leiden, berichtete Freund Yeats, seien Beardsleys geschlechtliche Begierden unermeßlich geworden. Er war von ausschweifenden erotischen Phantasien besessen und diese spiegeln sich in seiner überfeinerten

dekadenten Kunst. Der Arzt und Kunstsammler Philip Sandblom meinte: „Mit fortschreitender Krankheit und rapiderem Kräfteverlust wurden seine Bilder zunehmend obszön, erreichten gleichzeitig aber einen neuen Gipfel des Raffinements und der künstlerischen Vollendung."
Auch in seinen Briefen regiert die Tuberkulose. „Der jüngste Anfall hat plötzlich eine heimtückische Fratze hervorgekehrt. Ich fürchte, London wird ein großes Wagnis sein. Mein Arzt spricht heute von der Normandie und Bretagne; er hat Angst, mich weiter reisen zu lassen ... Das Blut ist hartnäckig, trotz Gallic. Acid. und Ergotin ... Ich weiß, daß mein Leiden unheilbar ist, aber sein schnelles Fortschreiten kann doch gewiß aufgehalten werden. Halte mich nicht für töricht, wegen ein paar Monaten zu schachern. Du wirst verstehen, wie kostbar sie mir jetzt aus verschiedenen Gründen werden können." Im Juni 1897 gab der Arzt von St. Germain, der gelehrt, berühmt und dekoriert war, über den Zustand seiner Lunge ein sehr hoffnungsreiches Gutachten ab und sagte, daß man Beardsley eigentlich gar nicht schwindsüchtig nennen könne. Er riet ihm, früh morgens von 4—6 Uhr im Wald spazierenzugehen. Doch Beardsley war viel zu schwach dazu.
Seine letzten Blätter, die Illustrationen zur „Lysistrata", entstanden während einer dichten Folge von Blutstürzen. Ein Bild zeigt Lysistrata, die ihre Scham bedeckt, während ein Penis so feinsinnig dekoriert ist wie jener, den Lady Chatterley verehrte. Für den Sommer brachte man den Kranken nach Dieppe, dann nach Paris und Mentone. Die Nähe des Todes diktierte ihm den letzten Brief an seinen Verleger: „Hotel Cosmopolitain, Mentone, 7. März 1898. Lieber Freund! Ich flehe Sie an, alle Exemplare der ‚Lysistrata' und alle unsittlichen Zeichnungen zu vernichten. Zeigen Sie dies Politt, und beschwören Sie ihn, dasselbe zu tun. Bei allem, was heilig ist, alle obszönen Zeichnungen. Aubrey Beardsley. In meiner Todesagonie." Am 16. März starb Beardsley, 26 Jahre alt, in den Armen der Mutter.

Von Graefe, der beliebte Arzt – Laforgue, der Philosoph – der ironische Jacobsen – der Abenteurer Stevenson – der erotikbesessene Beardsley: sie und das Heer der Unbekannten starben in den Jahren um die Jahrhundertwende, weil es außer kostspieligen Kuren und lindernden Medikamenten eine wirksame Therapie nicht gab. Trotzdem: Die endliche Entdeckung des Erregers, der rasche Start der Bakteriologie hatten der europäischen Medizin und Pharmazie einen kräftigen Schub versetzt. Man schöpfte leise Hoffnungen in den Krankenzimmern, den Hospitälern und Sanatorien. Die Chirurgie sprach seit langem

von der Möglichkeit, einen kranken Lungenflügel zur Ruhe zu bringen, damit er ausheilen konnte. Man sprach in Medizinerkreisen vom künstlichen Pneumothorax, und allmählich wurde er zur Grundlage einer Behandlung der Lungentuberkulose.
Chirurgie dieser Größenordnungen war aber erst möglich geworden durch die Taten zweier ziemlich abenteuerlicher Amerikaner, die reich werden wollten durch den Massenvertrieb von Gebissen.

Äther

In Boston lebte der scheue, sonderliche Dentist William Thomas Green Morton und bastelte billige künstliche Gebisse, die nur einen Nachteil hatten: fest saßen sie erst, wenn man dem Käufer alle Zähne gezogen hatte. Man müßte etwas erfinden, das Ziehen schmerzlos zu gestalten, und wäre schon Millionär gewesen mit dem Verkauf tausender künstlicher Gebisse (68). Überall schrien ja die Leidenden nach Erlösung. Die ehrwürdigen Weisen Europas, die großen Allwissenden der berühmtesten Universitäten Englands und des Kontinents sahen keine Hoffnung. Der französische Chirurg Alfred Velpeau hatte gesagt: „Die Beseitigung von Schmerz in der Chirurgie ist eine Chimäre. Es ist absurd, weiter nach Abhilfe zu suchen. Messer und Schmerz sind zwei Worte in der Chirurgie, die im Bewußtsein des Patienten für immer assoziiert bleiben müssen."
Die Amerikaner gaben nicht auf. Zahnarzt Horace Wells aus Hartford, Connecticut, interessierte sich für das Lachgas, den beliebten Vorführspaß der Schausteller. Doch sein erster Patient starb unter der Lachgasnarkose, und Wells suchte sich einen anderen Beruf. Morton hatte die Katastrophe mitangesehen und probierte auf seinem Landsitz Äther an Würmern, Fischen, Hunden und schließlich an sich selbst aus. 1846 konnte er glücklich den ersten festgewurzelten Backenzahn eines Patienten unter Äthernarkose ziehen. Die Zeitungen berichteten allerdings nur lustlos. Um die Sache zu erleichtern, ließ Wells sich vom Instrumentenmacher einen gläsernen Inhalationsapparat bauen, und er überredete einen berühmten Kollegen zu einem öffentlichen Versuch.
Tatsächlich wagte der Chirurg Dr. John Warren am Massachusetts General Hospital am Freitag, dem 16. Oktober 1846, die Operation mit Mortons Inhalator zur Entfernung eines Gefäßtumors am Halse eines jungen Buchdruckers.

Der Versuch gelang über Erwarten, und der 16. Oktober wurde noch lange am General Hospital als der „Äthertag“ gefeiert.
Europas medizinische Welt erfuhr vom großen Durchbruch: „Daß die Entdekkung eine amerikanische ist, macht unseren transatlantischen Brüdern alle Ehre!“ In den Chirurgien Europas verstummten die Schmerzensschreie. Nachdem Dr. James Young, Chef der Entbindungsabteilung am Edinburgher Krankenhaus, Chloroform ausprobiert hatte, bekam Queen Victoria ihr siebtes Kind, Prinz Leopold, unter Chloroformnarkose.
Während man begann, Äther, Stickstoffoxydul und Chloroform zur Betäubung und Lebensrettung zu verwenden, tobte im fernen Amerika ein heftiger Krieg um Prioritäten und Patentrechte für Äther. Schärfster Gegner Mortons wurde der zwielichtige Dr. Charles T. Jackson, der mit den unfairsten Mitteln gegen Mortons Prioritätsansprüche kämpfte und alle Belohnungen Mortons durch Gegendarstellungen verhinderte. 16 Jahre dauerte dieser Äther-Kampf, und Jackson gewann. Mortons Patent auf das Mittel „Letheon“ wurde 1862 annulliert und der Erfinder starb – aus Kummer – am Schlaganfall. Aber auch Jackson konnte seinen Gewinn nicht genießen, er wurde tobsüchtig und starb 1880 im Irrenhaus. Der Streit um gewinnbringende Patente ist in der Wissenschaft auch heute an der Tagesordnung – insofern hat sich in den letzten 120 Jahren recht wenig geändert.

Neuenglands Plage

Nordamerika kann, wie Europa, eine Medizin- und Kulturgeschichte der Tuberkulose vorweisen. So galt die Phthisis in der Mitte des 19. Jahrhunderts als Neuenglands Hauptplage. Doch epochale Ereignisse in Wissenschaft und Forschung dürfen wir in jenen Tagen nicht erwarten. Der junge Kontinent hatte anderes zu tun, als sich um Krankheiten und Kranke besondere Sorgen zu machen.
Der Militärmediziner Ashburn (69) hatte keine Belege ausfindig machen können, welche bewiesen, daß die Tuberkulose bereits vor der spanischen Konquista auf den amerikanischen Kontinenten heimisch gewesen sein könnte. Vermutlich wurde die Seuche erst, wie viele andere Infektionskrankheiten, von den Spaniern mitgebracht und forderte ungezählte Opfer unter den Indianern. Zu einem Problem sei die Tuberkulose hier erst mit der Ausbreitung der Großstädte geworden, meinte der Autor.

Seit 1833 finden wir wissenschaftliche Arbeiten zum Thema Tb (J. Jackson, W. Gerhard). 1843 wetterte William Adair McDowell aus Kentucky gegen Aderlaß und Abführmittel und empfahl die Behandlung mit reichlicher Nahrung und gut abgestimmten Übungen in frischer Luft. Von Austin Flint, 1875, stammt eine Monographie zur Phthisis, die zum gefragten Standardwerk wurde. 1882 lehrte Edward Gamaliel Janeway den ansteckenden Charakter der Krankheit, und 1889 begannen H. M. Biggs und seine Kollegen in New York sich um den Schutz der Bevölkerung zu bemühen. Sie berichteten der Gesundheitsbehörde über Tb-Fälle und machten die Maßnahmen zur Vorbeugung und Verhütung zur Regierungssache. Freiwilligenverbände begannen eine bedeutende Rolle bei der Tb-Kontrolle zu spielen. Die Gründung einer Nationalen Tuberkulose-Organisation in den USA erfolgte 1904. Ein Mr. Nathan Straus warb überall für die Desinfektion und initiierte öffentliche Ausgabestellen, wo Bedürftige sich pasteurisierte Milch holen konnten. Er gründete ein Zentrum, in dem Kinder aus Tb-kranken Familien sich erholen konnten.

Dr. Brehmer fand auch in Amerika seine Nachahmer. Edward Livingston Trudeau, der – wie Dettweiler – selbst ein Opfer der Phthisis war, gründete 1884 das erste Sanatorium Amerikas für Lungenkranke in den Adirondack-Bergen: Saranac Lake. Das mittelgroße Dorf bot den ganzjährigen Kuraufenthalt. Neben dem Trudeau-Sanatorium existierte das Will Rogers Memorial Sanatorium und das R. L. Stevenson Memorial Cottage, in dem Stevenson versucht hatte, seine Schwindsucht zu kurieren. In Amerika betrachtete man Sanatorien einmal als Einrichtungen zur medizinischen Betreuung, aber auch zur Isolation von Patienten, die eine Ansteckungsgefahr darstellten. Zu Beginn des 20. Jahrhunderts waren die amerikanischen Sanatorien in privaten Händen, seit Ende des Zweiten Weltkriegs gingen sie über in staatliche Regie. Um 1900 standen lediglich 4500 Betten für Tuberkulosepatienten zur Verfügung, 1956 waren es mehr als 100 000.

Ungezählte Amerikaner erlagen im 19. Jahrhundert der Tuberkulose, niemand kennt ihre Namen. Unter den Prominenten finden wir: den Komponisten Stephen Collin Foster (1826—1864), die Autoren Washington Irving (1783—1859), Henry David Thoreau (1817—1862), Sidney Lanier (1842—1881), Stephen Crane (1871—1900), Ralph Waldo Emerson (1803—1882), Eugene O'Neill (1888—1953). Und die Western-Fans werden sich gewiß an den Zahnarzt, Kartenspieler, Alkoholiker und Revolverhelden Doc Holliday aus Tombstone erinnern.

Ungehorsam

Die erste Hälfte des 19. Jahrhunderts war in Amerika, und dort in Neuengland, eine Periode des Um- und Aufbruchs, die erste Phase der Industrialisierung, die mit dem Bau der Textilfabriken in Massachusetts einsetzte. Siedlertrecks eroberten den Westen, Eisenbahnen durchkreuzten den Kontinent. Die Gegensätze zwischen dem industriellen Norden und dem landwirtschaftlichen Süden verschärften sich über der Sklavenfrage, bis 1861 der Bürgerkrieg ausbrach. In diese Epoche wurde Henry David Thoreau hineingeboren, dessen kleiner Essay über den „Zivilen Ungehorsam" später Mahatma Gandhi ebenso faszinierte wie Martin Luther King und Martin Buber.

Thoreau entstammte – wie viele – einer Familie, in der die Tuberkulose heimisch war (70). Geboren wurde er am 12. Juli 1817 im verträumten Städtchen Concord nahe Boston, wo die Gedenkstätten des Unabhängigkeitskrieges noch heute verehrt werden. Der Vater betrieb dort eine kleine Bleistiftfabrik. Henry studierte, wurde Lehrer, begann zu schreiben und befreundete sich für eine Zeit mit dem schon bekannten Gelehrten Ralph Waldo Emerson. Henry mußte seine Privatschule schließen, weil 1841 Bruder John an offener Tb erkrankte. Im Mai 1849 druckte „Aestetic Papers" seinen Essay „Widerstand gegen die Staatsgewalt". Der Tuberkulosetod seiner Schwester Helen im Juni dieses Jahres lähmte Henry monatelang. Als Landvermesser ging er nach Kanada und half einem entflohenen Sklaven zur Flucht dorthin. 1854 erschienen „Walden" und der Essay über die Sklaverei in Massachusetts.

Sein Lungenleiden quälte ihn seit 1855, und in seinem Tagebuch wird sichtbar, daß ihm der beginnende körperliche Verfall deutlich bewußt war. Im Juni 1855 schrieb er: „Seit zwei oder drei Monaten . . . krank und zu nichts nütze als auf meinem Rücken zu liegen." Als im April 1861 der Bürgerkrieg ausbrach, versuchte Thoreau, die Kriegsereignisse soweit wie möglich zu ignorieren. Das hing sicherlich auch mit seinem eigenen schlechten Gesundheitszustand zusammen. Eine Reise nach Minnesota, wo er sich wegen des kontinentalen Klimas Heilung seiner kranken Lunge erhoffte, bewirkte durch die Strapazen nur eine Verschlechterung seines Gesundheitszustandes, was auch an den spärlicher werdenden Tagebucheintragungen erkennbar wird, die mit dem 3. November ganz aufhören. Von Depression oder gar Kapitulation war beim sterbenden Thoreau nichts zu spüren; das zeigten nicht nur seine Heiterkeit und sein innerer Friede, sondern vor allem seine Kreativität, denn noch auf dem Sterbebett redigierte Thoreau mit Hilfe der Schwester mehrere Essays, darunter „Herbst-

liche Farben“, wo es heißt: „Wie wunderschön sie in ihre Gräber gehen! Wie geduldig sie sich niederlegen und zu Erde werden! . . . Sie lehren uns, wie wir sterben sollten.“
Am 6. Mai 1862 starb Henry David Thoreau; er war 44 Jahre alt geworden. Emerson hielt die Trauerrede. Thoreaus Gebeine ruhen nahe den Gräbern von Emerson, Alcott, Channing und Hawthorne auf dem malerischen „Sleepy Hollow Cemetery“ seiner Heimatstadt Concord.

Henry David Thoreau

Martin Luther King schrieb 1962 in „A Legacy of Creative Protest“ nach neuerlicher Lektüre von Thoreaus Essay über den Zivilen Ungehorsam: „In mir wuchs damals die Überzeugung, daß die Verweigerung der Zusammenarbeit mit dem Bösen genauso eine moralische Verpflichtung ist wie die Zusammenarbeit mit dem Guten. Keine andere Person hat diese Idee trefflicher formuliert oder leidenschaftlicher zu vermitteln verstanden als Henry David Thoreau . . . Es bedarf keiner besonderen Worte, daß Thoreaus Lehren heute noch lebendig sind, fürwahr, sie sind lebendiger als je zuvor.“

Zu den unfreiwillig früh Verschiedenen gehört auch Sidney Lanier, der musikalische Dichter aus Georgia. Geboren wurde er am 3. Februar 1842 in Macon. Nach seinem Studium an der Oglethorpe University diente er als Freiwilliger im amerikanischen Bürgerkrieg und geriet in Gefangenschaft. Ausgerechnet im Militärgefängnis zu Point Lookout von Maryland infizierte er sich mit Tuberkulose. Fortan kämpfte er für den Rest seines kurzen Daseins gegen Krankheit und Not.
1875 erschienen seine Gedichte „Corn" und „The Symphony" und bald darauf die Kantate „The Centennial Meditation of Columbia", die zur Eröffnung der Philadelphia-Ausstellung, vom großen Chor gesungen, mit Beifall aufgenommen wurde. Mühsam schlug Lanier sich durch als Flötist und Musiklehrer. 1880 erschien sein Bestseller „The Boy's King Arthur", und Lanier hielt Vorlesungen über den Zusammenhang von Dichtung und Musik. „Nicht selten zeigt seine Lyrik die überspannte Euphorie des Phthisikers" (71). Lanier starb 1881 als Dozent der John Hopkins University an der Schwindsucht.

Flucht nach Badenweiler

Ihn fällte die Tuberkulose wie einen jungen, eben aufblühenden Baum, den wilden, ungläubigen Sohn eines Predigers: Stephen Crane, geboren am 1. November 1871 in Newark, New Jersey. Er war ein begabter Schreiber und verdiente sich sein erstes karges Brot in New York als rasender Reporter für die News-Agentur seines Bruders Townley Crane in Ashbury Park und für die „New York Tribune". Die zerhackte Presseschreibe lag ihm auf die Dauer nicht. Schon mit zwanzig Jahren begann er nebenbei mit der Arbeit an „Maggie: A Girl of the Streets", seinem ersten, von Zola beeinflußten „naturalistischen" Roman, der sich mit der Wirkung von Milieu und Vererbung und dem Untergang eines Menschen in den Slums der Großstadt befaßt. Aber das wollte niemand lesen, und so pumpte Stephen seinen Bruder um 700 Dollar an und brachte einen Privatdruck von „Maggie" heraus. Es wurde kein Erfolg, aber der Jungautor gewann Freunde und Gönner. Der Durchbruch kam 1895 mit „The Red Badge of Courage" („Das Blutmal", 1954), dann folgten „Die Flagge des Mutes", 1955, „Das rote Siegel", 1962 (verfilmt von John Huston 1951). Crane war fasziniert von allem Kämpferischen und gestaltete hier die Einweihung des jungen Henry Fleming in die Schrecken des Krieges und die Wirklichkeit des Todes.
Bald darauf erschien die Gedichtsammlung „The Black Riders" und 1897 die berühmt gewordene Kurzgeschichte, „The Open Boat", in der drei Schiffbrüchige vor Florida nicht begreifen wollen, warum kein Rettungsboot ihnen Hilfe

bringt. Als Kriegsreporter berichtete Crane von den Kämpfen zwischen Türken und Griechen und vom Kriegsschauplatz auf Cuba. Zu seinen „Western Short Stories" gehört der bewegende Kampf in der Spielergruppe vom „Blauen Hotel". „Crane ist fasziniert von der Idee", schrieb der Amerikanist Rudolf Haas (71), „die absolute Erfahrung zu suchen und vom Erlebnis her zu schreiben. Wir finden ihn – ähnlich wie Hemingway – unablässig auf der Jagd nach der Wirklichkeit . . . Crane darf als Erzähler gelten, der die informativ-sensationelle Gebrauchsprosa des Journalismus auf eine neue Ebene poetischen Erzählens gehoben hat. Ohne ihn . . . ist Hemingway nicht zu denken."
1897 zog Crane nach Surrey in England und wurde gut Freund mit Joseph Conrad und Henry James. Immer wieder aber brach die Tuberkulose hervor. Hektisches Lebenstempo und die unkontrollierte Intensität seines Engagements beschleunigten Cranes Krankheitsverlauf. Er floh nach Badenweiler und starb dort – einsam, in einem Privatzimmer am 5. Juni 1900, mit 29 Jahren.

Diskrepanzen

Natürlich verfolgten Kliniker und Fachärzte in Amerika mit Anteilnahme die stürmischen Bewegungen in der europäischen Medizin, aber in den Jahren nach 1890 hatten die Vereinigten Staaten auf diesen Gebieten wenig Lösungsansätze in Sachen Infektionskrankheiten zu bieten. Der medizinische Fortschritt beruhte hauptsächlich noch auf europäischen Forschungen.
Berlin um die Jahrhundertwende: Ein brodelndes Zentrum hektischer Aktivitäten in Sachen Epidemien und Bakterien. Ein wohlmeinender Stern muß über den Häuptern der Großen geleuchtet haben, es ging Schlag auf Schlag. Die Erreger von Wundstarrkrampf, Diphtherie, Cholera, Typhus wurden dingfest gemacht. Deutsche Forscher reisten um die Welt auf der Suche nach weiteren geheimen Mikroben. Sie sammelten Nobelpreise wie Emil von Behring für sein lebenrettendes Diphtherie-Serum und Wilhelm Röntgen für die Entdeckung seiner X-Strahlen, mit deren Hilfe Ärzte endlich die verdächtigen Schatten auf den Lungen ihrer Phthisiker beobachten konnten. Von Bergmann führte die Asepsis in der Chirurgie ein und Carl Ludwig Schleich die örtliche Betäubung. 1900 trat das Deutsche Reichsseuchengesetz in Kraft und bot den Behörden die Handhabe zur Eindämmung von Epidemien. Mit dem weltbekannten Aspirin kam das erste synthetische Heilmittel auf den Markt.

So weit man sehen konnte: nichts als Fortschritte in den Jahren vor dem Ersten Weltkrieg. Aber die sozialen Verhältnisse hielten nicht mit: Die Diskrepanz zwischen wissenschaftlichen Theorien und der Praxis des Alltags wurde krasser, schmerzhafter. Streiks waren an der Tagesordnung, die Gewerkschaften gewannen an Einfluß, aber die tägliche Arbeitszeit in den Fabriken und bei den Heimarbeitern betrug noch immer 11 Stunden und mehr; man ließ den Menschen keine Zeit, in Ruhe eine Krankheit, eine Infektion, auszukurieren. Infolge der Wirtschaftskrise bildeten sich lange Schlangen der Arbeits- und Obdachlosen vor Armenküchen und Asylen. – Verhältnisse, nicht anders, als Bill sie 1993 in New York wieder erlebte.
1890 notierte ein Armeleutearzt in seiner Praxis in der Eichendorffstraße über das „Medusenantlitz der sozialen Frage" (72): „An der Seite marschierte die tödliche Seuche, die damals noch die Säuglinge der Großstadt mehr als zehntete: die Kindercholera, die Sommerdiarrhoe. An zweiter Stelle kam der Zahl nach die Tuberkulose, namentlich in ihrer Gestalt als Lungenschwindsucht. Hier handelte es sich in der Regel um Menschen mit unbelasteter Aszendenz, um ursprünglich gesunde und starke Männer und Frauen, die den Einwirkungen des Fabrikstaubes, der licht- und luftlosen Wohnung und der unzureichenden Ernährung verfallen waren, oder die sich im Zusammenleben mit anderen Kranken infiziert hatten. Man mußte sie sterben und die Familien zugrunde gehen lassen; gelang es einmal, einen in eine der wenigen damals vorhandenen Anstalten zur Aufnahme zu bringen, so war das fast immer nur eine Atempause; er mußte zurück in seine Beschäftigung, und das gefräßige Tier in seiner Lunge wurde seiner Herr. ‚Der Menschheit ganzer Jammer' faßt mich noch heute an, wenn ich an all das Elend zurückdenke, das wie ein gespenstischer Film an mir vorübergleitet."
Niemand sah, zeichnete, fotografierte das menschliche Elend wie Heinrich Zille (1858—1929). Seine Liebe gehörte den Kindern des Proletariats und ihren Müttern. Das Dasein in stickiger Luft, das Überleben in unhygienischer Umgebung und der ständige Halbhunger ließen die Geschöpfe der Millionenstadt frühzeitig altern und gaben ihren Blicken die Skepsis, die Bitternis, die Enttäuschung und Ablehnung, wie man sie sonst nur bei Erwachsenen sieht, die den Kampf des Lebens bereits hinter sich haben. Vater Zille zeichnete den Nachwuchs des Proletariats in Kinderwagen, an Müllkästen, in der Küche, zwischen dem Asphalt und dem Pflaster der Höfe; auf dem Totenschragen und in den kleinen Särgen, in den Totenkissen und auf den Krankenlager ihres Lebens. Millionen freuten sich an den Zillebildern, über die Szene in der Wohnküche:

„Mutta, wat kochste? – Wäsche, du Dummlack. – Schmeckt det jut?“ Und die Familie mit Karren beim Umzug im Regen: „Wir bleiben immer bloß so lange wohnen, bis was Neues, Nasses frei ist.“ Das waren Trockenwohner, die für billige Miete in neugebaute, feuchte Mietskasernenwohnungen zogen und sie in mehreren Monaten trocken wohnten – mit drastischen Folgen für Bronchien etc. Zur Kindersterblichkeit die Frau mit blindem Mann vor dem Sargladen: „Ach Jotte, Vata, wenn de bloß det noch kieken kenntst, det wäre son Särjekin for mein Willy!?“

In ihrer Autobiographie „Kampf ums Dasein“, Düsseldorf 1987, erzählt eine anonyme Fabrikarbeiterin aus den Tagen um die Jahrhundertwende: „Infolge vieler Ohnmachtsanfälle und weil ich im höchsten Grade skrofulös und blutarm war, kam ich erst zur Schule, als ich siebeneinhalb Jahre war. In der Handarbeitsstunde war ich eine der Besten, nur wollten meine Strümpfe kein Ende nehmen, da ich wegen meiner schwachen Hände so langsam vorankam . . . so bekam ich eine offene Drüse am Hals, die ich dadurch heilte, daß ich der Anordnung meiner Mutter gemäß mir Grütze kochte und diese daran hielt. Es

Heinrich Zille: Aus dem Scheunenviertel, der „Aftermieter“

kamen dann noch mehr Drüsen zum Vorschein, da ich von Kindheit an sehr skrofulös war, die ich in derselben Weise heilte. Natürlich blieb ich dadurch in der Schule weit zurück, da ich oft wochenlang, ja manchmal monatelang fehlte. Gewöhnlich bestand unsere Mahlzeit aus Pellkartoffeln und für zwanzig Pfennige Abfallwurst oder ein oder zwei Heringen, woran wir alle satt werden mußten."

Die Hustenburg

Fachleute und Behörden begannen, in der Tuberkulose auch eine soziale Krankheit zu sehen, ein Leiden, das die Gesellschaft, den Staat, ja die Politik, etwas anging. Die Landesversicherungsanstalten wurden Trägerinnen der Lungenheilstättenbewegung. Teils übernahmen sie die Kurkosten, teils errichteten sie eigene Sanatorien. Um den Gedanken weiter zu popularisieren, hielt der Berliner Kliniker Ernst von Leyden zwischen 1895 und 1904 Vorträge über die Notwendigkeit, Lungenheilanstalten zu finanzieren. Er ließ dabei nicht unerwähnt, daß England früher als alle anderen Nationen den Kampf gegen die Schwindsucht aufgenommen habe, denn dort sei schon 1814 das Royal Hospital for Diseases of the Chest mit 80 Betten als Spezialkrankenhaus für Lungenkranke eröffnet worden. Die erste Walderholungsstätte als Tagessanatorium entstand 1900 nach Ideen von Wolf Becher in der Jungfernheide bei Berlin.
Nachdem Dettweiler das Vorbild in Falkenstein geschaffen hatte, entstanden Volksheilstätten in St. Andreasberg, Bad Honnef, Bad Lippspringe, Bad Rehburg, Clausthal, Dannenfels, Geesthacht, Gommern, Goslar, Grabowsee, Lüdenscheid, Rathenow, Reiboldsgrün, Ruppertshain. Deutschland verfügte 1914 über 158 Lungenheilanstalten mit 15 877 Betten (64). Zwischen 1899 und 1918 wurde nicht nur Deutschland überzogen von einem recht dichten Netz von Volksheilstätten und Tuberkulosekrankenhäusern: Großbritannien baute Heilstätten in Downham, Cromer, Cotswold, Bournemouth, Mendip Hills, Stanhope, Crooksbury, Naylands, Nordrach, Frimley, Kingswood, Birch Hill; Schweden in Mörsil, Halahull, Hessleby Stockholm, Uppsala, Norköpping, Söderby; Dänemark in Vejlefjord, Roskilde, Juelsminde, Silkeborg, Haslev, Skorping; Frankreich in Livry, Vernet-les-Bains, Nizza, La Motte-Beuvron, Hauteville, Bligny, Angincourt, Lay-Saint-Christophe; die Schweiz in Davos-Platz, Davos-Dorf, Davos-Wolfgang, Leysin, Thun, Davos-Schatzalp, Clairmont-sur-Sierre.

Wie sah es aus in einer Anstalt, die nicht reserviert war für die Besserzahlenden aus dem Bürgertum? 1903 schrieb der Industriearbeiter Moritz William Theodor Bromme, 33 Jahre alt und durch Tuberkulose frühinvalid, in einer Lungenheilanstalt in der Nähe Weimars, genannt die „Hustenburg“, seine Autobiographie. Für ihn standen nicht Schöngeist und Erotik im Vordergrund, wie im „Zauberberg“, sondern gutes Essen und viel Schlaf. Denn der Proletarier muß versuchen, die einzige Ware, die er auf dem Markt anzubieten hatte, seine Arbeitskraft, wiederherzustellen. „Wir wurden von der Oberschwester Lisbeth empfangen und zunächst in das Patientenverzeichnis eingetragen. Dann erhielt jeder die blaue Taschenspuckflasche, in der sämtlicher Auswurf aufgefangen und dann direkt in die Klosetts entleert wird. Überall, auch bei den Spaziergängen im Freien, ist diese Flasche zu benutzen, geht eine entzwei, so gibt es die Ersatzflasche gratis. Wird ein Patient dabei angetroffen, daß er die Flasche nicht benutzt, so wird er unbarmherzig entlassen, weil das der gröbste Verstoß gegen die Hausordnung ist. Außer der Spuckflasche bekommt jeder Neuangekommene einen 10-Minuten-Thermometer zur Messung der Körperwärme. Das Messen der Körperwärme muß täglich dreimal geschehen: früh, vor dem Mittagstisch und vor dem Abendbrot. Zur Aufzeichnung bekommt man einen in Fächer und Zehntelgrade eingeteilten Zettel. Die Kurvorschriften sind alle gleichlautend: ‚Kalte Abreibungen früh und Abends; Dusche: täglich; Brausebad: Sonnabends. Atemübungen nach Vorschrift. Vom 1. bis 2. Frühstück: Spaziergang. Vom 2. Frühstück bis $^3/_4$ 1 Uhr Liegekur.‘ Nach dem Mittagstisch bis zum Vesper resp. $^3/_4$ 4 Uhr findet die große Liegekur statt, bei der absolute Ruhe herrschen muß. Jede Unterhaltung, sowie Lesen und Spielen ist verboten. Jeder Patient soll versuchen, zu schlafen, um den Verdauungsprozeß zu fördern, oder zum mindesten still zu liegen. Das ist diejenige Kur, welche die meiste Gewichtszunahme hervorruft. Jeder Pflegling wird allwöchentlich einmal gewogen und alle drei Wochen gründlich untersucht. Es sind Gewichtszunahmen von $^1/_4$ bis 5 Kilo in der Woche zu verzeichnen. Nach dem Abendbrot findet bis 9 Uhr wiederum Liegekur statt, zu welcher Unterhaltung oder Lektüre gestattet ist. Der Assistenzarzt konstatierte bei mir eine Infizierung beider Lungenspitzen, die sicher wieder ausheilen würden. Er versprach mir vollständige Genesung. Ich bat ihn, wegen der Erhöhung des Krankengeldes an meine Familie noch einmal mit der Versicherungsanstalt zu korrespondieren. Denn ich sorgte mich unablässig. Mußte ich mir doch sagen, daß meine Frau sich selbst und fünf Kinder jetzt mit 5,25 Mark (pro Woche) ernähren sollte, während ich täglich hinter vollen Schüsseln saß. Und ich bekam auch nicht früher Ruhe, als

bis ich die Nachricht von der Bewilligung erhielt, was allerdings ziemlich 3 Wochen dauerte. Und auch schließlich nur dadurch, daß ich sowohl an die Versicherung wie auch an die Krankenkasse in Gera schrieb, daß ich sofort die Kur unterbrechen müsse, wenn meine Familie nicht unverzüglich in den Besitz von Existenzmitteln gelange." (73)
Eine bewegende Schilderung von einem straff organisierten Alltag. Die Ärzte konnten auf Heilung ihrer Patienten nur hoffen: Medikamente standen ihnen ja noch nicht zur Verfügung.

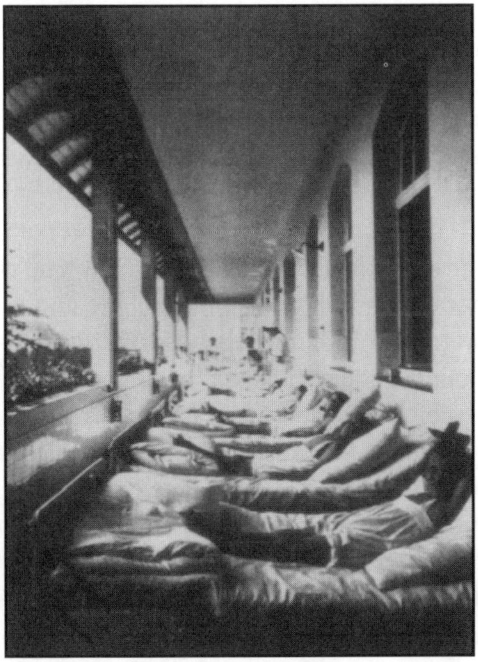

Liegehalle in den Städtischen Krankenanstalten
Düsseldorf 1926

Cognac in der Milch

Krankenjournale wurden eingeführt. Jeder Patient bekam seine Akte, mit Angaben über den Verlauf der Krankheit, über Gewichtszunahme, Puls, Beschaffenheit des Sputums, Auszählung der Bakterien. Lage und Ausdehnung der Tb-Affektionen in der Lunge wurden in Vordrucke eingezeichnet. Unter der Nummer 143 finden wir in den Krankenjournalen des Sanatoriums von Gör-

bersdorf den traurigen Fall der Hanna Pickert. Sie war die Gattin des Chefarztes der Lungenheilanstalt und wurde im Alter von 24 Jahren am 10. 8. 1904 eingeliefert. Die Anamnese besagt, die Patientin habe mit 20 geheiratet, sei aber nie gravide gewesen. Von Oktober 1899 bis Februar 1900 sei sie im Sanatorium Falkenstein gewesen und habe sich danach besser gefühlt. „Seit Januar 1904 nach gemütlicher Aufregung und Erkältung wesentliche Verschlechterung, seit Februar eine Influenza.“ Der Krankheitsverlauf meldet ständige Temperatursteigerungen und schließt lapidar: „Da die Patientin eine deutliche Besserung nicht sieht, kehrt sie auf eigenen Wunsch in ihren Wohnort Beelitz zurück“ – Kurresultat: ungebessert. In der Heimat ist Frau Pickert drei Monate später gestorben (siehe folgende Seite).
Ein Fall, wie er sich mit ermüdender Regelmäßigkeit wiederholte. Damit die Kurgäste nicht deprimiert wurden durch Beerdigungen, schickte man, wo es ging, die unheilbaren (Moribunden) vorher nach Hause. Wie die Patienten sich dem Arzt zeigten, beschrieb der Wiener Kliniker Dr. A. Wettendorfer eindringlich (74): „Fast alle Lungenschwindsüchtigen verkennen ihren Zustand und den Fortgang der Krankheit. Husten ist das erste und constante Symptom. Der Auswurf ist in der ersten Zeit glasig und zäh, hie und da grauröthlich, auch blutgestreift. Blut, welches aus den Lungen kommt, ist hellroth und schaumig, es wird in Hustenstößen entleert und oft in solcher Quantität, daß während einer halben Stunde der Blutverlust 1 Liter betragen kann. Das dritte Fingerglied schwillt trommelschlägelförmig an und die Nägel krümmen sich in der Längsrichtung und nehmen eine klauenförmige Gestalt an. Das Haar wird trokken, ergraut frühzeitig und fällt aus. Je weiter die Krankheit voranschreitet, desto augenfälliger wird der Gewichtsverlust. Besonders rapid ist die Abmagerung, wenn Diarhhöen auftreten. Das Fieber ist ein constantes Symptom der Lungenschwindsucht. Die Morgentemperatur ist wenig unter 39 Grad Celsius und die Abendtemperatur überschreitet oft 40 Grad. Der Verlauf der Lungenschwindsucht ist so verschieden, dass kaum ein Fall dem anderen gleicht. Zuweilen läuft sie als sogenannte ‚galoppierende‘ Schwindsucht, unter fortgesetzten täglichen Fieberbewegungen, namentlich bei jungen, zartgebauten Personen von lebhaftem Wachsthum, in wenigen Wochen tödtlich ab; meist jedoch ist sie chronisch und erstreckt sich auf viele Monate und Jahre, indem sie periodisch Verschlimmerungen zeigt und dazwischen wieder ruhige, zur Erholung und Besserung der Patienten führende Zeiträume aufweist.“ Auch dies macht die Tuberkulose so heimtückisch und unberechenbar.

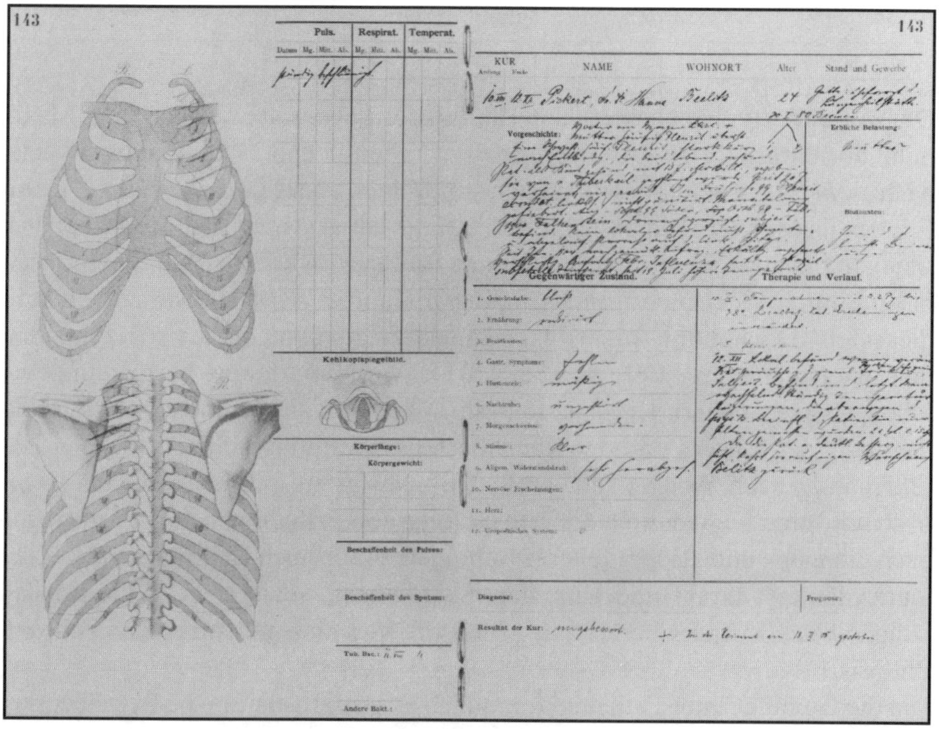

Aus dem Journal Görbersdorf des Jahres 1904, soweit lesbar:

„Fr. Dr. Hanna Pickert, Beelitz, geb. 30. 1. 1880 in Bremen, 24 Jahre alt, Gattin des Chefarztes der Lungenheilstätte. Kur in Görbersdorf: 10. 8.—12. 12. 1904

Vorgeschichte: Vater an Magen . . . gestorben, Mutter häufig Pleurit. überstanden. Eine Schwester häufig Pleurit. starb kurz (?) nach Entbindung, die beid. lebend gesund. Pat. als Kind gesund, mit 13 J. Morbill., wobei sie von e. Tuberkel (von einer Tuberkulösen?) gepflegt wurde. Mit 20 J. verheiratet, nie gravid. Im Frühjahr 99 Pleurit. exsudat. linkss. nicht . . . Monatelang gefiebert. Aug.—Sept. 99 . . . Okt. 99—Febr. 1900 Falkenstein. Danach vorzügl. subjekt. Befind., kein lokaler Befund . . . Schwarten und abgelauf. Prozeß auf d. link. Spitze. Seit Jan. 1904 nach gemütl. Aufreg., Erkältung und . . . Verschlechterung. Anfang Febr. Influenza, seitdem zuweil. subfebrile Temperat. seit 19. Juli höhere Temperatur.

Puls ständig beschleunigt. Gesichtsfarbe blaß. Ernährung reducirt. Morgenschweiß vorhanden Allg. Widerstandskraft sehr herabgesetzt.

Therapie und Verlauf. 10. 9. Temperaturen nach 0,2 Py bis 38 Gr. Localbef. Kat. Erscheinungen unverändert. 12. 12. Lokal.Befund wenig verändert. Kat.geräusche z. Z. ziemlich trocken. Subj. Befinden im letzten Monat wechselnd.
Ständig Temperatursteigerungen. Da die Pat. deutl. Besserung nicht sieht, kehrt sie auf eig. Wunsch nach Belitz zurück.
Resultat der Kur: ungebessert.
In der Heimat am 18. 3. 1905 gestorben.“

Eine Tragödie, die zu Herzen geht. Drei Monate blieben der jungen Frau noch zu Hause, und selbst der Chefarzt-Gatte mußte hilflos zusehen. Ein Beispiel auch für die unzähligen jungen Frauen, die der Tb erlagen, ohne Nachwuchs bekommen zu haben. Wenn ich den Text richtig verstehe, hat Falkenstein ihr gutgetan.

Dr. Wettendorfer beobachtete den Einfluß des Lebensalters und sah das Maximum der Phthisis in den Altersgruppen zwischen 15 und 25, er meinte, sie fiele nach dem 35. Lebensjahr allmählich ab. Seiner Ansicht nach wurden mehr Frauen als Männer heimgesucht; den Grund sah er darin, „daß sie meist eine sitzende Lebensweise führen, häufiger an Blutarmuth leiden, öfter Blutverluste haben, durch Wochenbett und Säuglingsgeschäft geschwächt werden". Überdies seien Mädchen von früher Jugend an daran gewöhnt, das atembeklemmende Korsett zu tragen. Interessant ist, daß Dr. Wettendorfer die Verbindung zwischen Tb und anderen Krankheiten sah. Allgemein anerkannt sei der Zusammenhang der Masern und des Keuchhustens mit Phthisis. Sie entwickele sich sehr häufig nach Wochenbett, großen Blutverlusten, in der Rekonvaleszenz nach schweren Krankheiten oder im Gefolge von Erkrankungen der Luftwege, nach Lungen- und Rippenfellentzündungen. Aber auch deprimierende „Gemüthsaffekte", Gram und Kummer, Kränkungen, setzten die Widerstandsfähigkeit des Körpers herab und gäben oft Veranlassung zum Ausbruch der Phthisis.

Um die Gemüter ihrer Patienten freundlich anzuregen, hatten die Betreiber der Sanatorien sich eine recht abenteuerliche und gewiß auch nicht ganz billige Diät ausgedacht. Dabei kam auch die Produktwerbung zu ihrem Recht: besonders empfohlen wurde „Kemmerichs condensierte Fleischbouillon" und „Kemmerichs leicht verdauliches Fleischpepton" in der Rekonvaleszenz. Hier die Speisekarte „für Personen, die consistente Kost nur in geringer Menge verdauen":

Morgens 7 Uhr:	250 ccm Milch mit 5 ccm Cognac, dazu eine geröstete Semmel von 60 g
Morgens 8 Uhr:	1 Tasse Cacao mit Milch gekocht, 180 ccm
Morgens 10 Uhr:	1 Glas Milch mit Cognac
Mittags:	1 Tasse Fleischbrühe mit Eigelb, 150 g Milchreis und 1 Glas Rothwein
Nachmittags 4 Uhr:	150 ccm süßer Milchkaffee mit 60 g gerösteter Semmel
Nachmittags 6 Uhr:	1 Glas Milch mit Cognac
Abends 8 Uhr:	300 ccm Milchsuppe mit 60 g gerösteter Semmel
Nachts:	200 ccm Milch im Glas

Wurde Milch nicht vertragen, tat es Eselsmilch, und statt Cognac auch Arrak mit Zwieback. Es muß heiter zugegangen sein auf den Zimmern und im großen

Speisesaal. Das Endziel hieß: Überernährung. Zur Abhärtung sollten die Patienten den elastischen Brustwölber „Largiader“ fleißig benützen, reiten, schaukeln, Schlittschuh laufen, tanzen, schwimmen, rudern, zur Kräftigung der Lungen ließ man sie laut vorlesen, deklamieren und stehend singen. Getragen wurde auf dem Körper die Überhitzung vermeidende sogenannte Filetwäsche, weitmaschige Netz-Unterkleider aus Baumwolle oder Seide.
Eugen Albrecht, ein hoffnungsvoller Wissenschaftler, erlag 1908 in Frankfurt mit 36 Jahren der Tuberkulose. Der Stimmung eines Sanatoriumsinsassen gab er bewegt Ausdruck (35):

Da lieg ich nun in enger Krankenzelle
und denke still: wird dies das Ende sein?
Wo bliebest du, mein stolzer Lebenswille?
Umsonst hoff ich von dir ein kräftig: Nein!
Fern Leben, Freunde, Glück, fern alles, alles.
Fern selbst die Sehnsucht meiner alten Welt –
Noch fecht' ich mit dem Feind, der in mir brütet –
Doch harr' ich ruhig, ob mich das Schicksal fällt?
Kein Drängen mehr, kein ringend heißes Streiten:
Des Lebens volle Schale, sie war mein –
In Lust und Leid! – Noch winkt manch schöner Tag:
Doch darum hoffen, ängsten, jammern? – Nein!

Das Sanatorium war nicht der Weisheit letzter Schluß, wie Thomas Gorsboth und Bernd Wagner 1988 nachwiesen. 1904 plädierte Emil von Behring dafür, „die hustenden Phthisiker von den noch gesund erscheinenden Menschen abzusondern und nicht in Heilstätten, sondern in Heimstätten unterzubringen in ähnlicher Weise, wie man früher die Aussätzigen in Quarantäne hielt“. 1907 kritisierte Alfred Grotjahn, der spätere Leiter der Abteilung für Soziale Hygiene am Berliner Hygienischen Institut, daß der Anspruch der Heilstätten, effektive Maßnahmen gegen die Tuberkulose anbieten zu können, sich zu keinem Zeitpunkt erfüllt habe. Nicht die prognostizierten 30 Prozent der Heilstättenpatienten seien aus den Anstalten als geheilt entlassen worden, sondern nur 3,4 Prozent; überdies seien fünf Jahre nach der Kur nur 31 Prozent der Patienten „nicht invalidisiert“ gewesen. Nicht zuletzt wegen ihrer Konzentration auf eine heilbare Minderheit unter den Lungenkranken hatte Robert Koch in seiner Nobelpreisrede 1905 den Heilstätten jeden prophylaktischen Wert abgesprochen.

Effektiver seien staatliche Maßnahmen, die auf eine Verbesserung der Lebensbedingungen der unteren Bevölkerungsschichten abzielen sollten, aber auch die Asylierung von Tuberkulösen in fortgeschrittenen Stadien. Grotjahn sah den Idealtypus der Heimstätte an jenem Ort, wo „der noch rüstige Lungenkranke unter verhältnismäßig günstigen Bedingungen jahrzehntelang rationell lebt und seinen Bruchteil von Arbeitskraft unter ärztlichen Kautelen verwertet."

Volkskrankheit – Krankheit des Volkes?

Wer uns bis hierher gefolgt ist, könnte die naheliegende Vermutung hegen, im Jahre 25 nach Koch (gerechnet nach dem historischen Datum von 1882) sei der Sieg über die Tuberkulose endlich in greifbare Nähe gerückt. Er irrt. Viele Deutsche träumten eher von einem Sieg über die Franzosen. Bis dahin „ging es rund" im Deutschen Reich. Der Kaiser wollte seine schimmernde Wehr, also schufteten die Arbeitermassen an den Hochöfen, auf Werften, in den Zechen. Junge unternehmerische Leute gingen in die deutschen Kolonien und machten Bekanntschaft mit Schlafkrankheit und Tsetse-Fliegen und Schwarzwasserfieber. Die Tropenmediziner hatten damit viel zu tun, und die Behring-Werke mit der Produktion neuer Heilseren. Das Kaiserreich und seine industrielle Produktion, „Made in Germany", entwickelten sich bis 1914 zur beachteten und gefürchteten kontinentalen Großmacht mit dem Anspruch auf den „Platz an der Sonne". Aber im sozialen Bereich sah es düster aus: In Scharen verließen die Menschen den Acker und sammelten sich als Industrieproletariat in den wachsenden Städten. Allein 120 000 Berliner wohnten im Keller. In den Obdachlosenasylen wurde es eng. Eine halbe Million Heimarbeiter wurden registriert. Urlaub, Erholung waren Fremdworte für die arbeitende Klasse.
Und mit der Hygiene war es mehr schlecht als recht bestellt, zum Beispiel in den Arbeitsräumen eines großen Konfektionshauses (75): „Es ist an jedem Tisch mindestens ein Lungenkranker. Diese Ärmsten spucken nun, teils aus Unkenntnis der Gefahr, die das für die Übrigen hat, teils weil sie sich nicht anders helfen können, fortwährend auf den Boden. Oft geschieht es, daß ein Mädchen mit einem dieser Kranken zusammen an einem Kleidungsstück nähen muß. Das bedingt allernächste, körperliche Nähe, so daß immer und immer wieder der kranke Atem sie anweht. Wenn der Lungenkranke einen Hustenanfall

bekommt und das Mädchen ein wenig sich abwenden möchte, in der Furcht, von einem Sputumtröpfchen getroffen zu werden, fährt Madame mit einem ‚ah, qu'elle est paresseuse, celle-là!' zornig drein. Im Winter ist, da die Fenster nicht geöffnet werden können und es keine Ventilationen gibt, die Luft nach zwei Stunden schon so schlecht, daß der Chef, welcher gewöhnlich um 10 Uhr die Runde durch die Ateliers macht, sich unbedingt ein Riechfläschchen vor die Nase halten muß, damit ihm nicht übel werde."

In seiner Schrift „Das Proletariat" von 1906 beschreibt Werner Sombart Wohnverhältnisse, die er in Breslau vorfand: „Eine lungenkranke Zigarrenarbeiterin liegt in einer Dachwohnung inmitten von Bodenkammern. Der sogenannte Wohnraum hat nur eine Höhe von 1,85 m. Es herrscht eine heiße und stickige Luft darin. Die Miete beträgt 11,50 Mark pro Monat, dabei sind die Bewohner des Hauses ihres Lebens darin kaum sicher vor den in großer Zahl vorhandenen Ratten. Über eine sehr schmale, stockfinstere Treppe gelangt man in die Wohnung der lungenkranken Arbeiterin. Das Krankenzimmer ist nur 1,85 m hoch und sehr dunkel. Eine Schwester starb schon an der Schwindsucht. Durch ein finsteres Entree, in dem alte Lumpen aufgestapelt liegen, gelangt man in die vollständig verwahrloste Wohnung der Lungenkranken. Eine leere Bettstelle ohne Bett dient den Eheleuten zur gemeinsamen Ruhestätte. Beide sind lungenkrank ... Die lungenkranke Witwe bewohnt mit ihren 4 Kindern eine sehr ärmliche Wohnung. Es ist nur 1 Bett vorhanden. Die Miete beträgt 10 Mark."

„Die Bevölkerung unserer Kulturländer, dank vor allem der Unstetigkeit des Proletariats, ist in einer fortwährenden Bewegung begriffen. Ganze Provinzen wandern in andere Teile des Reiches, der Arbeitsgelegenheit nach. Ein wahres Völkergemisch bedeckt die noch unbesiedelten oder dünnbevölkerten Länder, wie Nordamerika, in dem im letzten Jahre mehr als eine Million Einwanderer gelandet sind, zum größten Teil Russen, Österreicher und Italiener." Wo Menschenmassen wandern, wandern die Seuchen mit. An dieser Tatsache hat sich bis heute nichts geändert.

Und die Medizin kämpfte – wie zuvor – gegen die Volkskrankheiten. Im Deutschen Reich starben um 1900 je eine Million Einwohner: 2 an Flecktyphus, 79 an Kindbettfieber, 203 an Unterleibstyphus, 211 an Scharlach, 3039 an Tuberkulose (!) (76). Tb war die am weitesten verbreitete Volkskrankheit Europas geworden. Aus der Not heraus wurde 1902 in Berlin die „Internationale Vereinigung zur Bekämpfung der Tuberkulose" gegründet. Auf dem Internationalen Tuberkulosekongreß 1905 in Paris wurde festgestellt: „In den Industriestaaten ist Tuberkulose die Ursache bei 15 Prozent aller Todesfälle; seit 1890 ist die

Zahl der Erkrankungen zurückgegangen; bei der Kindertuberkulose hat sich die Situation kaum gebessert; zu enge Wohnungen und schlechte Ernährung schließen unter den Arbeitern in den Großstädten eine Genesung nahezu aus und begünstigen neue Ansteckungen."
1906 erschrak die amerikanische Öffentlichkeit über die grausigen Enthüllungen eines schon bekannten Schriftstellers. Upton Sinclair löste eine Sensation aus mit seinem Tatsachenroman „Der Dschungel". Darin deckte er die skandalösen Zustände in der fleischverarbeitenden Industrie auf, wo Arbeiter, die in Mischbottiche fielen, zu Fleisch weiterverarbeitet wurden. Präsident Theodore Roosevelt ließ sofort Untersuchungen anstellen, die Sinclairs Darstellungen bestätigten: „... das faulende Fleisch ist voller Krankheitserreger für Menschen und Tiere. Unter den Bediensteten der Packhäuser herrscht in hohem Grade Lungenschwindsucht, die Kranken spucken ihren Auswurf auf die Böden, auf denen das Fleisch zur Verarbeitung liegt." Sinclairs Buch führte zu strengeren Lebensmittelgesetzen, bewirkte aber wenig für die ausgebeuteten Arbeiter.
Es erhob sich kaum Widerspruch, wenn jemand behauptete, die Deutschen führten in der Medizin. Begeistert feierten die Japaner 1908 den Besuch Robert Kochs in Kobe. Doch was half es: jeder dritte Todesfall von Kranken im Alter zwischen 15 und 60 Jahren ließ sich auf die Tuberkulose zurückführen. Wer könnte gleichgültig bleiben angesichts solcher Verluste an kostbarem Menschenleben! Deutsche Krankenhäuser nahmen im Verlauf der Jahre an Tuberkulosepatienten auf (77):

1877/79	50 511
1895/97	112 462
1902/04	285 918
1905/07	365 901

Diese Scharen schmerzhaft leidender Schwindsüchtiger übten einen ungeheuren Druck aus auf Forschung und Wissenschaft. Es mußte nun sehr bald ein wirksames Heilmittel gefunden werden. In den Labors der westlichen Welt brach Hektik aus. Deutschland schaute bewundernd zu Paul Ehrlich (1854—1915) auf, dem Begründer der Chemotherapie. Auch er ein Patient der Tb, die er sich mit 30 im Labor geholt, auf Reisen in Ägypten aber gut ausgeheilt hatte. Ehrlich arbeitete seit 1891 mit Anilinfarben als Mittel gegen Syphilis. 1905 hatte Fritz Schaudinn den Syphilis-Erreger entdeckt. Ehrlich prüfte hunderte

seiner Verbindungen und fand endlich in der Testnummer 606 die gesuchte Verbindung und nannte sie Salvarsan. Ihr Ersteinsatz 1911 ist zugleich die Geburtsstunde der Chemotherapie, wie Ehrlich selbst dies Fachgebiet taufte. Wenn auch die Schwindsüchtigen weiter hoffen mußten, hier war doch zum ersten Mal in der langen Medizingeschichte etwas gefunden worden, welches eingedrungene Bakterien bekämpfen, töten konnte. Hier begann, was man bald „das Weltreich der Chemie“ nennen würde.
Wir befänden uns aber nicht im Zeitalter des beginnenden Großkapitalismus, wenn die Wirtschaft in den Scharen der Kranken nicht auch zahlungskräftige Kundschaft sähe. Immerhin starben kurz vor Ausbruch des Ersten Weltkriegs in deutschen Städten mit über 15 000 Einwohnern (78) insgesamt 46 026 Menschen an Atemwegserkrankungen und 40 374 Menschen an der Tuberkulose. Die Leute hätten doch vor ihrem Abscheiden gut noch das eine oder andere Mittel kaufen können. Die Anzeigenseiten der Zeitungen und Illustrierten waren geschmückt mit warmen Hinweisen auf die garantierte Heilsamkeit der dort angepriesenen Mittel: *LUNGENLEIDEN HEILBAR! – CHRONISCHE KATARRHE UND SCHWINDSUCHT! – MAN NEHME DR. HOFFMANNS GLANDULEN. AUSFÜHRLICHE BROSCHÜRE MIT KRANKENBERICHTEN ÜBER DIESE HEILMETHODE GRATIS UND FRANCO. SKROFULÖSE KINDER MIT NASENKATARRHEN NEHMEN DAS ÄRZTLICH EMPFOHLENE* ***SIROLIN*** *IN DER ORIGINALPACKUNG VON F. HOFFMANN-LA ROCHE, NUR IN DER APOTHEKE.* – Mit der Angst lassen sich bestens Geschäfte machen. Heute wie vor achtzig Jahren.

Komm, küsse mir den Schädel

Vielleicht hat er in seinen Ahnungen den kommenden Krieg vorweggenommen. Zwischen den für Deutschland entscheidenden Kriegsdaten 1871 und 1914 lebte, litt und starb ein Mann, der den Deutschen das Skurrile, Groteske, Koboldhafte in der Literatur näherbrachte, der Galgenlieder-Dichter und Mystiker Christian Morgenstern.
Er wurde am 6. Mai 1871 geboren als einziger Sohn des Landschaftsmalers Carl Ernst Morgenstern und seiner Frau Charlotte in München. Der übersensible Junge war neun, als die schöne, musikalische Mutter 1881 der Tuberkulose erlag. Das Verhältnis zum Vater blieb distanziert, ein Leben lang. Christian

besuchte das Gymnasium in Breslau, versuchte sich in der Dichtung und begann die intensive Freundschaft mit dem späteren Schauspieler Friedrich Kayßler. Die erste schwere Erkrankung 1893 zwang den jungen Mann zum Abbruch des Studiums. Allzu viele Sanatorien mußte Christian von innen kennenlernen: Bad Reinerz in Schlesien, Davos, Arosa, Birkenwerder bei Berlin, Meran-Obermais, Arco in Südtirol, Gries bei Bozen. Eine geregelte Lebensorganisation war unter diesen qualvollen Umständen kaum möglich. Morgenstern lebte von der Hand in den Mund, schrieb für Bühne und Zeitschriften, übersetzte im Verlagsauftrag die Werke Strindbergs, Ibsens und Björnsons, wirkte als Lektor bei Bruno Cassirer. 1905 erschienen die ersten Galgenlieder auf dem Buchmarkt: „Galgenpoesie ist ein Stück Weltanschauung. Es ist die skrupellose Freiheit des Ausgeschalteten, Entmaterialisierten, die sich in ihr ausspricht. Man sieht vom Galgen die Welt anders an und man sieht andere Dinge als Andre", kommentierte Morgenstern. So entstand auch das Galgenlied mit der traurigen Groteske des längst Gestorbenseins: „Sophie, mein Henkersmädel, / komm, küsse mir den Schädel! / Zwar ist mein Mund / ein schwarzer Schlund – / doch du bist gut und edel!"

Christian Morgenstern in Arosa 1912

„Galgenlieder", „Palmström", „Palma Kunkel", „Der Ginganz" – was wäre die deutsche Sprache ohne die kobolzschießenden Reime. Sie machten Morgenstern unsterblich und drängten andere, ernste Dichtungen in den Hintergrund, wie diese letzten Verse:

Säh ich den Weg, den ich gegangen
durch ungezählte Alter her,
von Wahn und immer Wahn befangen,
mich schauderte gewiß so sehr,
daß mir mit dieser Last im Rücken
kein fürder Fortgehn möchte glücken.
Doch werde ich ihn einst erschauen
mit einem Blick, dazu gereift . . . (bricht ab)

Die Sanatorien, zu deren Besuch die Krankheit ihn verurteilte, haben in seinem Denken eine wichtige Rolle gespielt (79): „In die in einsamer Stille verbrachte Birkenwerder Zeit – er war nun 35 Jahre alt, was man die Mitte des Lebens nennt – fallen innere Wandlungen, das Erwachen schlummernder Erkenntnisse, seelischer Erlebnisse: der Mystiker rang sich in ihm durch." Später lernte er das Lehrgebäude Rudolf Steiners kennen und schätzen.
Birkenwerder brachte keine Genesung. Das Fieber, die Erkältung, der Husten verfolgten ihn ohne Erbarmen. Er wurde Dauergast in Sanatorien und immer fehlte es an Geld, sie zu bezahlen. 1908 überfiel ihn in Bad Dreikirchen machtvoll die Liebe zu Margareta Gosebruch von Liechtenstern, der Morgenstern wunderschöne Briefe und Gedichte schickte, wie „Es ist Nacht, / und mein Herz kommt zu dir, / hälts nicht aus, / hälts nicht aus mehr bei mir . . ."
Am 7. März 1910 heirateten Margarete und Christian gegen den Widerstand der Verwandtschaft in seinem kleinen Zimmer und bezogen dann zwei Räume in der Villa Kirchlechner zu Obermais. Eine letzte Reise konnte das glückliche Paar unternehmen nach Taormina auf Sizilien, danach gab es für Christian nur Liegekuren. Trotz aller Hinfälligkeit wollte der Dichter das bevorstehende Ende nicht wahrhaben, schrieb in einem Brief vom 22. Januar 1914 (35): „Gewiß, ich bin seit zwanzig Jahren leidend, . . . aber so paradox es klingen mag, es sträubt sich alles in mir, von irgend jemandem als krank empfunden zu werden. Denn ein Gefühl wirklichen Krankseins ist bisher meiner noch nicht Herr geworden, trotz allem, und natürliche Depressionen abgerechnet, und wird es hoffentlich auch nie werden. ‚Leiden' kann man an allem, aber um ‚krank' zu

sein, muß einen ein fremdes Etwas besitzen, muß man der Sklave seiner Krankheit geworden sein. Nun, was mich betrifft, so müssen's meine Werke von der ersten bis zur letzten Zeile bezeugen."
Und doch hat der Dichter grausam zu leiden gehabt. Eine Passage aus dem Tagebuch von 1906 zeigt, mit welcher Souveränität der Mann über dem Leiden stand: „Ich sehe ihn vor mir, meinen treuesten Begleiter und Verfolger, den seltsamsten Kauz der Welt. Seine Beschäftigung besteht seit zehn, seit vierzehn Jahren darin, mich mit einer feinen Federpose in der Luftröhre zu reizen, als wünschte er auf Erden nichts, als immer von neuem, Stunde um Stunde, Tag um Tag, Jahr um Jahr meine Stimme zu hören, lediglich die Stimme, unartikuliert, tierisch, ohne Form, ohne Inhalt, wie er dann wohl auch selbst nur ein tierischer Geist sein mag, ein Gespenst ohne Hirn, nichts als die fixe Idee von oben bis unten, und ich sein einziges Ziel, sein einziger Lebenszweck." „Wunderbar", bemerkt Ebstein, „daß trotzdem in Morgensterns Dichtungen nichts Hinfälliges, Krankes zu merken ist, höchstens etwas Fiebriges."
Anfang 1914 kündigte sich das Ende an. Der leitende Arzt des Sanatoriums von Arco in Tirol verweigerte die Aufnahme des Kranken: Sanatorien legten keinen Wert auf Sterbende. Eine Polin, Frau von Ludwidowska, gewährte Morgenstern Aufnahme in ihrer Villa Helioburg in Meran-Untermais. Dort durfte er liegend letzte Arbeiten korrigieren und die Gedichtsammlung „Wir fanden einen Pfad" ordnen. Am 31. März ging es still zu Ende. Margarete war bei ihm. Die Einäscherung fand am 4. April in Basel statt. Die Urne wurde im neuen Goetheaneum zu Dornach aufgestellt.
Ida Cermak (42) betont die Bedeutung von Krankheit für den Dichter: „So wie Novalis ausgesprochen hatte, daß wir unser Schicksal seit Ewigkeiten selbst wählen, meinte Morgenstern, daß Wehren sinnlos sei, da nur das Notwendige geschehe." Dazu die Sätze aus einem Brief Morgensterns vom September 1908: „Mein Lungenleiden will ich letzten Endes gar nicht so sehr los sein; wenn mir heute ein indischer Zauberer davon spräche, ich würde ihn vermutlich abschlägig bescheiden. Im Grunde ist das alles nur Vordergrundszeug, im Grunde rührt das überhaupt nicht an mein Problem . . ., mir kann doch eigentlich nichts geschehen, außer, was aus mir selber kommt."
Dem Wesentlichen in ihm, dem Unzerstörbaren, konnte die Krankheit nichts anhaben. Leidensgenosse Novalis hatte lange zuvor geschrieben: „Das Ideal einer vollkommenen Gesundheit ist bloß wissenschaftlich interessant. Krankheit gehört zur Individualisierung."

Fürs Vaterland – und danach

Nur wenige Monate nach Morgensterns Erlöschen wälzte sich der Tod in Form eines Weltkrieges über die Erde, und in Europa gingen die Lichter aus. Nun bedurfte es nicht mehr der Seuchen, um die Völker zu dezimieren. Es blieb sich ziemlich gleich, ob der Vaterlandsverteidiger der Ruhr erlag, dem Typhus oder einer Handgranate. Zeitzeugen (80) berichten, daß zu viele Ärzte und Pfleger an den Fronten standen und in der Heimat schmerzlich vermißt wurden. Dort nahmen mit dem Fortgang des Krieges die Infektionskrankheiten zu, denn Hunger schwächte die Abwehrkräfte gegen eindringende Mikroben. Vor allem Kinder und Schwangere mit ihrem erhöhten Bedarf an Nährstoffen hatten unter der Not zu leiden. Die Bakteriologen hatten für manche Infekte inzwischen Impfstoffe entwickelt, doch es gab nicht genug davon bei dem rapide steigenden Bedarf.
Die Menschen starben an Lungenentzündungen, gefolgt von der Schwindsucht und Herz- und Kreislauferkrankungen. Während des letzten Kriegsjahres verloren dreimal so viele Menschen in Deutschland ihr Leben durch Tb als 1913. Eine Statistik von 1927 verzeichnet die Krankheitsfälle für die Jahre 1918 und 1919 und gab für diese Spanne 500 000 Tb-Kranke in Deutschland an, 300 000 von ihnen seien Offentuberkulöse, also Bazillenüberträger gewesen. Damit kam ein Tb-Infektiöser auf 250 Einwohner. 60 Prozent aller Schulkinder reagierten tuberkulin-positiv, und Pathologen fanden bei bis zu 80 Prozent der sezierten Leichen tuberkulöse Residuen.
Einmal mehr hatte sich gezeigt, daß unser Mykobakterium von jedem Krieg profitiert. Nach den schönen Erfolgen in der Bekämpfung der Tuberkulose, zum Beispiel in Preußen, zerstörte der Erste Weltkrieg nahezu alles Erreichte in kurzer Zeit. Die Kurve der Sterblichkeit zeigte wieder einmal aufwärts. An Tuberkulose starben im Deutschen Reich:

1914	92 916
1915	96 661
1916	105 258
1917	133 227
1918	147 740

Um noch exakteres Zahlenmaterial über die verschiedenen Formen der Tuberkulose und Einzelheiten über die Patienten zu gewinnen, forderten viele Fachleute eindringlich vom Gesetzgeber, er möge die strikte Anmeldepflicht für jede Tb-Erkrankung verfügen. Nach 1919, mit besser werdender Ernährung, flachte die Sterblichkeitsrate der Tb wieder ab, aber sehr langsam, zögernd. 1921 erlagen im Deutschen Reich noch 39 665 Menschen der Tuberkulose; es starben „mehr Menschen an Tb als an Altersschwäche" (81).

Zwei herausragende Künstler, die in dieser Zeit der Tuberkulose zum Opfer fielen, gaben ihrem Leiden bildhaften Ausdruck: Da war zunächst der Aschaffenburger Ernst Ludwig Kirchner, geboren am 6. Mai 1880. In Dresden schloß er sich 1906 mit anderen Künstlern zur Gemeinschaft „Die Brücke" zusammen und siedelte 1911 nach Berlin über. Tiefe Freundschaft empfand er zu dem Archäologen und Kunsthistoriker Otto Botho Graef in Jena, dem Haupt der Jenaer Intellektuellen. Bei Ausbruch des Weltkrieges meldete Kirchner sich als Fahrer zur Artillerie, wurde nach einem Zusammenbruch vom Militärdienst befreit und hielt sich von Ende Mai 1915 bis Mitte Juli 1916 öfter im Sanatorium Dr. Oskar Kohnstamm in Königstein auf. Es brachte ihm keine Hilfe, und 1917 wandte er sich, mit der Lebensgefährtin Erna Schilling, nach Davos. Dort hat er sich am 15. Juni 1938, tief depressiv, erschossen. Sein erschreckendes „Selbstbildnis als Kranker" ist ein getreuliches Spiegelbild der Tuberkulose in ihrer alles zerstörenden Kraft.

Zartgemalte, elfenschmale Köpfe mit sinnenden Blicken sind für manchen das Charakteristische an den Bildern des Amadeo Modigliani. Dieser späte Abkömmling vornehmer jüdischer Vorfahren aus Spanien wurde am 12. Juli 1884 in Livorno geboren (82). Im Herbst 1906 kam der Zweiundzwanzigjährige in Paris an, schon von Krankheit gezeichnet. Niemand wollte seine Bilder, und ein eigenes Atelier konnte er nicht bezahlen. Beim Karneval 1917 begegnete ihm das Glück: die Studentin Jeanne Hébuterne. Mit ihren 19 Jahren hat sie ihm alles gegeben: Liebe, Vertrauen, unermüdliche Hingabe, ein Kind auch.
Sie teilte den letzten, schmerzhaften Abschnitt seines Lebens. Wenige Monate vor seinem Tod bot ein Freund ihm ein bescheidenes Atelier in der Rue de la Grande Chaumiere, doch er konnte kaum mehr arbeiten. Von Jeanne stammt die Zeichnung mit den verwüsteten Zügen des Gefährten. Ab 1918 stellten sich erste Erfolge ein, die Presse wurde aufmerksam, doch es war zu spät: Seit langem hatte die Tuberkulose seinen Körper untergraben, ausgehöhlt, zerstört. Doch er verschloß sich beharrlich der Wirklichkeit, dem Bluthusten, und suchte, wie der Malerfreund Utrillo, Zuflucht im Alkohol.

Gaston Diehl spricht von einer Art Todesgesang in Modiglianis Bildern, und der werde „noch deutlicher und bedeutsamer in den weiblichen Porträts. Was uns zunächst wie ein heiserer Schrei, ein Protest aus den harten, verkrampften Gesichtern von Margherita, Renée und Almaisa entgegenschlägt, deren Gewöhnlichkeit mitleidlos unterstrichen wird, und auch noch in dem stolz zurückhaltenden Mädchenkopf lebendig ist, wandelt sich nun rasch in sanfte, ergreifende Gefügigkeit. Mit wachsender Ruhe, die diesen letzten lächelnden Gruß an das Leben noch bitterer und tragischer macht, . . . schlingt er in unendlichen Variationen Locken und Kringel um die kantigen, gleichsam ausgelaugten Profile von Hanka Zborowski, Lunia Czechowska und vor allem von Jeanne Hébuterne.“
Am 24. Januar 1920 starb der Maler im Charité-Krankenhaus an einer tuberkulösen Meningitis. Im Morgengrauen des 25. stürzte sich seine im neunten Monat schwangere Lebensgefährtin Jeanne Hébuterne aus einem Fenster der Wohnung ihrer Eltern im 5. Stock der Rue Amyot. Ein langer Zug von Freunden brachte am 27. Januar 1920 den Sarg des Malers zum Friedhof Père Lachaise. Jahre später erst wurde auch Jeanne an seiner Seite beigesetzt. Modiglianis Familie erzog seine kleine Tochter Jeanne in Italien.

Holboells Vignette

Der Tod des italienischen Malers fiel in eine Zeit, da Europa sich der dringenden Notwendigkeit bewußt wurde, konzertierte Aktionen zu starten gegen eine Seuche, die unterschiedslos alle Länder überfiel und Abertausende an Toten und Invaliden forderte. Die Tuberkulose mußte zu einem internationalen Anliegen höchster Dringlichkeitsstufe werden. Man mußte die Menschen warnen, aufklären, man mußte Gelder sammeln für weitere Aktionen. Massenkommunikationsmittel waren notwendig, aber Rundfunk und Fernsehen spielten noch keine Rolle.
Ausgerechnet ein Postangestellter im kleinen Dänemark hatte die zündende Idee: Briefmarken natürlich, was sonst? Ein Fest für Philatelisten: 1904 erschien die erste Tuberkulose-Marke, Vignette, der Welt mit dem Porträt der Königin von Dänemark. Nun konnte man „Antituberkulose-Marken“ auf seine Briefe kleben, auf Ansichtskarten zu Weihnachten und Neujahr. Die Markenidee wurde ein Hit. Am 21. 12. 1906 (Ersttag) folgten die Holländer mit einem Motiv, das die damals bekannten Heilmittel zeigte: Sonne für das Licht, Fontäne für

gesundes Wasser, Kornähre für kräftige Ernährung. Belgien und Finnland machten es nach. 1912 brachten die Russen eine Karte, auf der die Zarentöchter für Tb-Bekämpfung warben. Bayern symbolisierte das Thema mit einer Margerite.
Auf der 6. Internationalen Tuberkulosekonferenz in Rom 1928 wurde das rote Doppelkreuz zum offiziellen Signet und Emblem der Tb-Bekämpfung erhoben (83). Die Idee stammte von dem Pariser Arzt Dr. Serison, der sie schon 1902 in Berlin unterbreitet hatte. Das Doppelkreuz ist bekannt durch Benennungen wie „Patriarchenkreuz", „Griechenkreuz", „Ungarnkreuz", „Lothringerkreuz", „Wetterkreuz". Es war das Symbol von Jerusalem. Das Wetterkreuz an Schlössern und Häusern sollte gegen Hagel, Donner und Einschlag schützen. Beziehungen zur Heilkunde sind naheliegend: als Schmuck an Apothekergläsern, als glückseliges Heilkreuz gegen Zauberei, Pest, Not und gegen das Blendwerk des Teufels. 1981 konzipierte Bruno Fäh, Generalsekretär der Schweizerischen Vereinigung gegen Tuberkulose, ein neues schweizerisches Tb-Emblem: das Doppelkreuz im grünen Baum.
Man schloß sich zusammen im Kampf gegen die Tuberkulose. 1919 bildete sich in Paris das „Comité national de défense contre la tuberculose"; unter dem Vorsitz von Sir Robert Philip wurde 1920 die Internationale Union gegen die Tuberkulose gebildet. Das Deutsche Zentralkomitee zur Bekämpfung der Tuberkulose hat seinen Sitz in Mainz (Seite 205).

Die letzte Treppe

Avon, im Januar 1993, an einem magischen Ort, wo Erinnerungen sich verdichten, wo Pilger sich versammeln im Gedenken an eine Persönlichkeit, die diesem Ort das Besondere gab, vor siebzig Jahren. Avon steht für die Liebe, für das Okkulte und für den Tod. Das hohe graue Eisentor steht noch und die kleine Seitentür, wo man einst klingelte. Der Blick in den verwilderten Park ist wie ein Traumbild – dort draußen muß das berühmte Nomadenzelt gestanden haben, von dem die alten Briefe erzählen, und dicht vor dem Haus die Tische für den Tee am Nachmittag. Dunkle alte Bäume breiten ihre Äste über dem gelbroten Schlößchen. Türen und Fensterläden sind vernagelt wie in Dornröschens Märchen. Eine Tür, links, steht spaltbreit offen, da war einmal die große Küche. Die schöngeschnitzte Holztreppe: hier war es, ihre letzten Schritte. Sie ist verreckt wie ein gehetztes Tier, die Frau, damals im Januar 1923. Auf ihrem steinernen Grab liest man den kryptischen Spruch: „But I tell you, my Lord Fool / Out of this nettle dancer / we pluck this flower / Safety.“ Ein Wort aus Shakespeares „Heinrich IV.“

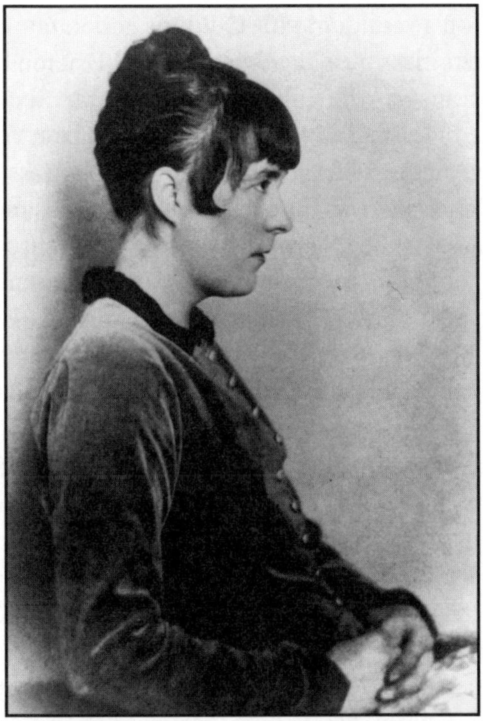

Katherine Mansfield

Nach 1923 wurde das Dörfchen Avon bei Fontainebleau zum Synonym für das Leiden und Sterben der Dichterin Katherine Mansfield. Eine Straße wurde hier nach ihr benannt. Ihr kurzes Dasein während der hektischen Jahre vor und nach dem Ersten Weltkrieg wurde bestimmt vom Kampf einer beherzten Frau, die nur schreiben wollte – gegen eine Krankheit, die nicht zu besiegen war.
Als Kathleen Beauchamps wurde sie 1888 in Wellington, Neuseeland, geboren. Mit einem kargen väterlichen Taschengeld versehen, übersiedelte sie 1908 nach London. Sie musizierte, las, verliebte sich, erlitt eine Fehlgeburt nach der Eintagsehe mit George Bowden; holte sich bei einem polnischen Literaten die Gonorrhoe, die ihr qualvolle Arthritis und Herzkammerentzündung bescherte und den Organismus schwächte, so daß er eine Tuberkulose, mit der sie sich

vielleicht während einer Liaison mit D. H. Lawrence ansteckte, nicht mehr abwehren konnte. So versetzte sie 1917 ihren Ehemann, den Literaturkritiker John Middleton Murry, in Panik mit der Nachricht, sie habe die Schwindsucht und müsse nun die Winter ohne ihn im Süden Europas verbringen.

Fortan lebte, arbeitete, litt, hoffte sie an der Riviera, in Hotels, Sommerhäusern, Wohnungen von Freunden, von Geldnot gepeinigt und vom Mißtrauen gegen die vielen Ärzte. In ihren Tagebüchern und Briefen beschrieb die Autorin mit hoher Präzision, was die Tuberkulose ihr antat. Sechs Jahre blieben ihr von der Ansteckung bis zum Tod: „Ein großer schwarzer Vogel fliegt über mir, und ich habe solche Angst, er könnte sich auf mir niederlassen – so schreckliche Angst. Ich weiß nicht genau, was für einer es ist. Zweitens möchte ich nicht feststellen müssen, daß es wirklich Schwindsucht ist, vielleicht geht es ganz schnell, wer weiß? und dann bleibt mein Werk ungeschrieben. Darauf kommt es an. Wie unerträglich wäre es, zu sterben, und nur ‚Bruchstücke', ‚Fetzen' zu hinterlassen, nichts wirklich Fertiges."

Das, wenigstens, trat nicht ein. Katherine hinterließ ihre wunderschönen Novellen: „Glück", „Das Gartenfest", „Das Taubennest", „In einer deutschen Pension". Leben bedeutete für Katherine Schreiben; als sie zu schwach war, den Füller zu halten, war sie bereit, an Wunder zu glauben: „Noch gestern habe ich gedacht, daß sogar mein gegenwärtiger Gesundheitszustand ein großer Gewinn ist. Er macht alles so reich, so wichtig, läßt mich so vieles ersehnen . . . er ändert meinen Standpunkt. Ich versichere Dir feierlich, daß ich kein bißchen Angst habe. Das ist mein Ernst. Ich will nicht sterben, weil ich bisher noch nichts getan habe, was mein Leben rechtfertigen könnte. Ich habe vor, putzmunter weiterzuleben und auf dem Kamm der Welle zu schwimmen, bis die Bücher mit K. M. auf dem Rücken ein bescheidenes kleines Regal füllen. Aber warmes, volles, lebendiges Leben – im Leben verwurzelt sein – lernen, wissen wollen, fühlen, denken, handeln. Das ist es, was ich mir wünsche. Und nichts weniger. Danach muß ich streben. Ich hoffe von ganzem Herzen, daß Sie niemanden gekannt haben, der jung gestorben ist – lange vor seiner Zeit. Tb ist eine große Bitternis."

Sie blieb ihr nicht erspart. Und Murry, der geliebte Mann, konnte nicht begreifen, wie krank sie war, warum sie litt. In ihrer Nähe wandte er sich ab, hielt sich ein Taschentuch vor den Mund, konnte sie nicht schützend in die Arme nehmen. Später aber, nach ihrem Tod, vermarktete er smart den literarischen Nachlaß seiner Frau und machte ein Vermögen.

Ihren letzten Versuch mit der Medizin wagte Katherine im Februar 1922 mit dem dubiosen Arzt Manoukhin, der in Paris Schwindsüchtige mit Röntgenstrahlen behandelte – gegen saftige Honorare. Manoukhin, der in Rußland Tausende von Schwindsüchtigen geheilt haben wollte, versprach Katherine mit ganzer Autorität, so schwer sei ihre Tuberkulose gar nicht und heilbar in wenigen Monaten. Katherine gab ihm ihre letzten hundert Pfund und verspürte nach der Bestrahlung ihrer Milz eine innere Hitze, vergleichbar den Qualen eines Märtyrers beim Feuertod. Sie fühlte, daß die Röntgenstrahlen sie nur noch mehr schwächten, und verfiel in tiefste Verzweiflung. „Meine Quelle ist versiegt." Sie wagte einen allerletzten Heilungsversuch: „Le Prieuré" zu Avon. In diesem Herrensitz aus dem 17. Jahrhundert, einst Karmeliterkloster, dann Landsitz der Madame de Maintenon, war eine „Kolonie im Walde" entstanden – ein „Verrücktenhaus", wie Einwohner von Avon sagten.

Der Oberverrückte war ein kahlschädeliger ehemaliger russischer Geheimagent mit Namen Georg Iwanowitsch Gurdjew. Er stammte aus Tiflis, hatte einst den Dalai-Lama unterrichtet und beeindruckte vor allem die Damen als Wunderheiler und PSI-Fachmann. Lady Rothermere, schwerreiche Frau eines Zeitungsmagnaten in London, war so beeindruckt, daß sie Gurdjew die Mittel zum Ankauf der Prieuré von Avon gab, damit er sein „Institut für die harmonische Entwicklung des Menschen" gründen konnte. Etwa 50 Russen und ein paar englische Esoteriker suchten nach den russisch gebrüllten Anweisungen des Gurus den Geheimnissen des Innenlebens auf die Spur zu kommen, mit harter Arbeit, Musik, Rhythmik, Gymnastik, Verkleidungen, wohlriechenden Springbrunnen und Theaterspielen. Gurdjew verlangte und erhielt blinden Gehorsam.

Katherine hatte die Überzeugung gewonnen, wenn sie ihre Seele rette, könne sie ihren Körper heilen – Gurdjew zog sie unwiderstehlich an. Am 17. Oktober 1922 läutete Katherine am großen Tor und erhielt ein schönes Zimmer im ersten Stock. „Nie in der Außenwelt bin ich solchem Verständnis, solch warmer Sympathie begegnet." Bald wies Gurdjew ihr ein winziges, eiskaltes Zimmer an, in dem sie sich fast zu Tode fror, dann errichtete er für sie eine Empore im Kuhstall, ausgestattet mit Diwan und Perserteppichen, weil Kuhduft heilkräftig sei für kranke Lungen. Am 13. Januar 1923 wollte Gurdjew russische Weihnacht feiern und das von Patienten gebaute Theater im Park einweihen. Katherine bat Murry zu kommen. Von seinem Ankunftstag, dem 9. Januar, schrieb Murry später: „. . . sie erschien mir wie ein von der Liebe verwandeltes Wesen, sie stellte mich einigen ihrer Freunde vor, und ich half, ein paar Muster für die Fenster in der Halle zu malen. Das Theater ähnelte einem riesigen Nomadenzelt. Gegessen wurde nicht, und Katherine und ich setzten uns in den Salon. Um zehn Uhr sagte sie zu mir, daß sie sehr müde sei. Als sie langsam die große Treppe in das

erste Stockwerk hinaufstieg, bekam sie einen heftigen Hustenanfall. Plötzlich sprudelte ihr ein großer Blutstrom aus dem Munde. Sie erstickte fast: ‚Ich glaube, ich sterbe!' Ich legte sie auf das Bett und lief einen Arzt holen. Es war richtig, daß die beiden Ärzte mich hinausdrängten, aber Katherines Augen flehten mich an. Sie starb in wenigen Minuten."
Als eine Art von „Bekenntnis" trug Katherine in ihr Tagebuch ein: „Dem menschlichen Leiden sind keine Grenzen gesetzt. Wenn man glaubt: ‚Jetzt bin ich auf dem Grunde des Meeres angelangt, tiefer kann es nicht gehen' – dann geht es noch tiefer. Und so ist es immer wieder. Man muß sich fügen. Man muß nicht Widerstand leisten. Nimm es hin! Laß dich überwältigen! Nimm es gänzlich an! Mache es zu einem Teil deines Daseins!"
Unbewegt stand Gudjew mit seinen Russen am Grab, bot den Leuten „Kutia" an, Weizenkörner mit getrockneten Weinbeeren, eine Mischung aus Dingen, die keimen, mit solchen, die wieder zu Staub werden. Von Murry erwartete man, daß er Erde ins Grab werfe, aber er unterließ es. Er ließ sich auf dem Grabstein verewigen mit der Zeile „Frau des John Middleton Murry" und dem Shakespeare-Spruch, den er für prophetisch hielt: „Aber ich sage Euch, Mylord Narr, aus dem Nesselbusch Gefahr holen wir uns die Blume Sicherheit." Später rief Murry einen Mansfield-Kult ins Leben, der ihrem Wesen widersprach, aber der Auflage ihrer Bücher diente.

Viele Mansfield-Liebhaber besuchen die alte Abtei von Avon noch heute und lassen sich einfangen von der zarten, ein wenig nostalgischen Atmosphäre des Ortes, von dem niemand weiß, ob er erhalten bleibt oder dem Modernen zu weichen hat. Katherines herzbewegendes Sterben erinnert auch daran, daß zu ihrer Zeit eine fortgeschrittene Tuberkulose zwar als tödlich angesehen wurde, daß aber auch damals eine Heilung oft möglich war. Viele gute Sanatorien waren auf den Britischen Inseln gegründet worden, eine entschlossene Aufklärung der Öffentlichkeit setzte auf Vorbeugung, Diagnose und Frühbehandlung. Seit 1912 gab es ein Nationales Tuberkuloseprogramm, und in ganz Großbritannien bestand Meldepflicht. Die Behandlung hing nicht von einer Reise in den Süden ab. Statt dessen gehörte ein strenges System von Ruhe, frischer Luft, gutem Essen und Pflege dazu, das genaue Gegenteil dessen, was Katherine mit ihren Reisen bewirkte. Sie war entschlossen, die Tuberkulose einfach nicht als Tatsache zu akzeptieren. Der Aufenthalt in einem Sanatorium, der Trennung, Freiheitsverlust und aufgezwungene Faulheit mit sich bringen würde, wäre ihr wie „ein zweites Irrenhaus" vorgekommen.

Ein Schritt nach vorn

Sie hätte ihr nicht mehr helfen können, aber Katherines Tod fällt in die Jahre einer Revolution der Tb-Therapie: Die Impfung mit einem Stamm von Tuberkulose-Bakterien, den die französischen Bakteriologen Albert Calmette und Camille Guérin zwischen 1906 und 1921 züchteten (84). Erst 1924 stellten sie ihren Impfstoff vor: Die BCG (Bacille Calmette-Guerin)-Impfung erfolgt mit lebenden, virulenz-geschwächten Tuberkulose-Bakterien der Spezies *Mycobacterium bovis.* Mit ihrer Einführung im Jahre 1921 ist sie von den heute generell angewandten Schutzimpfungen die am längsten bekannte. Gleichwohl ist ihr Einsatz umstritten. Die ersten acht „klassischen" kontrollierten klinischen Studien wurden zwischen 1935 und 1950 begonnen. Sie brachten widersprüchliche Ergebnisse: Drei Studien (Nordamerikanische Indianer: 1935—1938, Kinder in Chicago: 1937—1948, Britische Schulkinder: 1950—1952) ließen auf eine Wirksamkeit der Impfung bei 73—80% der Geimpften schließen; drei Studien (Puerto Rico: 1949—1955, Georgia und Alabama: 1950, Südindien Bangalore: 1950—1951) erwiesen einen Impfschutz von 6 – 29%. Die letzten zwei Untersuchungen (Schulkinder in Georgia: 1947, Kinder in Illinois: 1947—1948) zeigten keinen Effekt der Impfung. Die neueste Studie in Südindien (Tuberculosis Prevention Trial, Madras 1980) zeigte ebenfalls keinerlei Schutzeffekt der BCG-Impfung (82).
Eine Reihe von Faktoren sind für die Unsicherheiten in der Interpretation der Impfergebnisse und den sich daraus ableitenden Überlegungen zu Richtlinien für das Impfregime unter anderem von Bedeutung: erstens die Virulenz des für die Vakzine verwendeten Stammes, zweitens die zur Impfung angewandte Dosis, drittens die individuelle Tuberkulin-Sensitivität, viertens die Häufigkeit einer durch Infektionen mit anderen Mykobakterien („atypischen") erworbenen Kreuzimmunität.
Grundsätzlich werden zwei Formen eines Impfschutzes diskutiert: ein Schutz vor Infektion mit Tuberkulose-Bakterien oder ein Schutz vor schweren Verlaufsformen einer Tuberkulose. Während kontrollierte Studien die Wahrscheinlichkeit eines Infektionsschutzes in Frage stellen, scheint die Impfung im Kleinkindesalter und vor der Pubertät einen Effekt im Sinne einer Verminderung des Risikos einer Meningitis und einer Miliartuberkulose zu besitzen (85).
Die Bedeutung einer Impfmöglichkeit läßt sich u. a. beim Vergleich historischer Zahlen ermessen, die Rolf Griesbach 1960 errechnete (86). Er nahm damals einen Mittelwert für die gesamte Erdbevölkerung von 15 Tuberkulose-

Toten auf je 10 000 Lebende an. Danach errechnete er, daß zwischen 1850 und 1950 etwa 200 Millionen Menschen einer Tb erlegen sind, zum größten Teil im Alter zwischen 25 und 40 Jahren. In den Schwankungen der Tuberkulosesterblichkeit sah der Autor einen Gradmesser für Änderungen im Organismus einer Aera: Wie ein Seismograph reagiert die Sterblichkeit auf Zeiten von Not und Elend, von Arbeitslosigkeit und Krieg. Das haben zwei Weltkriege mit ihren Folgen anschaulich gezeigt. In den deutschen Statistiken deutet sich eine Diskrepanz in der Entwicklung der allgemeinen Sterblichkeit und jener der Tuberkulose an: Bei beiden zeigt sich ein ungefähr paralleler Verlauf bis etwa zum Jahre 1925. Von da an divergieren die Kurven, die der Tuberkulose fällt stärker ab. Also zog sich die Schwindsucht, wenn auch zögernd und langsam, zurück, vor allem durch bessere Lebensbedingungen, bessere Hygiene, kräftigere Nahrung, aber auch eine sorgfältigere Betreuung der Tuberkulösen und ihrer Familien, Aufklärung der Kranken und der Öffentlichkeit über den Charakter der Krankheit und wie man am besten einer Ansteckung vorbeugt.

Vergessen wir auch überraschende Heilungen nicht. Die Familie des Politikers Ferdinand August Bebel (1840—1913) wurde stark von der Schwindsucht heimgesucht, er verlor den Vater, den Stiefvater, die Mutter und vier Geschwister an der Krankheit. 1872, im Hochverratsprozeß zu zwei Jahren Festungshaft verurteilt, stellte der Arzt eine Tuberkulose im linken Lungenflügel fest und sagte zu Frau Bebel: „Ihr Mann braucht Ruhe!" – die bekam er auf der Festung und sagte dem Staat Dank dafür, daß die Haft ihm die Möglichkeit gab, seine Kaverne auszuheilen. „Ich hatte mal wieder Schwein", sagte Bebel und wurde 73 Jahre alt.

Doch zunächst blieb die Tuberkulose in Deutschland die Volkskrankheit Nr. 1. Die Düsseldorfer Nachrichten meldeten am 13. 1. 1921: „In 43 deutschen Städten ringen 865 000 kranke, unterernährte und tuberkulöse Kinder um ihr Leben. In diesem Lande sterben mehr Menschen an der Schwindsucht als an Altersschwäche."

Franz Kafka

Katherine Mansfield versuchte, ihre Seele zu retten, um den Körper zu heilen, deshalb ging sie nach Avon. Ihr Berufs- und Leidenskollege Franz Kafka schrieb seiner Freundin Milena: „Ich bin geistig krank, die Lungenkrankheit ist nur ein Aus-den-Ufern-treten der geistigen Krankheit." Und: „Immerfort suche ich eine Erklärung der Krankheit, denn selbst erjagt habe ich sie doch nicht. Manchmal scheint es mir, Gehirn und Lunge hätten sich ohne mein Wissen verständigt ..." Beide Autoren versuchten, den Sinn der Krankheit für sich selbst, für ihren Schaffensprozeß, zu ergründen, sich zu erklären. Es mußte bei Versuchen bleiben, denn die Schwindsucht ließ ihnen keine Zeit, weise zu werden.

Franz Kafka wurde am 3. Juli 1883 als ältester Sohn eines Kaufmanns in Prag (Altstadt) geboren, studierte Jura und Germanistik und promovierte 1906 zum Dr. jur.; 1908 trat er als Aushilfsbeamter in die „Arbeiter-Unfall-Versicherungs-Anstalt für das Königreich Böhmen in Prag" ein und blieb dort bis zu seiner Pensionierung 1922. Anfang August 1917 setzte mit einem Blutsturz seine Lungentuberkulose ein. Die wenigen Jahre bis zu seinem Ende verbrachte Kafka vor allem mit dem Schreiben seiner Buchmanuskripte: „Strafkolonie", „Brief an den Vater", „Erzählungen", „Das Schloß", „Ein Hungerkünstler", „Der Bau" u. a.

Kafka war nicht der Typ des „Verleugners", wie er oft bei Tb-Kranken zu finden war, Patienten also, die das drohende Ende vor sich und anderen krampfhaft leugneten. Kafka befolgte geduldig die Anweisungen der Ärzte und mußte immer wieder Urlaub von seiner Behörde erbitten, um sich zu erholen. Allerdings wohnte er lieber in Zürau bei der warmherzigen Schwester Ottla – mußte aber öfter auch Sanatorien aufsuchen in Meran und Matliary in der Hohen Tatra. Ab 1920 quälten ihn Fieberanfälle und ständiger Husten. In seiner „Beschreibung eines Kampfes" (42) lesen wir: „Was sollen zwei Lungen tun ... atmen sie rasch, ersticken sie an sich, an inneren Giften; atmen sie langsam, ersticken sie an nicht atembarer Luft, an den empörten Dingen. Wenn sie aber ihr Tempo suchen wollen, gehen sie schon am Suchen zugrunde. Das ist der Beweis dessen, daß es unmöglich ist, zu leben."

Auf dem Balkon der Pension Ottoburg zu Meran (87) schrieb er 1920 seine ersten, später berühmt gewordenen Briefe an die Tschechin Milena Jesenska-Pollak in Wien. Die Verbindung zerbrach. 1921 im Lungensanatorium Matliary, wo Kafka hoffte, wirklich gesund zu werden, lernte er den Medizinstudenten Robert Klopstock kennen und hoch schätzen. 1922 war ein fruchtbares Jahr: Kafka schrieb „Das Schloß", „Ein Hungerkünstler", „Forschungen eines Hundes". Im Juli 1923 reiste er mit Schwester Elli nach Müritz an der Ostsee und besuchte die Ferienkolonie des Berliner jüdischen Volksheimes. Dort lernte er die chassidisch erzogene Helferin Dora Diamant kennen und lieben. Beide mieteten eine Wohnung in Berlin-Steglitz – erst Miquelstr. 8, dann Grunewaldstr. 13 – und Kafka war glücklich über seinen eigenen Hausstand. Hier entstan-

den viele Erzählungen – sie sind alle verloren, zum großen Teil von Dora auf Kafkas Wunsch vernichtet. Das Essen war kümmerlich in diesem Winter der Inflation. So schritt die Krankheit rasch fort, die Tuberkulose griff über in den Kehlkopf, an Heilung war nicht mehr zu denken. Im März 1924 brachten Freunde Kafka nach Prag, und hier schrieb er seine letzte Erzählung: „Jofine, die Sängerin, oder das Volk der Mäuse".
Anfang April 1924 brachte man Kafka in das Sanatorium Wiener Wald, von dort in die Wiener Universitätsklinik und Ende April in das Sanatorium Dr. Hoffmann in Kierling bei Klosterneuburg. Robert Klopstock und Dora Diamant waren Tag und Nacht bei ihm; Max Brod kam: „Ich besuchte ihn, nachdem er schwere Fieberanfälle erlitten hatte. Er lag zu Bett, im Sprechen verzerrte er das Gesicht. ‚Das dauert so lange, ehe man ganz klein zusammengedrückt und durch dieses letzte enge Loch durchgestopft wird.' Dabei ballte er die Hand, als zerknülle er in ihr ein Taschentuch." Am 3. Juni 1924, einen Monat vor seinem einundvierzigsten Geburtstag, starb Franz Kafka und wurde auf dem Jüdischen Friedhof in Straschnitz beigesetzt. Zwei letzte Sätze aus „Der Prozeß" sind wie eine Ahnung: „Aber an K.'s Gurgel legten sich die Hände des einen Herrn, während der andere das Messer ihm tief ins Herz stieß und zweimal dort drehte. Mit brechenden Augen sah noch K., wie die Herren, nahe vor seinem Gesicht, Wange an Wange aneinandergelehnt, die Entscheidung beobachteten. ‚Wie ein Hund!' sagte er, es war, als sollte die Scham ihn überleben."

Zauberberge

Die Tuberkulose war ein Massenphänomen des beginnenden Zwanzigsten Jahrhunderts – und sie war zugleich noch immer der geheimnisumwitterte Mythos mit einer langen Vergangenheit. So konnte diese Krankheit, wie keine bisher – selbst die Pest nicht – schöpferische Phantasien anregen und mit Stoff versorgen, bei den bildenden Künstlern, bei den Literaten. Durch Schwindsucht „geadelte" Orte wurden in den Händen des Dichters zur „vergeistigten Wirklichkeit", wie Thomas Mann „sein" Davos beschrieb. Tief hineingedacht hatte sich Thomas Mann in die Schwindsucht und in die an ihr Leidenden. Schon 1903 erschien seine Erzählung „Tristan" mit der Eingangsszene: „Die junge Frau litt an der Luftröhre, wie ausdrücklich in dem anmeldenden Schreiben zu lesen stand, das Herr Klöterjahn vom Strande der Ostsee aus an den dirigierenden

Arzt von ‚Einfried' gerichtet hatte, und Gott sei Dank, daß es nicht die Lunge war! Wenn es aber dennoch die Lunge gewesen wäre – diese neue Patientin hätte keinen holderen und veredelteren, keinen entrückteren und unstofflicheren Anblick gewähren können als jetzt, da sie an der Seite ihres stämmigen Gatten, weich und ermüdet in den weißlackierten, gradlinigen Armsessel zurückgelehnt, dem Gespräche folgte."
Fünfzig Jahre zuvor hatte Leo Tolstoi in seiner Erzählung „Drei Tode" die schwerkranke Herrin in der Equipage auf herbstlicher Landstraße gezeichnet: „Eine welke, schon etwas gelbliche Haut bedeckte schlaff die feinen, schönen Gesichtszüge und hatte sich an den Wangen und Backenknochen gerötet. Die Lippen waren trocken und zitterten, die spärlichen Brauen kräuselten sich nicht, und das Reisekapot aus Tuch bildete gerade Falten auf der eingefallenen Brust. Ungeachtet dessen, daß die Augen geschlossen waren, drückte das Gesicht der Herrin Müdigkeit, Gereiztheit und anhaltenden Schmerz aus."
1913 hatte Thomas Mann seine Frau Katja in einem Sanatorium zu Davos besucht und den Betrieb studiert. Er schrieb Jahre an seinem großen Bildungsroman, und 1924 – die Kurven der Tb-Sterblichkeit hatten wieder beklemmende Höhen erreicht – erschien auf dem deutschen Buchmarkt „Der Zauberberg" und erregte sofort lebhaftes Interesse. Jeder kannte nun die Figuren der makabren Gesellschaft von Haus Schatzalp: Hans Castorp mit Vetter Joachim Ziemßen, Hofrat Behrens, Dr. Krokowski, Mynheer Peeperkorn, Settembrini und die umschwärmte Clawdia Chauchat. Eine Szene aus der Unterhaltung des Hofrats mit Castorp: „‚Laryngea', bestätigte Behrens, ‚schnell fortschreitende Zerstörung. Und mit der Luftröhrenschleimhaut sieht es auch schon böse aus. Kann sein, daß das Kommandogeschrei im Dienst da einen locus minoris resistentiae geschaffen hat. Aber gefaßt sein müssen wir auf solche Diversionen ja immer. Wenig Aussicht, mein Junge, eigentlich wohl gar keine. Selbstverständlich soll alles versucht werden, was gut und teuer ist . . .' " Der Leser verfolgt den Schicksalsweg Joachims, der ins Feld will, aber: „Um sieben Uhr starb er . . ."

Seit 1924 spricht man von der „Zauberberg-Atmosphäre" eines Sanatoriums, einer Heilstätte. Bis weit in die fünfziger Jahre hinein behielten diese Stätten ihre Bedeutung. „Davos ist Vineta, die verzauberte Stadt", sagte ein Dauergast, der es wissen mußte: Alfred Henschke, am 4. November 1891 in Crossen geboren. Er schrieb unter dem Pseudonym Klabund, meinte damit eine Kreuzung von Klabautermann und Vagabund mit der Bedeutung von „Wandlung". Sein Freund und Schulkamerad Gottfried Benn schrieb 1928 in seiner „Totenrede für Klabund": „Die schönsten Jahre waren wohl die, als er, bald nach dem Krieg, in Berlin in einer kleinen Straße des Südwestens wohnte, in einem kleinen Zimmer, das nur ein Fenster hatte und kein Bett; er schlief auf einem Sofa ganz bedeckt von Manuskripten, Zeitungen, Briefen und Journalen und arbeitete rastlos und fieberhaft, wie er es sein ganzes Leben lang tat. Es waren die Jahre der zweiten Periode seiner Gedichte, seiner Romane und die Jahre, in denen ihm der Gedanke an den ‚Kreidekreis' kam. Es waren auch die Jahre der Krankheit, und ich ging oft zu ihm als Arzt."

1916 war Klabund zum ersten Mal nach Davos gegangen und hatte dort „Die Krankheit" geschrieben, worin sich der bezeichnende Satz findet: „Die Schwindsucht ist überhaupt keine Krankheit. Sie ist ein Zustand des Leibes und der Seele. Ich wollte schon längst einmal eine Psychoanalyse der Schwindsucht schreiben." Seine Lebens- und Leidenszeit reichte dazu nicht aus. Ruhelos zog Klabund von Davos nach Locarno, weiter nach Bayern, nach Berlin, wegen schwerer Blutstürze nach Positano, 1922/23 wieder Davos, wo er am Kehlkopf operiert wurde. In seiner „Geschichte der Weltliteratur in einer Stunde" schrieb er 1923: „Diese konstitutionelle Krankheit hat die Eigenschaft, die von ihr Befallenen seelisch zu ändern. Sie tragen das Kainsmal der nach innen gewandten Leidenschaft, die Lunge und Herz auffrißt." Klabund war ein dem Tode Geweihter und wußte es, er verabscheute jede Täuschung. Arosa und Davos kannte er nur allzu gut. In den „Liedern für Irene" schildert er den Tag im Sanatorium:

Man erwacht im Sanatorium
Eimer klirrt, es klatscht der Besen.
Heiliger wie ein Oratorium
Tönt der Tag: geweint . . . gewesen . . .

Gütig gehn des Arztes Schritte,
Eine Schwester hüpft daneben.
Aus der Finsternisse Mitte
Schlägt ein Uhrenschlag ins Leben.

Emsig schon an der Tabelle
Träumt ein Assistent bedeutend.
Und ich ziehe an der Schelle,
Tee und Tag zum Bette läutend.

In „Die Himmelsleiter“ (Arosa) heißt es:

Aber wir, auf den Veranden
Liegen stumm wir Tag und Tag,
Niemand ist, der uns Guirlanden
Frommer Wünsche flechten mag.

Hinter Schnee und Tannen,
Hinter des Abendrotes Lungenbluten
Des Horizontes Unermeßlichkeit.
Und so kriechen unsre Tage
Ekle Würmer durch den Keller,
Und wir hungern, und wir klagen
Nie: schon pfeift die Lunge greller;
Schmeißt die Schwindsucht uns in Scherben . . .
Laßt uns sterben, laßt uns sterben!

Grotesker Galgenhumor klingt aus der „Davoser Bar“:

Ein Herr tanzt exaltiert wie ein Tuberkel,
Des Frackes Schöße zwitschern vogelgleich . . .
Ein Jüngling träumt von einer fernsten Ferne.
Aus seiner ausgeschnittenen Weste stiert
Die Höhlung einer riesigen Kaverne,
In der die Nacht wie eine Palme friert.

Mitte August 1928 kam aus Davos die Nachricht, daß Klabund an den Folgen einer Lungenentzündung, zu der Rippenfellentzündung gekommen war, gestorben sei. Er hatte ein Alter von 37 Jahren erreicht.
An der Charité zu Berlin wirkte in jenen Jahren ein Arzt, der zu den Großen seines Fachs zählte und weltweite Anerkennung genoß: Geheimrat Professor Ferdinand Sauerbruch, gefürchteter Grobian und genialer Chirurg. Sein Lehrer, Professor von Mikulicz, hatte einmal geklagt: „Hunderttausende von Menschen gehen an Lungentuberkulose zugrunde, nur weil man im Brustkorb nicht operieren kann.“ Deshalb nicht, weil in der menschlichen Brust ein lebensnotwendiger Unterdruck herrscht. Lunge und innere Brustwand müssen „zusammenkleben“, soll die Atmung in Gang gehalten werden. Sauerbruch konstruierte

eine Unterdruckkammer, innerhalb derer der Patient in der Brust operiert werden konnte, etwa beim Anlegen eines Pneumothorax. Mit dieser Tat waren segensreiche Fortschritte in der Thorax-Chirurgie möglich und viele Phthisiker verdankten Sauerbruch ihr Leben.

Sanatorium Dresden-Radebeul

Über seine Besuche in Davos schrieb der Chirurg später: „Ich sah die Pracht, den Komfort, den Luxus dieser Stätten, in denen der Tod mit allen Raffinessen der Zivilisation umgeben war. Ich dachte an die Spielsäle, in denen begüterte Opfer der Tb sich dem Rausch des Gewinnens und Verlierens hingaben. Ich gedachte der anderen Ausschweifungen, denen sie sich hingaben, um noch in letzter Stunde zu erhaschen, was das Leben noch zu bieten hatte. Es war ein langsames Sterben mit allem Komfort der Neuzeit. Die Auserwählten aus aller Welt fanden sich hier zusammen, auserwählt durch die Krankheit und durch das Geld. . . . Der Tod im Abendanzug und im Abendkleid – war das nicht Davos?"

Erotiker

OMNIS PHTHISICUS ALAX – Von alters her stehen Phthisiker im üblen Rufe steter Geilheit. Wer von Tuberkulose sprach, meinte immer auch Sex in Wort oder Tat, vor allem in den Sanatorien. Auch Klabund wußte sein Lied davon zu singen, nachzulesen in „Caesare Borgia" oder „Pjotr". Seine verzweifelte Komik drückt die eigentümliche Körperlichkeit aus: „Nur mittags hocken

krötig sie bei Tisch / und schlingen Speisen, fett und süß und zahlreich. / Auf einmal klingt ein Frauenlachen, qualreich, / Wie eine Äolsharfe zauberisch."
Aus den 30er Jahren liegen Beobachtungen von Anstaltsärzten vor, die für eine erregbarkeitssteigernde Wirkung der tuberkulösen Toxine sprechen, daß zum Teil wenigstens die Hypersexualität auch auf organisch-toxische Wechselwirkung zurückgeführt werden muß (31): „Namentlich scheinen chronisch-toxische, mit geringer Temperaturerhöhung einhergehende Zustände die Reizschwelle für die Auslösung sexueller Reaktionen herabzusetzen. Auch durch die Krankheit als solche werden Hemmungen beseitigt." Der unersättliche Sexhunger, der aber im späteren Stadium der Krankheit häufig in Impotenz mündet, schien auf einer gesteigerten Lebensangst zu beruhen oder mit ihr verknüpft zu sein. Die Angst gab der Erotik einen fiebrig-hastigen, quälend-ruhelosen Charakter. „Es geht ums ganze; der Verlorene fordert das Leben gleichsam heraus ... er hat selbst die Erwartung, daß das alles nicht gut auslaufen kann, daß er auf einem Vulkan tanzt. Auch die Angst, daß es bald zu einem Genuß zu spät ist, mag zu der inneren Unruhe nicht wenig beitragen."
Katherine Mansfield, die sich ihrer Krankheit mutig entgegenstemmte und jede ihrer Reaktionen minutiös beschrieb, scheint sich in ihren letzten Lebensjahren von der aktiven Liebe verabschiedet zu haben, ihre noch vorhandene Liebe zu Murry spielte sich nur noch in Briefen ab, auch weil der Mann die Nähe seiner kranken Frau kaum mehr ertrug. Der Zeichner Aubrey Beardsley wurde impotent und kreierte aus unbefriedigter Lust seine erotischen Phantasiebilder.

Noch ein großer englischer Autor gehört in diesen Kreis: David Herbert Lawrence, am 11. September 1885 als Sohn eines Bergarbeiters in Eastwood, Nottingham geboren. Der Hochbegabte wurde nach dem Studium in Nottingham Lehrer in London – und wäre es vielleicht geblieben, hätte ihn nicht 1911 die Tuberkulose erwischt und den Abschied vom Beruf erzwungen. Lawrence war von Anfang an „schwach auf der Brust" und anfällig für die Krankheit, die damals in Bergbaugemeinden so verbreitet war.
Reisend, gehetzt von Ort zu Ort, in seinem Lande verhaßt und verfolgt, aufbrausend, jähzornig, ein „Wilder": Lawrence schrieb in knapp fünfundzwanzig Arbeitsjahren ein umfangreiches Werk an Romanen, Reisebeschreibungen, Gedichten, Essays und Briefen, wie „Der weiße Pfau", „Auf verbotenen Wegen", „Söhne und Liebhaber", „Der Regenbogen", „Liebende Frauen", „Känguruh", „Die gefiederte Schlange"; und im Herbst 1926, schon sterbenskrank, begann er „Lady Chatterley's Lover" zu schreiben in der Landvilla La

Mirenda in Scandicci, Toskana, wo Lawrence und seine deutsche Frau Frieda geborene von Richthofen, Zuflucht gefunden hatten. Er war dem Tode verfallen und wußte es. Während des besonders heißen Sommers 1927 arbeitete er gegen den Rat der Ärzte hektisch weiter, erlitt einen massiven Blutsturz und suchte ärztlichen Rat in Baden-Baden, doch es war längst zu spät.
Das „skandalöse, schmutzige“ Buch „Lady Chatterley und ihre Liebhaber“ erschien 1928 in Florenz, 1929 in Paris, 1930 auf deutsch in Wien, in England erst 1960. Nach dem Urteil Philip Sandbloms (31) nahm Lawrence seine Tuberkulose „in seine Dichtung hinein, indem er sie auf Lady Chatterleys Liebhaber, den Waldhüter, übertrug, der von einer ‚eigenartigen Vitalität war, aber ein wenig zart und gedämpft‘, allerdings nicht in einem Maße, daß er nicht die stürmischsten Exzesse mit der Lady erleben konnte, die ihrerseits krank war, schwach aus Langeweile und sexueller Frustration.“ Hat Lawrence das Gift der Schwindsucht matt und mutlos gemacht? Mit den Worten der Lady beklagte er seine Angst vor dem bevorstehenden Tod: „vor den gräßlichen weißen Grabsteinen, die auf dem Hügel emporstehen ekelerregend wie falsche Zähne . . .“ – „Mit ruhigen Fingern flocht er ein paar Vergißmeinnichtblüten in das weiche braune Vlies auf ihrem Venusberg . . .“ – die „fiebrige Intensität“ der unbefriedigten Lust eines Impotenten? Beardsley, Lawrence’s Bruder im Geiste, hat Lady Chatterley illustriert.
Das Buch trug dem Schwerkranken Haß und Verleumdung ein, Bücher wurden beschlagnahmt, vernichtet. Inzwischen lebte er mit Frieda auf der Insel Port Cros vor der französischen Küste. Der Autor reagierte auf die seelischen Verletzungen mit Blutstürzen. „Nacht für Nacht wurde ich von seinem Husten geweckt, einem fürchterlichen, hohlen Husten, der wie eine Totenglocke klang“, schrieb sein Biograph Richard Aldington (88). Im März 1929 fuhr Lawrence nach Paris, um den wilden Nachdruck von „Lady Chatterley’s Lover“ zu unterbinden und wurde wieder schwer krank. Die Monate April und Mai verbrachte er auf Mallorca, wo es ihm noch schlechter ging. Lawrence floh nach Forte dei Marmi und weiter nach Florenz. Frieda holte ihn nach Baden-Baden zu einem Tb-Spezialisten, aber der Autor wußte nun, daß nichts ihm würde helfen können. Er schrieb die Totengedichte für „The Ship of Death“. Eines heißt „Bayerische Enziane“, und der letzte Vers:

Reich mir den Enzian, gib mir die Fackel,
laßt mich den Weg allein finden mit der blauen, vielzüngigen Fackel
der Blume,
die dunkel-dunkleren Treppen hinab, wo das Blau die Bläue verdunkelt,
dorthin, wo Persephone schreitet, vom bereiften September jetzt
ins lichtlose Reich, wo Dunkelheit über das Dunkel wacht,
und auch Persephone nur noch Stimme ist
oder Dunkelheit, die sich entfaltet im tieferen Dunkel
von Plutos Armen, von der Leidenschaft
dunklen Trübsinns durchdrungen,
umgeben vom Schein der Fackeln und Dunkelheit; Dunkelheit
ausgebreitet über die verlorene Braut und ihre Trübsal.

Düstere Monate verbrachte Lawrence in Bandol, Frieda sorgte aufopfernd für den schwer Leidenden. Man schleppte ihn noch in das Sanatorium von Vence, doch war er dort so verzweifelt, daß Frieda ihn am 1. März 1930 in eine möblierte Villa holte. Am nächsten Abend war er tot. „Dann begruben wir ihn, ganz schlicht, wie man einen Vogel begräbt, einige von uns, die ihn liebten.“ (88) Seine Asche wurde später nach Amerika gebracht. Heute gehört Lawrence zu den meistgelesenen und -übersetzten englischen Schriftstellern dieses Jahrhunderts.

Lawrence hat Deutschland geliebt, auch Friedas wegen. Was nun, am Vorabend des Dritten Reiches, in Berlin und anderswo geschah, hätte seine Wut, seinen Haß, gereizt. Aber einen deutschen Kollegen von der schreibenden Zunft hätte er vielleicht gemocht. Der fieberte seinem Ende entgegen im Tuberkulose-Krankenhaus Beetz-Sommerfeld bei Oranienburg, nicht allzuweit von Berlin: Hans Bötticher, der sich seit 1919 Ringelnatz nannte, der Bänkelsänger im Matrosenanzug, Maler, Seemann, Menschen- und Tierfreund, ein wahrer Dichter.
Bötticher war zwei Jahre älter als Lawrence, geboren 1883 im sächsischen Wurzen. Sein Vater Georg war ein vielgelesener Jugendschriftsteller und Herausgeber von „Auerbachs Deutschem Jugendkalender“ 1849—1918. Nach der mühsam bestandenen Obersekundareife zog Hans in die Welt hinaus, als Schiffsjunge, Matrose, Obdachloser. Er schrieb, doch niemand wollte es lesen. Er versuchte sein Glück in der Kaufmannslehre und las 1909 bei der geizigen Kathi Kobus im Münchner „Simplicissimus“ erste Gedichte und Lieder. Immer am

Rande des Existenzminimums probierte er es als Bibliothekar und Fremdenführer; stieg im Ersten Weltkrieg auf zum Minensuchbootkommandanten.
Die Nachkriegsjahre in Berlin waren schlimm, aber der Ringelnatz wurde zum Liebling des Publikums, wenn er seine Turngedichte und „Kuttel Daddeldu" an der Berliner Kleinkunstbühne „Schall und Rauch" (Hans von Wolzogen) vortragend spielte. 1920 heiratete er Leonharda Pieper, Kosename „Muschelkalk". Zwischen 1927 und 1933 erschienen in kurzer Folge „Reisebriefe eines Artisten", „Allerdings", „Matrosen", „Als Mariner im Krieg", „Flugzeuggedanken", „Mein Leben bis zum Kriege", „Gedichte dreier Jahre". Flechtheim, Berlin, stellte 1923 seine Bilder aus. Seit 1930 lebte Bötticher am Sachsenplatz in Berlin.
Vielen Tuberkulösen gleich vermochte Ringelnatz nur schwer vom Leben loszulassen. Sein Biograph Herbert Günther (89) schrieb darüber 1964: „Er wog nur noch 100 Pfund, hatte starke Stiche in der Lunge, wußte nicht mehr, wie er liegen sollte . . ." Freunde versandten einen Aufruf zu Spenden für den Aufenthalt des Erkrankten: „Sonderkonto Ringelnatz". Das Ergebnis genügte für ein halbes Jahr. „Anfang Oktober kehrte er in die Wohnung zurück. Muschelkalk schilderte die Heimkehr in einem Brief: ‚Zu Hause hatte ich seine Ecke zum Malen fertig machen müssen, auch eine kleine Heilstätte einrichten müssen mit Fiebertabelle, samt sämtlichen fachlichen Eintragungen, Apothekchen usw., und diese Heilstätte sollte den Namen ›Kalkulin‹ haben . . . und dann ging es nicht mehr. Er weinte und sagte: ›Und ich hatte mich so aufs Arbeiten gefreut‹. Das war wohl der schlimmste Tag für ihn. An dem Tag ist er eigentlich schon gestorben. Es war der dritte Tag nach seiner Rückkehr aus dem Krankenhaus.'"
Er hatte auch danach klare Momente, in denen er, wie Muschelkalk schrieb, „ganz groß, weise und klug ist. Aus diesem Geist wäre noch so viel zu schöpfen, wenn der Körper nicht so schwach wäre." Ende September hatte er von der Sammlung für ihn erfahren und war tief gerührt, und wollte auch gleich davon abgeben. Am 17. November 1934 ist er in seiner Wohnung gestorben, in die er vier Jahre zuvor so hoffnungsfroh eingezogen war, und wo die Nachtigall ihm gesungen hatte. Im Zweiten Weltkrieg wurde sie zerstört.
Jürgen Eggebrecht berichtete von der Beisetzung auf dem Waldfriedhof an der Heerstraße, mit Paul Wegener, Asta Nielsen, Rowohlt, Muschelkalk. Jeder hatte einen Blumenstrauß mitgebracht . . . „Die legten wir nieder, und dann begann ein sonderbares Spiel: hinter den Wänden quoll es herauf in Modulationen und Schnörkeln: ‚Stürmisch die Nacht und die See geht hoch', und das ging über in Ringelnatzens Lieblingslied ‚La Paloma', und unser Herz bebte. Und

neben mir Asta Nielsen weinte laut. Ja, mehr war eigentlich nicht. Wir begleiteten den Sarg hinaus wie eine Nebelwamme auf der Nordsee . . ." Das Grab ist bedeckt von einer Platte aus Muschelkalk. Sie trägt nichts als den Namen. Die Bronzebuchstaben hat René Sintenis gezeichnet.
Aus „Ansprache eines Fremden an eine Geschminkte vor dem Wilberforcemonument":

Ich bin eine alte Kommode,
Oft mit Tinte oder Rotwein begossen;
Manchmal mit Fußtritten geschlossen.
Der wird kichern, der nach meinem Tode
Mein Geheimfach entdeckt. –
Ach Kind, wenn du ahntest, wie Kunitzburger
Eierkuchen schmeckt!

Das ist nun kein richtiger Scherz.
Ich bin auch nicht richtig froh.
Ich habe auch kein richtiges Herz.
Ich bin nur ein kleiner, unanständiger Schalk.
Mein richtiges Herz. Das ist anderwärts, irgendwo
Im Muschelkalk.

Antreten!

Den großen Umschwung, der eine neue Epoche – nicht nur der Tuberkulose – einleitete, mußte der Bänkelsänger nicht mehr erleben. Der NS-Staat nahm sich der Infektionskrankheiten diktatorisch an. Zunächst wurde befohlen, die jährlichen Verluste behördlich sauber zu erfassen. Die Zahlen redeten eine deutliche Sprache (90):

Tuberkulose der Atemorgane:

	neuerkrankt	gestorben
1936	60 727	32 877
1937	63 570	33 236
1938	60 420	30 623

Man versuchte, den Anteil der Tuberkulose-Kranken nach den Todesfällen in der Bevölkerung zu schätzen und kam zu folgender Berechnung: Anzahl der Offentuberkulösen gleich fünfmal der Anzahl der Tb-Todesfälle; Anzahl der Geschlossen-Tuberkulösen gleich fünfmal der Anzahl der Offentuberkulösen. Von den an der Tuberkulose Gestorbenen waren 1936: 37% unter 30 Jahre alt, 66% unter 45 Jahren. 1937 und 1938 waren in Deutschland 17% bzw. 19% aller Todesfälle Tuberkulöse.
So starben also an der Schwindsucht erstens viel zu viele Menschen, und zweitens hauptsächlich junge Menschen, die der Staat dringend brauchte als Arbeiter und Krieger, und Frauen, die er brauchte, um Kinder zu kriegen und die Hausarbeit zu bewältigen. Außerdem belastete ein Schwindsüchtiger seine Familie auf Jahre hinaus finanziell schwer, trotz eigener Versicherung und öffentlicher Fürsorge. Man rechnete für einen Tuberkulösen in ärztlicher Behandlung durchschnittlich pro Jahr 3000 Mark Versicherungskosten.
Der Staat organisierte das Gesundheitswesen auf breiter Front: 1942 existierten schon mehr als 1300 Tb-Fürsorgestellen mit 1500 Ärzten und 5000 Fürsorgerinnen. „In der Fürsorgestelle wird poliklinische Sprechstunde abgehalten. Der Fürsorgearzt muß große Erfahrung in den diagnostischen Hilfsmitteln haben: Röntgenbild, Tuberkulinprobe, TbB(akterien)-Nachweis. Behandlung erfolgt hier nicht. In den Wohnungen der Kranken sehen die Fürsorgeschwestern nach, ob Wohn- und Pflegemängel bestehen. Sie belehren den Kranken und die Angehörigen über die Ansteckungsgefahr."
Die Behörden warnten: Tuberkulöse sollten nicht heiraten; man könne sich auch bei einer Tb-behafteten Prostituierten infizieren; jeder Kranke solle möglichst ein eigenes Schlafzimmer besitzen, wo dies nicht möglich sei, könne Mietzuschuß für ein eigenes Zimmer gewährt werden. Aus dem Erlaß des Reichsministers des Innern vom 12. 12. 1938: „Der disziplinierte Offentuberkulöse mit wenig Auswurf braucht nicht abgesondert zu werden, dagegen müssen diejenigen Offentuberkulösen, die jede Vorsicht vermissen lassen und unbelehrbar sind, sowie Massen-TbB(akterien)-Ausscheider, abgesondert werden." Am schonendsten für den Kranken sei die Aufnahme in die Tb-Abteilung eines allgemeinen Krankenhauses. Sonderkrankenhäuser für offene Tb möge man Heimstätten oder Invalidenheime nennen, sie kämen sonst leicht in den abschreckenden Ruf, Sterbehäuser zu sein. Seit dem 1. 1. 1939 können einsichtslose Unbeherrschte und Böswillige (Asoziale) auch gegen ihren Willen auf Antrag des Amtsarztes durch die Ortspolizei im Krankenhaus oder in einer ähnlichen Anstalt abgesondert werden. Rigorose Maßnahmen sicherlich, aber

nicht nur von Diktaturen gefordert und durchgesetzt. Für eine rasche und kostengünstige Durchmusterung der Bevölkerung diente seit 1938 die Röntgenreihenuntersuchung. Anstelle teurer direkter Röntgenfotografie wurde das Bild vom Leuchtschirm mit der Kleinbildkamera aufgenommen und ausgewertet. Bis zu 180 Personen konnten so pro Stunde untersucht werden. Mit ihrem fahrbaren Röntgenzug suchten die Ärzte Fabriken und Betriebe auf und konnten neben der Tuberkulose auch Staublungen und einige Herz- und Gefäßschäden diagnostizieren. Die Röntgen-Reihenuntersuchung auf Tb wurde zu Beginn des Zweiten Weltkriegs auch von den Armeen der Alliierten eingeführt. Nach 1945 schickten die Besatzungsmächte ihre Röntgenbild-Wagen in Deutschland von Ort zu Ort, um die wieder grassierende Tb wenigstens zu registrieren.

Röntgen-Reihenuntersuchung in den 50er Jahren

In den gar nicht so goldenen Zwanzigern beschäftigte die Suche nach spezifischen Heilmitteln die besten Köpfe in den Laboratorien Europas und Amerikas. 1928 erleuchtete der Schotte Alexander Fleming die Medizinwelt mit seinem Schimmelpilz *Penicillium notatum,* welcher Staphylokokken vernichten konnte, und erhielt 1945 für sein segensreiches Penicillin den Nobelpreis, zusammen mit seinen Arbeitskollegen H. W. Florey und E. B. Chain. Die Entdekkung des Penicillins war das Ergebnis von Intuition und scharfer Beobachtung. Es dauerte nicht lange, und Penicillin wurde zum Mythos oder Sinnbild für die Allgewalt „moderner“ Medizin.

Auch Deutschland hatte wieder seine stillen Heroen. Gerhard Domagk gehörte zu ihnen. Geboren am 30. 10. 1895 in der reizenden Provinzstadt Lagow, Mark Brandenburg. Nach den ersten Medizinsemestern in Kiel eilte der Freiwillige an die Fronten des Ersten Weltkrieges und schrieb begeistert aus den Schützengräben von Flandern und Ypern über Blut, Dreck und Infektionen. Nach schwerer Verwundung in Rußland nahm er sofort sein Studium in Kiel wieder auf, arbeitete nach dem Examen als Assistenzarzt unter Professor Hoppe-Seyler am Kieler Städtischen Krankenhaus und fragte sich, warum manche Patienten von einer Infektion getötet wurden, andere aber nicht. 1923 ging er an die Pathologie der Universität Greifswald und arbeitete am Immunsystem von Mäusen. 1928 holte Heinrich Hörlein den jungen Vielversprechenden, eben Verehelichten in die Bayerwerke nach Wuppertal-Elberfeld und gab ihm ein eigenes Forschungslaboratorium.
Zusammen mit Josef Klarer arbeitete Domagk zunächst an den gefährlichen Streptokokken und testete Hunderte von Verbindungen. 1935 konnte er seine Arbeit über die Chemotherapie bakterieller Infektionen veröffentlichen – die Vorstellung des berühmten Mittels „Prontosil“. Manche sagten begeistert, mit Prontosil habe das „Wunder der Antibiotika“ begonnen. In einem dramatischen Ereignis mußte das Mittel sich bewähren: Die sechsjährige Tochter Hildegard hatte sich beim Spiel verletzt, die Wunde infizierte sich, man wollte den Arm amputieren. Domagk verweigerte die Operation, behandelte die Tochter

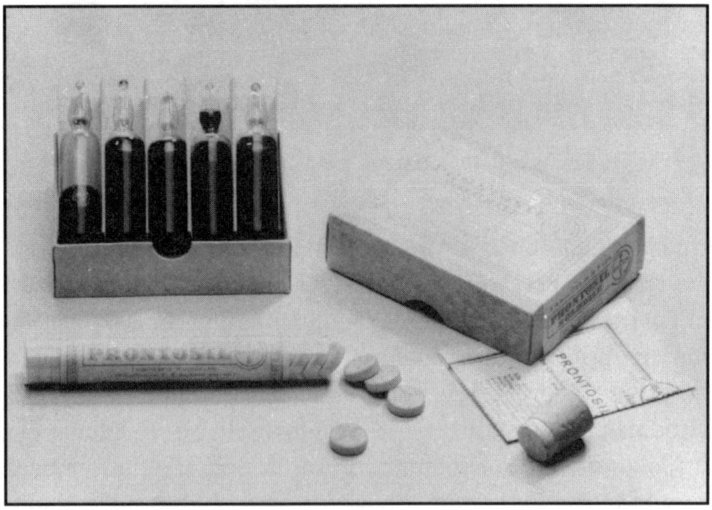

Prontosil-Ampullen

mit Prontosil, und nach zwei Tagen war die Körpertemperatur wieder normal, waren die Streptokokken besiegt.
Das Ausland reagierte skeptisch auf das Mittel aus Nazideutschland, vor allem Amerika. Ein Zufall kam zu Hilfe: Im Dezember 1936 erkrankte der Sohn des amerikanischen Präsidenten Franklin D. Roosevelt schwer an einer Streptokokkeninfektion und konnte mittels Prontosil gerettet werden. The New York Times titelte am 20. Dezember: „New Control for Infections" – das war der Durchbruch. Domagk erhielt 1939 die Nachricht von der Verleihung des Nobelpreises, durfte ihn aber nicht annehmen. 1947 endlich erhielt er die Medaille, nicht aber das Preisgeld.
Der Zweite Weltkrieg riß die friedliche, internationale Gemeinde der Wissenschaftler auseinander, trieb sie in feindliche Lager. Forschung wurde zum Nationaleigentum und Staatsgeheimnis erklärt. Keine Seite wußte, was die andere tat und plante. Die überlebenswichtige Kommunikation auch auf dem Gebiet der Tuberkuloseforschung war abrupt unterbrochen worden. Die Deutschen suchten weiter nach heilenden Substanzen in chemischen Verbindungen ... die Amerikaner fahndeten nach Medikamenten unter den Mikroben des Erdbodens.
Schauplatz des Geschehens waren die Laboratorien der Gruppe Boden-Mikrobiologie am Rutgers College für Ackerbau in New Jersey. Die Protagonisten heißen Selman Waksman und Albert Schatz; beide entstammen jüdischen Familien, die aus Rußland geflohen waren. Selman Abraham Waksman, geboren 1888 in Priluka, war seit 1916 amerikanischer Staatsbürger und seit 1940 Direktor des Instituts für Boden-Mikrobiologie, er galt als d i e Autorität seines Fachs und hatte Pioniertaten vorzuweisen wie die Entdeckung des Actinomycins; er prägte den Begriff Antibiotikum.
Sein fähigster Schüler, Albert Schatz, geboren 1920, hatte sich im Juni 1943 bei Waksman gemeldet, um unter seinen Fittichen zu promovieren. Das Thema: Actinomyceten als möglicher Killer von Mykobakterien. Es wurde für den jungen Wissenschaftler zur Obsession und zu einem Marathon der tausend Nährböden. Hoch riskant noch dazu, denn die Gefahr der Ansteckung lag sozusagen auf der Hand. Albert Schatz, ermutigt von Waksman, verband unermüdlichen Fleiß mit erstaunlicher Intuition – und machte den entscheidenden Fund – am 19. Oktober 1943.
Schatz hatte zwei Kolonien von Actinomyceten auf dem Tisch, welche Tb-Keime abtöteten. Waksman gab den Bakterien den Namen, der bald die Welt bewegte: *Streptomyces,* und sie erzeugten die Wunderdroge Streptomycin.

Selman Waksman

Schatz testete sein neues Antibiotikum an Meerschweinchen und forschte vor allem nach den gefürchteten Nebenwirkungen. Dr. William Feldman und Dr. Corwin Hinshaw testeten das neue Mittel an der Mayo-Klinik in Rochester, Minnesota. Im Januar 1944 publizierten Waksman, Schatz und Betty Bugie die Entdeckung ihres Streptomycins. Alle vernahmen die große Neuigkeit, nur Deutschland, die „Achsenmächte", natürlich nicht. Die Pharmafirma Merck & Co. in Rahway, New Jersey, produzierte das Mittel neben dem Penicillin. Im Januar 1945 waren die Tierversuche erfolgreich abgeschlossen. Man wagte sich an menschliche Tb-Patienten.
Frank Ryan (1992) erzählt den Fall der 21jährigen Patricia. Sie litt unter einer Lungentuberkulose im schwersten, nahezu hoffnungslosen Stadium. Man rechnete mit ihrem baldigen Tod. Eine Ärztegruppe an der Mayo-Klinik wagte es, dieser Frau einige Dosen des noch keineswegs ganz verstandenen Streptomycins zu geben – und Patricia genas. „Ein Ende wie im Märchenbuch", sagte jemand. Sie konnte entlassen werden, heiratete und bekam drei gesunde Kinder. Mit Patricia begann das „Wunder Streptomycin". Und wir vergleichen unwillkürlich das Glück dieser jungen Frau mit dem Ende abertausender

Schicksalsgenossinnen, für die niemand ein Heilmittel wußte. Dem Tod in letzter Minute „von der Schippe springen" – das war das Neue in der langen Schwindsuchtstory.

Ein Pfund pro Gramm

Mit letzter Hoffnung blickten Schwerkranke und Moribunde auf das Wundermittel aus der Neuen Welt. In England kostete das Gramm Streptomycin ein Pfund plus 60% Umsatzsteuer. Eine Behandlung erforderte 70 Gramm, und die Kosten mußte der Patient selbst tragen – und war keineswegs sicher, daß das Mittel die Tuberkelbazillen wirklich abtöten würde.
1944 war das Medikament in den USA auf den Markt gekommen, in England aber nur für den erhältlich, der gute Beziehungen hatte. War es aber wirklich ein Wundermittel? Für den politischen Schriftsteller George Orwell eine Frage auf Leben und Tod, als er am Weihnachtsabend 1947 das Zimmer 3 im Hairmyres-Hospital, East Kilbride bei Glasgow bezog, während er mittendrin steckte in den letzten Arbeiten für seinen Weltbestseller „1984". George Orwell war als Eric Arthur Blair am 25. Januar 1903 in Motihari (Indien) geboren worden und besuchte von 1917 bis 1921 das Eton College. Während der letzten Jahre wohnte er in Barnhill, Insel Jura, Argyllshire.
Facharzt Dr. Dick hatte bei Orwell eine große Kaverne im linken Lungenflügel diagnostiziert und legte ihn für sechs Monate still. Orwell schrieb (91): „Zunächst haben sie den Zwerchfellnerv abgeklemmt, der, glaube ich, die Lungenatmung steuert. Dann haben sie Luft ins Zwerchfell gepumpt . . . alle paar Tage bekomme ich eine Luft-‚Nachfüllung' . . . im übrigen fühle ich mich noch immer ziemlich krank." Mit rührender Hilfe von David Astor, Sproß der berühmten, schwerreichen Astor-Familie, Gesundheitsminister Nye Bevan und Telegrammen nach New York gelang es, das noch nicht freigegebene Streptomycin für Orwell zu beschaffen und ins Hospital zu bringen.
Zunächst schien das Mittel zu wirken. Orwell schrieb seine Artikel und Rezensionen, bis man ihm das Schreiben mit der Maschine strikt verbot. Dann schrieb Orwell über schmerzhafte Nebenwirkungen des Streptomycins: „Fast glaube ich, all die Medikamente bewirken nur die Versenkung des Schiffes, um die Ratten loszuwerden." Die Ärzte meinten, er könne das Hospital vielleicht schon bald verlassen. Aber die Nebenwirkungen des unerprobten Medikaments wurden fatal, Orwell schrieb: „. . . eine Art Ausschlag trat am ganzen Körper

auf, besonders den Rücken hinunter ... nach ungefähr drei Wochen bekam ich eine schwere Halsentzündung, die nicht wegzukriegen war, auch nicht durch Lutschen von Penicillindragees ... auf den Lippen bildeten sich Blutbläschen, während der Nacht platzten und bluteten sie heftig ... mittlerweile hatten meine Nägel sich an den Wurzeln gelöst ... die Haare begannen auszufallen." Nach 50 Tagen wurde das Streptomycin abgesetzt und die Nebenwirkungen bildeten sich zurück.

Im Juli 1948 wurde der Autor entlassen mit der Mahnung sehr, sehr vorsichtig zu sein; aber Schonung war diesem engagierten, fieberhaft arbeitenden Zeitkritiker undenkbar. Das Zimmer wurde geheizt von einem qualmenden Valor-Paraffinofen; und er tippte, teils im Bett, teils auf einem Küchenstuhl sitzend, die Reinschrift von „1984" mit zwei Durchschlägen. Das konnte nicht gutgehen, und so lag er bald, den Blick über den Bristolkanal auf die walisischen Berge, im Privatsanatorium Cranham, 300 m hoch. Lungenspezialist Dr. Morland, der auch Lawrence vor dessen Tode behandelt hatte, untersuchte Orwell und mein-

George Orwell

te, völlige Heilung sei nicht zu erwarten, das Leiden sei „gutartig chronisch“ und bei gänzlicher Schonung könne Orwell später vielleicht wieder ein paar Stunden täglich schreiben. Der Patient klammerte sich an jede positive Aussage, freute sich über die inzwischen reichlich fließenden Honorare und schmiedete Pläne für ein Buch „Essays und Skizzen“. So lange er noch ein weiteres Buch in sich habe, könne ein Schriftsteller nicht sterben, meinte er.
Am 3. September 1949 zog Orwell in sein letztes Krankenbett im Londoner University College Hospital an der Gower Street um. Mehr als 17 Pfund zahlte er für sein Privatzimmer. Seine eiserne Arbeitsmoral und die Angst, Zeit zu vergeuden, hatten ihn nicht verlassen. Die Schreibmaschine, ein Teil seiner selbst, war ihm endgültig genommen worden, er schrieb mit der Hand. Er träumte vom Tod. Bernard Crick zieht ein Fazit (91): „Die Tragik von Orwells Leben besteht darin, daß er, als er endlich zu Ruhm und Erfolg gelangte, schon vom Tode gezeichnet war, und das auch gewußt hat. ... nun hatte er Geld, aber nichts, wofür er es ausgeben, und auch Liebe, an der er nicht mehr teilhaben konnte. Er hat die Bitterkeit des Sterbens ausgekostet.“
Am 13. Oktober heiratete er – im Krankenzimmer – seine Sonia. Er war 46, sie 31 Jahre alt. Man machte sogar Reisepläne. Orwell schien bester Laune, erzählte über lustige Begebenheiten und die Zeit in Eton. Doch Orwell hatte den Gipfel „seines Zauberbergs“ schon erreicht. In der Nacht zum 21. Januar 1950 erlitt er eine neuerliche Lungenblutung und starb unmittelbar danach – allein, noch ehe man Sonia hatte erreichen können. Die Welt erfuhr es durch die Mittagsnachrichten der BBC. Alle Radios ließen soeben dreizehn schlagen, wie im ersten Satz seines Buches 1984. Er wurde beigesetzt auf dem Kirchhof von All Saints in Sutton Courtenay – nicht weit vom Familiensitz der Astors, wo David Astor eine Grabstelle gefunden hatte.

Normalverbraucher

In Deutschland war aller medizinischer Fortschritt, den Wissenschaftlergenerationen erarbeitet hatten, mit den Trümmern des Dritten Reiches untergegangen. Als am 8. Mai 1945 der Rundfunk die Kapitulation der deutschen Wehrmacht meldete, war die Kriegszeit mit ihrer funktionierenden Organisation des Gesundheitswesens zu Ende. Die Epoche des Niedergangs brachte die alten Helfer und Mitverursacher der Schwindsucht wieder auf den Plan, die sich schon nach 1918 bestens bewährt hatten: Schmutz, Verwahrlosung, Obdachlosigkeit, Angst, Flucht, Kälte, Hunger – Hoffnungslosigkeit, und wie die apokalyptischen Reiter sonst hießen.
Hohläugig schleppten sich die Kolonnen der Kriegsgefangenen in die Heimat, die mageren Körper voller Krankheiten und Gebresten. Zusammengepfercht nächtigten Ströme von Flüchtlingen Leib an Leib in ungeheizten, verlausten Baracken. Kinder schliefen in feuchten Kellern, unter Trümmern, und manche erfroren in ihren Betten. Wer kannte noch Klo und Bad? Im April 1946 veröffentlichte die „Süddeutsche Zeitung" ihr Foto mit der Tagesration eines Normalverbrauchers: je ein halber Kaffeelöffel Nährmittel und Zucker, ein fingernagelgroßes Stück Fett, eine halbe Streichholzgröße Käse, ein Radiergummigroßes Fleischfetzchen, 2 Kartoffeln, eine Prise Ersatzkaffee, ein Schluck Magermilch. Im kältesten Hungerwinter 1946/47 gab es für viele nicht einmal etwas zum Heizen oder Kochen. Man sprach vom „Kartoffelkrieg" und plünderte Reichsbahngüterzüge. Die 1000 Kilokalorien, die man bekam (2600 Kilokalorien hielt man für die Mindestgrenze), reichten weder zum Leben noch zum Sterben. Die kleinste Ansteckung brachte die ausgemergelten Körper zum Kollaps. Vitamine gab es nicht einmal auf dem Schwarzen Markt.
Wie in den alten Zeiten traten sie wieder auf den Plan zwischen 1945 und 1949, die Seuchen mit den bekannten Namen: Scharlach, Keuchhusten, Gonorrhoe, Diphtherie, Masern – jeweils Zehntausende von Fällen im Jahr – sogar die Krätze war wieder da. Die Besatzungsmächte, vor allem die Amerikaner, streuten den Deutschen DDT-Puder unter die Kleider, aus Angst vor Läusen. Und sie gaben Penicillin frei für die Besiegten, weil sie besorgt waren um die Gesundheit ihrer Truppen. Aber das teure Streptomycin war in deutschen Kliniken noch lange nicht verfügbar und mit der wertlosen Reichsmark vor der Währungsreform auch nicht zu bezahlen. Also mußte es weitergehen wie zuvor mit dem Aufenthalt in Sanatorien – Plön, Tönsheide, und viele andere – aber

auch dort herrschte katastrophaler Mangel an den nötigsten Nahrungsmitteln. Gesundheitsbehörden hatten errechnet, daß 1947 11 000 Offentuberkulöse bei ihren Familien lebten, daß allein in der Britischen Besatzungszone rund 200 000 Menschen in ein Lungensanatorium gehörten, doch überall fehlte es an Raum, an Betten, an Schwestern, an geschulten Ärzten und an Medikamenten. Auf dem Lande war kaum ein Stall zu finden, dessen Rinder nicht Tb-verseucht waren, ihre Milch also ansteckend war für Kinder, die glücklich einen Schluck köstlicher Kuhmilch beim Bauern getrunken hatten. In den Kinderkliniken war die Bettennot besonders drückend.

Vasold (15) gibt an, „Tuberkulose forderte 1949 – aus einer Bevölkerung von 47,1 Millionen im Bundesgebiet – mehr als 19 500 Tote." Es ist müßig, darüber nachzudenken, wieviele hätten gerettet werden können bei einer rechtzeitigen Behandlung mit dem Antibiotikum. Natürlich traten auch die Wundermänner wieder ins Rampenlicht, weil sie das große Geschäft witterten: 1949 (92) empfahl ein bayerischer Arzt den täglichen Konsum einer bestimmten Käsesorte zur Vorbeugung und Heilung der Tb, während ein Passauer Mediziner den sogenannten Heilschlaf von 16 bis 24 Stunden als Mittel gegen Infektionskrankheiten einsetzte. Massenaufläufe mit Lourdes-Atmosphäre löste Wunderheiler Bruno Gröning aus, der mit Stanniolkugeln und Handauflegen Krankheiten, darunter auch Tuberkulose, zu heilen vorgab. Viele haben ihm vertraut und mancher fühlte sich von ihm geheilt.

Trotz düsterer Prognosen erholten sich die Deutschen bald vom Zusammenbruch. Anfang der fünfziger Jahre, mit steigendem Wohlstand, hatten Herz- und Kreislaufstörungen die Tuberkulose als Volkskrankheit Nr. 1 abgelöst. Männer wurden im Durchschnitt 65 Jahre, die Frauen 69 Jahre alt. Kräftige Ernährung, Vitamine, allgemeine Hygiene, umfassende medizinische Dienstleistung, bessere Medikamente, aber auch Optimismus und Lebenswille drängte die Infektionskrankheiten nach und nach zurück. Die jährliche Todesrate an Tb stand aber – trotz Waksmans Streptomycin – bei 12 000 Verstorbenen.

1957: Veränderte Todesursachen (93)

Je 100 Gestorbene	1912	1932	1952	1957
Tuberkulose	9,7	6,8	2,6	1,7
Lungenentzündung	8,4	6,5	3,8	3,8
Herz-Kreislauf	10,6	15,3	21,7	25,5
Krebs	5,2	12,5	17,5	17,0

Nach dem großen Krieg hatte die Tuberkulose als Handlungsstoff, künstlerische Vorlage und Gegenstand philosophischen Denkens keineswegs ausgedient. Daran änderten auch die Antibiotika zunächst nichts.

Kurz vor der Abschlußprüfung des Gymnasiums erfuhr der 1915 in Cherbourg geborene Roland Barthes, er habe Lungentuberkulose. Fortan verlief ein tiefer Riß durch seine Existenz. Luftkuren, Klinikaufenthalte wurden unterbrochen von kurzzeitigen Besserungen. Bis 1939 studierte Barthes an der Sorbonne, arbeitete danach an einer Volksschule und bezog wieder für Jahre das Sanatorium von Saint-Hilaire-du-Touvet. Eines seiner fruchtbarsten Arbeitsgebiete waren die Untersuchungen zu Sprache und Mythos des Alltags. Barthes starb an den Folgen eines Verkehrsunfalls am 16. März 1980. Über die Tuberkulose schrieb er einmal: „Eine schmerzlose, unbeständige Krankheit, eine saubere, geruchlose Krankheit. Sie hatte keine anderen Merkmale als die unendliche Dauer und das gesellschaftliche Tabu der Ansteckungsgefahr. Ansonsten blieb man krank oder wurde geheilt durch einen rein ästhetischen medizinischen Zufall. Die anderen Krankheiten führten zur gesellschaftlichen Ächtung. Durch die Tb hingegen wurde man in eine kleine ethnographische Gesellschaft eingegliedert, die zugleich die Merkmale eines Volksstammes, eines Klosters hatte – Riten, Zwänge, Schutz.“
Wir finden diese Gedanken auch in den bösen Selbstgesprächen eines Phthisikers, die Thomas Bernhard 1981 in „Die Kälte, eine Isolation“ vorlegte: „Die Gänge waren von diesem feierlichen Ziehen an Dutzenden und Aberdutzenden von zerfressenen Lungenflügeln und vom Schlurfen der Filzpantoffeln auf dem karbolgetränkten Linoleum erfüllt. Eine Prozession fand hier statt, die auf der Liegehalle endete, in einer Feierlichkeit, wie ich sie bis dahin nur bei katholischen Begräbnissen konstatiert hatte, jeder Teilnehmer an dieser Prozession trug seine eigene Monstranz vor sich her, die braune Glasspuckflasche . . . Noch stand ich da, in einer Ecke, von welcher aus ich alles mit größter Deutlichkeit sehen, in der ich selbst aber kaum entdeckt werden konnte, als der Beobachter einer mir neuen Ungeheuerlichkeit, ja absoluten Menschenunwürdigkeit, die nichts als abstoßend, die Häßlichkeit und die Rücksichtlosigkeit zur Potenz gewesen war, und gehörte doch im Augenblick schon dazu . . .“
Daß Ärzte im schlimmsten Falle kaum etwas anderes vermochten, als Hoffnung zu verbreiten, erzählt Max Frisch in seinem Roman „Stiller“, der dramatischen Kriminalgeschichte um die schöne Primaballerina Julika Stiller-Tschudy, die ihren geliebten Beruf aufgeben muß: „Es war ihre linke Lunge. Es war so, daß

der Arzt überhaupt nur in menschlichen Vertröstungen redete, scheint es, ohne sich in die medizinische Terminologie einzulassen. Er nannte Fälle von völliger Genesung, die er selber gesehen hätte. Er war menschlich ganz großartig, der Arzt. Nicht daß er irgend etwas ins Blaue hinaus garantierte; dazu nahm er Julika als Persönlichkeit zu ernst. Immerhin hielt er es, angesichts ihrer grellen Verzweiflung, für möglich, für durchaus möglich, daß die schöne Julika dereinst zum Ballett zurückkehren könnte. Ohne Garantie, wohlverstanden. Das einzige, was er als verantwortungsbewußter Arzt garantieren konnte, war ihr früher Tod, falls sie nicht sofort in ein Sanatorium gehen würde. Julika war nun etwa siebenundzwanzig oder achtundzwanzig Jahre alt."

Der Krieg zwang Männer in den stickigen, feuchten Pferch der Kriegsschiffe. In den fünfziger Jahren gestaltete der britische Autor Alistair Maclean in seinem Roman „Die Männer der Ulysses" den verlustreichen Geleitzugskrieg im Eismeer. Vergeblich warnt der Arzt den Admiral: „Pferchen Sie die Männer zusammen wie Heringe in einem Faß, ersticken Sie in ihnen den letzten Funken Widerstandskraft, zwingen Sie sie, tagelang unter Deck zu bleiben – was erzielen Sie dann? T.B.! Unausbleiblich! Gewiß habe ich bisher nur wenige Isolierfälle, aber ich weiß, daß akute Lungentuberkulose sich in den Mannschaftsdecks rasch entwickelt. Den gesundheitlichen Verfall habe ich seit Monaten schon beobachtet." Eingaben an die Admiralität brachten höfliches Bedauern, aber Männer waren in diesem Krieg so knapp wie Schiffsraum. Im letzten Kampf des Kreuzers Ulysses stirbt der von allen verehrte Kommandant Richard Vallery an der Tuberkulose und läßt seine Männer mutlos zurück.

Mit wehem Herzen erzählt Benoîte Groult 1983 in „Leben will ich" vom Tod ihres Jean-Marie: „Jean-Marie starb sehr schnell dahin. Am folgenden Tag hatte er nur 39. Es wurde beschlossen, ihm eine Drainage zu legen. Am übernächsten Tag hatte er wieder 41, man entschloß sich zu täglichen Spülungen mit den letzten Sulfonamiden, die noch ausfindig gemacht wurden, denn die klaffende Wunde hatte sich infiziert. Das Gefäß unter dem Bett füllte sich regelmäßig mit einer dicken Flüssigkeit, die Tobé untersuchte, ohne seine Besorgnis verbergen zu können. Es war klar, daß für ihn bereits alles verloren war, auch die Ehre. Zwei Tage danach bekam Jean-Marie eine Blutung. Wahrscheinlich war das Penicillin zu spät gekommen. Am nächsten Morgen war er so schwach, daß man darauf verzichtete, ihn frisch zu verbinden. Rote Ränder zeichneten sich immer deutlicher um seine Ohren ab. Der fade Geruch seines Blutes, seines geliebten Blutes, der von seinen Schultern emporströmte, wenn ich mich zu ihm neigte. Und an diesem Nachmittag, während die Ärzte sich draußen im Gang

Fragen stellten über seine verblüffende Widerstandskraft, hörte er plötzlich zu atmen auf. Ich war gerade dabei, den Teil seines Rückens, den man berühren konnte, mit Kölnisch Wasser einzureiben."

Und heute?

Jean-Marie war nicht der letzte. Aber seine Umwelt hatte sich gewandelt in den letzten Jahren. Die Ärzte wußten nun mehr über Ursachen und Abläufe der Tuberkulose, und die Pharmaindustrie hatte ihnen Mittel gegeben, mit denen sich eine früh erkannte Tb relativ einfach und unkompliziert behandeln und ausheilen ließ: Dem Wundermittel (miracle drug) Streptomycin von 1943 folgte eine Phalanx von Antituberkulotika, die dem Erreger das Überleben aufs äußerste erschwerten: Isoniazid, Rifampicin, Pyrazinamid, Ethambutol, Streptomycin, Protionamid. Sie bewirkten und bewirken Erstaunliches. Zusammen mit sorgfältiger medizinischer Betreuung, weiträumiger Aufklärung und einem allgemein gestiegenen Wohlstand drängten sie *Mycobacterium tuberculosis* in Europa zurück. Die folgenden Zahlen sind ein deutliches Indiz dafür (85):

Erst- und Wiedererkrankungen in Deutschland (BRD)

1950	1960	1970	1980	1990
130 080	70 325	48 252	25 924	12 184

Das Deutsche Zentralkomitee zur Bekämpfung der Tuberkulose, Mainz, berichtet: „1990 wurden 12 184 neue Erkrankungsfälle an Tuberkulose registriert, das entspricht einer Inzidenz von 19,6 auf 100 000 Einwohner ... Von den insgesamt 12 184 neuen Erkrankungsfällen entfallen 2740 (22,5%) auf in der BRD lebende Ausländer. Gegenüber 1989 hat die Zahl der an Tuberkulose erkrankten Ausländer um 124 Fälle (4,7%) zugenommen. Die Inzidenz ist bei den Ausländern von 63,1 auf 66,1 auf 100 000 Ausländer angestiegen." Die Rückläufigkeit der Tuberkulose bei den Deutschen wird also gebremst durch die Zunahme der Tb bei den hier lebenden Ausländern – was zusätzlich bereits ausländerfeindliche Tendenzen unterstützte.

In Deutschland wird heute eine allgemeine Schutzimpfung mit dem BCG-Impfstoff angesichts des geringen Infektionsrisikos und der Möglichkeiten der Chemotherapie nicht mehr von allen Experten empfohlen, da sie auch unerwünschte Nebenwirkungen zeigt. „Eine Impfung lohnt nicht" – das mag richtig sein für Länder mit rückläufigen oder stagnierenden Erkrankungszahlen. Im Weltmaßstab gibt das Bild keinen Anlaß zum Optimismus.

Es kam aus Afrika

Das Last-minute-Ticket Frankfurt-Nairobi-Frankfurt war nicht so teuer; und als Karlfried T., kaufmännischer Angestellter, endlich in der Maschine saß und der Stewardeß beim Servieren zuguckte, träumte er intensiv von allen Köstlichkeiten, die ihn bei den kohlschwarzen, liebeskundigen Ladies erwarteten. „Wunder wie bei Aladin" hatte man ihm unter der Hand erzählt, und die mußte er erleben, koste es was es wolle. An der Bar des Sunshine-Hotels, Nairobi, standen sie reihenweise, die hohen edlen Massaifrauen neben den zarten weißgewandeten Kikuyumädchen, und sie machten den weißen Bwana ganz schön an mit leicht obszönen Bewegungen und blitzenden Gebissen. Schwarzes Fleisch war billig zu haben. Und abends auf dem Zimmer der rote Zettel auf dem Nachttisch: Take care for AIDS, hieß es. „Ach scheiß drauf, nun bin ich mal in Afrika, und jetzt muß es sein." Und Karlfried stürzte sich hinein ins „volle Menschenleben." Und konnte zu Hause in Frankfurt nicht mehr schlafen vor Angst: „Hab' ich's – hab' ich's nicht? Mein Gott, was tue ich bloß? Den Test machen lassen? Das halt' ich nicht aus." Für Karlfried verschwand das heiße Afrika wie ein schwerer Traum.
Karlfried war, wenn auch auf den Umwegen des Tourismus, an der Quelle des Übels gewesen. In Zentralafrika, so rekonstruierten Forscher, war das „Human Immunodeficiency Virus" (HIV) schon lange endemisch in der Bevölkerung, wurde mit Transporten von Negersklaven aus Zentralafrika nach Haiti eingeschleppt und ließ sich dort nieder (94). Etwa um 1980 könnte das Virus mit dem Homosexuellentourismus von dort in die Ballungsgebiete der Homosexuellen, New York und Kalifornien, eingeschleppt worden sein. 1981 brach die AIDS-Epidemie in den USA aus und griff um sich wie ein Buschfeuer. In einem Abstand von drei Jahren folgte Europa.
Schlagartig wurde die menschliche Gesellschaft mit einem Krankheitserreger konfrontiert, dem mit dem Rüstzeug medizinischer Forschung kaum beizukommen war. Und – weit schlimmer noch – die neue Seuche brachte die Menschen nicht an einen Tisch, um gemeinsam den Kampf aufzunehmen, sondern AIDS war von Anfang an abgestempelt als „Schwulenkrebs" und spaltete die Gesell-

schaft in Homosexuelle und „Normale“. Randy Shilts hat als Reporter für den San Francisco Chronicle fünf Jahre lang über die Geschichte der Immunschwächekrankheit AIDS recherchiert und geschrieben (95) und nennt es eine Geschichte des großen Versagens, eine Mischung von Tapferkeit und Feigheit, Mitleid und Bigotterie, Inspiration und Käuflichkeit, Erlösung und Verzweiflung. In den Jahren nach 1980 war es besonders schlimm: Die Regierung verweigerte Forschungsgelder, Wissenschaftler fürchteten, es schade ihrem Ruf, eine Homosexuellenkrankheit zu ergründen; Forscher verschlissen sich im Kampf gegeneinander; die Massenmedien wollten nicht über die unappetitliche Krankheit von Randgruppen berichten.

Zwischen dem Erstentdecker des Virus, Professor Luc Montagnier vom Pariser Pasteur-Institut, und Dr. Robert Gallo vom amerikanischen National Cancer Institute entbrannte ein jahrelanger, erbitterter Prioritätenstreit, den schließlich am 23. April 1984 in Washington D.C. die Amerikaner mit der spektakulären Rede der Gesundheitsministerin Margaret Heckler für sich entschieden – aus Gründen der Wahlpropaganda und des nationalen Prestiges – und so die Franzosen wissentlich um ihre Leistungen betrogen. Alle diese unerfreulichen nationalistischen Spielereien hatten mit Wissenschaft kaum mehr etwas zu tun, gefährdeten das Leben vieler Patienten und erinnern uns ein wenig an die Muskelspiele zwischen Deutschland und Frankreich anläßlich der Tuberkulin-Debatte um 1890.

Fünf Jahre hat es in Amerika gedauert, abertausende Menschen mußten qualvoll sterben, bis die mächtigen Massenmedien endlich gezwungen waren, das unappetitliche AIDS-Thema anzufassen – weil auch Prominente zu den Opfern gehörten: *DRINGEND ... HOLLYWOOD UPI ... SCHAUSPIELER ROCK HUDSON, LETZTER PROTOTYP DES MÄNNLICHEN ROMANTISCHEN HELDEN ... LEIDET AN INOPERABLEM LEBERKREBS, MÖGLICHERWEISE IN VERBINDUNG MIT AIDS ...*

Hudsons Hausarzt in Los Angeles bestätigte, daß der Schauspieler nach Paris gereist sei, um Ärzte am Pasteur-Institut zu konsultieren. Ganz Amerika horchte auf. Zeitungen, Nachrichtensendungen, Fernsehgesellschaften waren aufs höchste alarmiert. Sie mußten zugeben, Hudson sei homosexuell gewesen. Die AIDS-Forscher bezeichneten die Bekanntgabe der Erkrankung von Hudson als das wichtigste Ereignis in der Geschichte der Epidemie. Die Erkrankung des Schauspielers schien eine archetypische Seite im amerikanischen Bewußtsein zu berühren. Seit Jahrzehnten hatte Hudson zu den wenigen Filmschauspielern gehört, welche die Männlichkeit des gesunden Amerikaners personifizierten.

Und nun AIDS? Die Krankheit war gesellschaftsfähig, ihre Bekämpfung eine Sache aller geworden.

„Warum wütet die Epidemie überproportional stark unter Künstlern?", fragte der Autor und Literaturkritiker Fritz J. Raddatz, „und hat das Grausen eine eigene Figura gewonnen, eine spezifische Ausdrucksform in den Künsten – ob Theater, Film, Malerei oder Prosa?" (94). Rudolf Nurejew, Michael Foucault, Keith Haring, Anthony Perkins, Klaus Schwarzkopf, Miles Davis, Jean-Paul Aron, Cyril Collard und so viele andere starben an AIDS.
Diese Tragödien lenkten die Blicke aller Welt auf ein Wunder der Evolution – das Immunsystem, Wächter und Bewahrer des Lebens. Ihm ist zu danken, daß die Spezies Mensch den langen Weg überstanden hat aus der Höhle von Orkkh bis in die Hochhäuser von Manhattan, den Weg durch Myriaden von Krankheitserregern. Das Immunsystem hat heute als Objekt der Forschung absolute Priorität. Man kann es vereinfacht als eine Spezialtruppe sehen, ein Team von Zellen, hocheffizient und begabt mit einem phänomenalen Gedächtnis für Feindbilder: Wer als Mikrobe einmal im Körper auftaucht, wird immer wieder erkannt. Das System kann sich aber auch gegen sich selbst richten, kann die Zellen eines implantierten Organs zerstören oder gar körpereigene Zellen – lebensbedrohende Autoimmunkrankheiten entstehen.
Der australische Immunologe Sir Gustav Nossal erinnerte kürzlich daran (96), daß Emil von Behring und Schibasaburo Kitasato während ihrer Assistenzzeit bei Robert Koch 1890 schon Antikörper entdeckt hatten, die sich eindringenden Bakterien und Viren anheften und sie ummanteln; von Freßzellen wie den Makrophagen werden sie verschlungen. Jahrzehnte später erkannte man den Aufbau von Antikörpern. Das Y-förmige Proteinmolekül besteht aus vier Ketten von Aminosäuren, aufgrund deren Aufbau der Antikörper spezifisch mit seinem Zielmolekül, dem Antigen, reagiert. Man nimmt an, daß der Körper nahezu unbegrenzt viele Antikörper unterschiedlicher Spezifität bilden kann. Eine zweite Form der Immunantwort ist zellulärer Natur, indem körperfremde Zellen von Lymphozyten angegriffen werden. Zwei Klassen gibt es: die im Thymus reifenden *T-Zellen* und die *B-Zellen,* die die Antikörper produzieren. T-Lymphozyten und Antikörper greifen eng ineinander und ergänzen sich. Antikörper lagern sich rasch an Toxinmoleküle und die Außenhülle von Erregern an und blockieren sie. T-Zellen spüren Krankheitserreger auf, auch solche, die sich im Zellinneren verbergen, und zerstören sie. T-Zellen produzieren Interleukine, wodurch B-Zellen zur Zellteilung angeregt werden, und fördern

so die Bildung von Antikörpern. Manche Lymphozyten „locken" mit einem chemischen Signal Makrophagen und andere weiße Blutkörperchen an, die wie Müllmänner arbeiten, den Infektionsherd säubern, indem sie Fremdkörper und abgestorbene Zellen verschlingen.

Eine Armada verschiedener Zellen und Moleküle schützt und verteidigt also den Organismus. Ein immerwährender Krieg. Angriffsziel: Irgendein Antigen, ein fremdes Proteinmolekül von einem Bakterium oder einem anderen eingedrungenen Erreger. Der Mensch besitzt etwa zehn Billionen B-Zellen, die mehr als 100 Millionen verschiedener Antikörper herstellen können. Aber: Mikroorganismen evolvieren viel schneller als Tiere und Menschen und „erfinden" immer neue Tricks, um der Immunität zu entkommen. Im fortwährenden Ringen zwischen äußerst mutationsfähigen Mikroorganismen und ihren Wirten formte sich die Immunabwehr des Menschen und anderer höherer Organismen im Zuge der Evolution. Der amerikanische Immunologe William E. Paul beschreibt das Wesentliche: „In jedem Individuum wird dieser Kampf neu ausgefochten. Im Laufe eines Lebens begegnen die Abwehrkräfte unzähligen Herausforderungen und machen zahllosen Gegnern den Garaus. Oft ist eine tödlich verlaufende Infektion die einzige, dafür aber endgültige Niederlage in einem ansonsten siegreichen Feldzug." Es ist genial konzipiert, in Jahrmillionen gewachsen, das Immunsystem, und es wird immer von neuem bis an die äußersten Grenzen seiner Möglichkeiten getrieben. In unseren Tagen zum Beispiel von dem HIV – verantwortlich für das *acquired immunodeficiency syndrome* (erworbene Immunschwäche), AIDS.

Unser ausgeklügeltes Abwehrsystem macht es den Viren leicht, die sich ausgerechnet mit Hilfe der Zellen und Interaktionen des Immunsystems ausbreiten. Ein grausames Beispiel der Evolution. Der in San Francisco lehrende Mikrobiologe Warner C. Greene bemerkt, „ . . . ist es inzwischen zu einer traurigen Gewißheit geworden, daß der Erreger von AIDS, das Human-Immunschwächevirus (HIV), weltweit eine der größten Bedrohungen für Leben und Gesundheit der Menschen darstellt." Ungefähr 19,5 Millionen Menschen waren Ende 1992 infiziert. Das AIDS-Vollbild ist bei mehr als drei Millionen Menschen bisher ausgebrochen, die meisten sind bereits tot. „Nach begründeten Schätzungen wird es im Jahr 2000 zwischen 40 und 110 Millionen HIV-Infizierte geben . . . Neuinfektionen – die meisten davon inzwischen durch heterosexuelle Kontakte – ereignen sich weiterhin im Durchschnitt alle 15 Sekunden. Kein Land und keine gesellschaftliche Gruppe ist dagegen gefeit. Besonders schnell breitet HIV sich derzeit in Ostasien aus . . . Weltweit machen Frauen heute ungefähr 40%

der AIDS-Fälle aus, und etwa 10% der Opfer sind Kinder infizierter Mütter." Es existieren viele verschiedene Stämme von HIV, manche davon sind gefährlicher als andere (HIV-1, HIV-2 etc.). Die komplizierte Struktur von HIV (Durchmesser ca. ein zehntausendstel Millimeter) konnte mittels hochauflösender elektronenmikroskopischer Aufnahmen inzwischen ermittelt werden. Die Infektion: HIV dringt bevorzugt in T-Lymphozyten ein – heftige Antwort des Immunsystems. B-Zellen produzieren Antikörper und Killer-T-Lymphozyten vermehren sich, können aber die Viren nicht ausschalten. Wenn HIV-Antikörper im Blut zu finden sind, hat HIV sich bereits „festgesetzt". Die Anfangssymptome einer Infektion äußern sich in einer mäßig starken grippeähnlichen Erkrankung, die meist mit Fieber und Gliederschmerzen einhergeht und gewöhnlich höchstens ein paar Wochen dauert. In dieser Zeit sind große Mengen des Virus im Blut vorhanden, und es kommt wahrscheinlich relativ leicht zur Übertragung. Sobald dann die Immunreaktion voll im Gange ist, werden die Viruspartikel aus dem Blut entfernt. Die Viren in den infizierten Zellen entgehen jedoch der körpereigenen Abwehr, und aus ihnen vermehren sie sich weiter, ohne weitere Krankheitssymptome zu verursachen. Nach zwei bis zehn Jahren erst haben die Viren das Immunsystem so weit geschädigt, daß opportunistische Krebsformen und Infektionen auftreten.
Eine Behandlungsmethode für AIDS ist nicht in Sicht. Forscher wie Warner C. Greene glauben, „daß bis zum Ende des zweiten Jahrzehnts der Epidemie wesentlich bessere virushemmende Medikamente und Therapieverfahren zur Verfügung stehen werden, ... daß dabei Kombinationen von Wirkstoffen zum Einsatz kommen, die sich gegen verschiedene Phasen im Vermehrungszyklus von HIV richten." Da HIV sehr variabel ist, sind die Aussichten auf einen praktisch einsetzbaren vorbeugenden Impfstoff düster. Die Menschheit wird mit diesem geheimnisvollen HIV weiter „leben" müssen.

Unheilige Allianz

Was aber hat AIDS mit Tuberkulose zu tun? Die HIV-Infektion stört in schwerster Weise die Immunfunktionen. Andere Infektionen können offenbar bei einem HIV-Träger das Fortschreiten der Immunschwäche beschleunigen und ihrerseits zur eigentlichen Todesursache werden. Zu diesen sogenannten „opportunistischen Infektionen" zählt auch die Tuberkulose.
Während in Europa das magische Wort „AIDS" oft noch mit scheuer Ehrfurcht ausgesprochen wird (falls man es nicht schamhaft verschweigt), scheint sich in

den USA ein makabrer „Titanic“-Effekt herauszubilden (97). Aus New Yorks heißer Discowelt wird gemeldet, das Thema der 90er Jahre sei Sex – ohne einschränkende Vorsichtsmaßnahmen. Bei der ersten Generation, die mit AIDS aufgewachsen sei, habe die Infektion ihre Schrecken verloren: Sex um jeden Preis – wer kann es glauben? Hinzu kommt die unerwünschte Renaissance der längst totgeglaubten Tuberkulose.

Für die Fernsehdokumentation „Die Tuberkulose“ im Rahmen des WDR-ARTE-Programms „Les Grandes Maladies“ befragten wir 1993 Experten in Deutschland, Polen, Frankreich, Israel und den USA über die aktuelle Alltagssituation: In New York, wo Bill lebte, verwies man uns an das prominente Bellevue-Hospital. Dort empfing uns zunächst Schwester Esmeralda, und sie kochte vor Wut: „Es ist kaum zu fassen. Die sturen Böcke hauen ab, aus dem Bett, vom Klo weg runter auf die Straße. Aber drei Monate später kommen die Scheißer angewinselt: ‚Nehmt mich auf! Mir ist so schlecht!‘ Saublöde. Wenn sie gleich hierblieben, wie wir ihnen immerzu vorkauen, und ihre Schwindsucht richtig auskurierten, könnten sie ja gehen und wir wären sie los. Aber so . . .“

Meistens hat sie eine Engelsgeduld mit ihren hustenden Patienten und hält ihre Abteilung IV prima in Ordnung. Aber es geht ihr schlicht gegen den Strich, wenn Patienten, die man jetzt noch mit den gängigen Medikamenten kurieren könnte, abhauen und – nicht nur – ihr Leben riskieren. Denn sie sind ja nicht geheilt, wenn sie wieder „homeless“ auf der Straße liegen – sie stecken die Kolle-

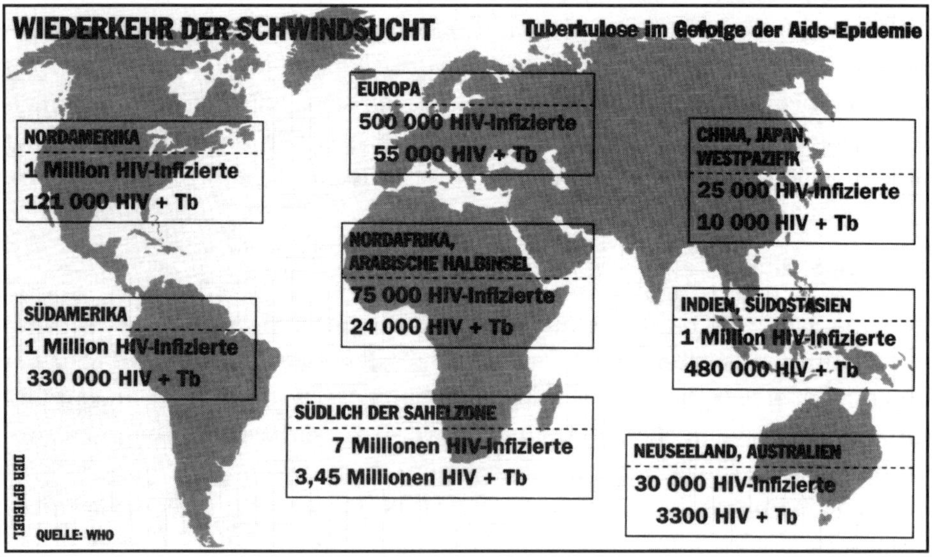

gen an mit den Erregern, die sie ständig aushusten. Als Schwester Esmeralda ihren Beruf lernte, vor 15 Jahren, redete kein Mensch davon. Heute stehen Patienten Schlange vor den Hospitälern, leiden an Tb, an AIDS oder an beidem zugleich.
DER SPIEGEL schrieb dazu 1992: „Weltweit liegt bislang die Zahl der gleichzeitig HIV- und Tb-Infizierten zwischen 10 und 15 Prozent (siehe vorstehende Grafik). Das Risiko, an Tb zu erkranken, ist für einen HIV-Patienten 100- bis 500mal größer als für einen Gesunden mit intaktem Immunsystem."

Unerwünschte Wiederkehr

Tuberkulose, das vor Jahrzehnten zu den Akten gelegte nostalgisch-romantische Leiden, ist zurückgekehrt durch Erreger, die nur noch „lächeln" können über menschlichen Fortschrittsglauben und herkömmliche Antibiotika-Therapie. Renitent sind sie, die berüchtigten Mykobakterien und resistent. Und resistent wurden die Erreger, eben weil Bill und andere Leichtfertige – jeder fünfte Tb-Kranke – nach kurzer Antibiotikabehandlung abhauen. Die robusten Bakterien überstehen die zu kurze Chemotherapie und sind fortan, mitsamt ihren Nachkommen, möglicherweise immun gegen unsere Gifte. Bakterien machen ihre eigene Evolution durch, und weil sie sich relativ schnell fortpflanzen, verläuft auch ihre Evolution in höherem Tempo als bei vielzelligen Organismen.
Es gibt Ärzte in den Vereinigten Staaten, die sich schmerzlich ihre alten, inzwischen vergammelten Sanatorien zurückwünschen. In solchen Häusern wurden früher Patienten erst entlassen, wenn ihre Tb ganz ausgeheilt war, keinen Tag früher. Lungenfacharzt Dr. William Rom ist müde vom täglichen Job im Bellevue-Hospital, doch er antwortet freundlich auf die immer gleichen Fragen der Reporter: „Wir arbeiten mit dem DOT-System, das heißt, mit der direkten Beobachtung. Jeder Patient wird tagtäglich überwacht von einer Schwester; jede Pille, wie er sich fühlt, alles wird registriert. In der geschlossenen Abteilung bringen wir die Rückfälligen so lange unter, bis sie entlassen werden können. Das ist alles, was wir im Augenblick gegen diese Epidemie tun können."
Es sah so aus, als sei die Tuberkulose hier so gut wie verschwunden. Heute nimmt die Zahl der Tb-Fälle stetig zu.
„Es ist eine Epidemie. Der Anstieg in New York, Newark, Atlanta, San Francisco ist enorm. Ein Phänomen der letzten vier oder fünf Jahre. Besonders stark

ist heute der Anstieg bei Strafgefangenen, Obdachlosen, bei Drogenabhängigen, bei HIV-Infizierten. Das HIV-Virus schwächt bei vielen Menschen das Immunsystem derart, daß eine Tb sich verheerend auswirkt."

Gibt es gesicherte Zahlen?

„In den Vereinigten Staaten werden uns pro Jahr ungefähr 25 000 Fälle mit akuter Tb gemeldet. Die landesweite Zunahme liegt heute bei etwa 10 Prozent. Hier in New York ist der Anstieg rapider als im Landesdurchschnitt; in New York City registrieren wir 15 Prozent aller Erkrankungen des Landes. Hier am Bellevue-Hospital, dem größten städtischen Krankenhaus, registrieren wir 70 bis 90 Fälle akuter Tb jeden Tag. In unseren Labors untersuchen wir 25 000 Sputumproben pro Jahr. – Ein riesiges Problem."

Was ist mit den resistenten Bakterienstämmen?

„Von 1970 bis 1990 waren 1—2% der Kulturen resistent gegen die Standardmedikamente, unsere ‚Erste-Wahl'-Therapie – also Isoniazid und Rifampicin. 1991 ein dramatischer Anstieg: In den ersten sechs Monaten erwies sich ein Drittel der Kulturen resistent gegenüber einem der beiden Medikamente und überraschenderweise 16% gegenüber beiden oder einer Vielzahl von Medikamenten. Wir mußten überwechseln zu Mitteln ‚zweiter Wahl'. Sie sind nicht so wirksam und zeigen Nebenwirkungen. Bringen auch die Mittel zweiter Wahl keinen Erfolg, haben wir nichts mehr, womit wir die Patienten behandeln könnten. Diese Kranken husten dann aber einen neuen Erregertyp aus, gegen den wir mit Standardmedikamenten nichts ausrichten können."

Besteht Hoffnung, die Tuberkulose in Zukunft auszumerzen?

„1980 setzte die Regierung eine Reihe von Zielen. Zu ihnen gehörte, die Tuberkulose bis zum Jahre 2000 zu besiegen. Heute, 1992, hat sich der Rückgang der Erkrankungen, den wir von 1980 bis 1985 beobachteten, nicht nur umgekehrt, wir haben heute mehr Fälle als 1980. Wir werden diese Krankheit nicht besiegen, schon gar nicht, solange die AIDS-Epidemie herrscht. Noch problematischer werden die Dinge, weil es an Geld mangelt zur Erforschung des Erregers, der resistenzerzeugenden Gene, zur Forschung an neuen Medikamenten für die Bekämpfung resistenter Erregerstämme und neuer Diagnosetechniken. Es dauert acht Wochen, eine Kultur aufzuziehen, weil der Erreger nur langsam wächst. Wir brauchen neue Wege zum Verständnis der Reaktion des Wirtes auf den Erreger. Diese Grundlagenforschung muß dringend in Angriff genommen werden.

Uns fehlen die finanziellen Mittel für die klinische Versorgung unserer Patienten, und den Gesundheitsämtern fehlt es an Geld, um adäquat auf diese Epidemie zu reagieren. Alles muß finanziert werden aus Etats, die auf bundesstaatlicher, staatlicher und städtischer Ebene äußerst knapp bemessen sind. Aber ohne mehr Geld werden wir die Epidemie nicht los."

Lungenfacharzt Dr. William Rom muß in seinem großen Hospital mit Zwängen leben, die auf seine europäischen Kollegen erst noch zukommen. „Gäbe es so etwas wie Kunstfehler öffentlicher Gesundheit", sagte im Oktober 1993 Henry Waxman, Vorsitzender des US-Senat-Unterausschusses für Gesundheit und Umwelt, „müßten die Regierungen Reagan, Bush und Clinton schuldig gesprochen werden." Sie alle hätten die Warnungen der Fachleute in den Wind geschlagen. Nie gab es Geld, die Epidemie zu stoppen. Und so sieht es in den Vereinigten Staaten aus: 1985 wurden 22 000 Tb-Fälle gemeldet, 1992 schon 27 000 und jedes Jahr mehr. Fast eine halbe Milliarde Dollar wäre nötig für ein sofortiges Tb-Kontrollprogramm, doch Washington streicht das Budget stets wieder zusammen. 27 Prozent aller Neu-Infizierten sollen nach Meinung der Weltgesundheitsorganisation im letzten Jahr aus anderen Ländern eingewandert sein. „Solange die Tuberkulose nicht schärfer bekämpft wird in Afrika, Asien und Lateinamerika, kann die industrialisierte Welt die Krankheit nicht in Schach halten."
Und in der „Dritten Welt" sieht es nicht gut aus (98): „Selbst in Ländern, die vergleichsweise wirksame und vorbildliche Tb-Kontrollprogramme aufgebaut haben, wie z. B. Tanzania und Malawi, stiegen die Zahlen der jährlich neu an Tb erkrankten Patienten zwischen 1985 und 1989 um 50 bis 80 Prozent. Hauptursache für diese . . . Trendwende ist das Zusammentreffen und Überschneiden der Tuberkulose- und der HIV-Epidemie. Obwohl die Tuberkulose in den entwickelten Industriestaaten in den letzten Jahrzehnten an Bedeutung abnahm und zusehends in Vergessenheit geriet, gehört sie weltweit mit drei Millionen Todesfällen pro Jahr weiterhin zu den gefährlichsten Infektionskrankheiten, die wir kennen." Obwohl sie gut behandelbar ist.
Ende 1993 machen sich viele Sorgen vor möglicher Ansteckung, etwa bei den Kriegsflüchtlingen aus dem ehemaligen Jugoslawien, die wahrscheinlich auch unter Tuberkulose zu leiden haben, wie Alkoholkranke, Drogensüchtige und Obdachlose, deren Zahlen in unserem Lande bekanntlich nicht abnehmen.
Ein intimer Kenner der Tuberkulose und ihrer Eigentümlichkeiten ist der französische Professor Jacques Chrétien. Er lebt und arbeitet in Paris. Mit seinem Sinn für Geschichte gab er uns sein Interview im Hof des Schlößchens zu Avon: „Dies Haus symbolisiert die letzten Stunden in Katherine Mansfields Leben zu-

gleich durch seine Vornehmheit und seinen verfallenden Charakter, der korrespondiert mit der Entwicklung der Krankheit. Dieser Lungentuberkulose glaubte man jahrzehntelang mittels einiger medizinischer Fortschritte Einhalt geboten zu haben. Leider bestanden weltweit, auch in industrialisierten Ländern, zahlreiche tuberkulöse Krankheitsherde weiter, die später zum Wiederausbruch der Tuberkulose führten und heute weiter zahlreiche Todesfälle verursachen. Der Wiederausbruch der Krankheit hängt mit vielschichtigen Faktoren zusammen, unter anderem mit Phänomenen der Senkung des Immunverhaltens, aber auch mit Wanderungen der Völker. Viele Organisationen versuchen, gegen den Wiederausbruch anzukämpfen, dazu gehört die ‚Internationale Union gegen Tuberkulose und Krankheiten der Atemwege'. Sie versucht einerseits, die Entwicklung der tuberkulösen Krankheitsherde in den Ländern der Dritten Welt zu bremsen oder gar zu stoppen, und andererseits, die in den industrialisierten Ländern neu entstandenen Krankheitsherde auszulöschen.

Ich meine, wir können den Wiederausbruch der Krankheit bändigen und die letzte Phase der endgültigen Auslöschung der Krankheit in den ersten Jahrzehnten des nächsten Jahrhunderts angehen. Die Tuberkulose ist nie völlig vom Großteil der Erde verschwunden, und wenn die Krankheit in einigen wohlhabenden Ländern wieder auftrat, dann nicht nur aus einem Grunde. Natürlich hat die aktuelle Epidemie von HIV-Infektionen eine wichtige Rolle gespielt, aber andere Faktoren sind hinzugetreten. Der wichtigste ist die Tatsache, daß eine ganze Generation ein gewisses Alter erreicht hat. Seinerzeit hat sie weder eine Schutzimpfung gegen Tb erhalten noch eine sterilisierende Behandlung bei der Erstinfektion. Diese Generation ist nun, mit zunehmendem Alter, bei abschwächender Immunität, von der Krankheit wieder gefährdet. Hinzu treten zahllose Massenauswanderungen. Die damit verbundenen Völkermischungen führen dazu, daß die Tuberkulose sich von Gegenden, in denen sie noch häufig auftritt, in Regionen ausbreitet, wo sie bisher selten ist. Außerdem spielt eine Reihe soziologischer Phänomene eine Rolle, so zum Beispiel die wachsende Zahl der Obdachlosen in den Städten. Sie erklärt, weshalb die Krankheit sich in benachteiligten Bevölkerungsschichten schneller und effektiver ausbreitet, so wie es Mitte des vorigen Jahrhunderts in den ärmeren Stadtvierteln der Fall war."

Nach Ansicht des erfahrenen französischen Fachmanns sind es also drei Parameter, die für das Wiederaufleben der Tb sorgen: AIDS, Migration, Obdachlosigkeit. Drei Parameter, gegen die heute offenbar kein Kraut gewachsen ist.

Die ehrenwerte Familie

Auch wenn manch einer es nicht gern wahrhaben möchte: wir werden uns an die stete Präsenz der Tuberkulose gewöhnen müssen, schon deshalb, weil kein Land sich vor den Krankheitserregern der anderen abschotten kann. Also ist es sinnvoll, mit dem „Wie" und „Wodurch" des Leidens annähernd vertraut zu sein, mit dem Erreger.

Als Robert Koch in Berlin den skeptischen Kollegen „seinen" Tuberkelbazillus vorführte, war er mit Recht stolz auf die Namhaftmachung eines Erregers. In den 111 Jahren seitdem wurde emsig weiter gezüchtet und beobachtet. Neue Namen tauchten auf. Wie es heute steht mit der ehrenwerten Familie derer vom Mykobakterium, erfuhren wir in Schleswig-Holstein. Um den stilvollen Herrensitz Borstel herum etablierte sich das Forschungsinstitut gleichen Namens, mit einer Medizinischen Klinik und dem Institut für Experimentelle Biologie und Medizin. In ihrem renommierten Nationalen Referenzzentrum für Mykobakterien, wo Proben von Tb- und AIDS-Patienten aus allen Teilen Deutschlands untersucht werden, wirkt und lehrt Dr. Sabine Rüsch-Gerdes. Ihr verdanken wir die nachstehende „Bakteriologie der Tuberkulose" (der Text wurde nur wenig gekürzt):

Die Tuberkulose des Menschen wird überwiegend durch Mycobacterium tuberculosis *und* M.bovis *verursacht. In den letzten Jahren wurden Erkrankungen durch andere Mykobakterienarten beobachtet, die sich klinisch von einer echten Tuberkulose kaum unterscheiden lassen. Wir müssen also unterscheiden zwischen „echten" und „atypischen" Mykobakterien. Man weiß noch wenig darüber, wo die anderen Mykobakterien in der Umwelt natürlich vorkommen. Einige Arten kommen in Tieren vor, z. B.* M.avium *in Vögeln. Andere, nicht pathogene, können im Leitungswasser nachgewiesen werden, z. B.* M.gordonae.

Mykobakterien verdoppeln sich nur ca. alle 16 Stunden, zum Vergleich: Escherichia coli *alle 20 Minuten. Deshalb dauert die Anzüchtung auf Nährmedien zum Nachweis der Mykobakterien lange. Der zur Zeit schnellste Nachweis gelingt mit der Ziehl-Neelsen-Färbung. Mykobakterien sind säurefest, d. h. sie geben einmal aufgenommenen Farbstoff auch durch Säure- und Alkoholbehandlung nicht wieder ab. Diese Färbemethode wurde schon 1883 entwickelt und hat von ihrer Wichtigkeit vor allem in der Dritten Welt nichts eingebüßt. Allerdings braucht man viele Bakterien im Untersuchungsmaterial für ein positives Ergebnis und kann zwischen Tuber-*

kulosebakterien und atypischen Mykobakterien nicht unterscheiden. Inzwischen suchte man nach ergiebigeren Methoden der Diagnostik. Das „Bactec"-Verfahren bedient sich flüssiger Medien und kann Wachstum schon nach Tagen feststellen. Damit wurden auch die bisher üblichen Tierversuche überflüssig, mit denen es ohnehin nicht möglich war, die meisten atypischen Mykobakterien nachzuweisen. Heute richten sich die Hoffnungen auf molekularbiologische Methoden, die es möglich machen, schon am Tage des Eintreffens der Probe im Labor zu sagen: Der Patient hat eine Tuberkulose – ja oder nein! Serologische Methoden spielen in der Tb-Diagnostik eine untergeordnete Rolle. Selbst die Tuberkulinreaktion (Hauttest) hat angesichts der großen Zahl gesunder, aber tuberkulin-positiver Menschen (positive Reaktion nach der Schutzimpfung, nach einer ausgeheilten Tuberkulose) ihre Grenzen.

Neben den Tuberkulosebakterien gibt es ca. 60 andere Mykobakterienarten. Für die meisten Arten dauert die Differenzierung immer noch einige Wochen. Seit einigen Jahren kann die Typenbestimmung für einige wenige, aber am häufigsten isolierte Arten mit den sogenannten Gensonden erfolgen. Diese Sonden „erkennen" die passenden Abschnitte auf der DNA, dem Strang, auf der die Erbmasse lokalisiert ist. Ist ein passendes Stück vorhanden, gibt das Meßgerät ein Signal. Die Methode ist schnell, das Ergebnis liegt schon nach zwei Stunden vor.

Große Bedeutung gewinnt die Empfindlichkeitsprüfung. Bis vor einigen Jahren gab es kaum Tuberkulosestämme, die gegen herkömmliche Medikamente resistent waren. Das hat sich drastisch geändert. In den USA sind schon einige der wirksamsten Chemotherapeutika, z. B. Isoniazid, Rifampicin, zu einem hohen Prozentsatz unwirksam. In Deutschland wird eine solche Entwicklung zur Zeit noch nicht registriert. Außerdem weisen viele „atypische" Mykobakterien (vor allem M.avium*) eine natürliche Resistenz gegenüber den herkömmlichen Medikamenten auf.*

Die Prüfung auf Empfindlichkeit erfolgt auf festen, aber auch flüssigen Nährmedien, wobei das Ergebnis bei letzteren in 4—6 Tagen vorliegt. Mit beiden Empfindlichkeitsprüfungen werden pro Röhrchen jeweils ein Medikament getestet. Die Therapie der Tuberkulose erfolgt aber immer mit einer Kombination aus Chemotherapeutika, d. h. jeder Patient muß in der Regel 3—4 unterschiedliche Medikamente pro Tag einnehmen, da sonst ein Therapieerfolg ausbleibt. Diese Medikamente können sich gegenseitig beeinflussen, so daß die Unwirksamkeit eines Therapeutikums durch ein zweites aufgehoben wird. Um das zu ermitteln, wurden in Borstel Methoden entwickelt, die dieses Phänomen erst einmal im Reagenzglas aufspüren.

Heute werden routinemäßig nicht nur Einzelsubstanzen, sondern auch Kombinationen getestet. Nach den Ergebnissen werden dem Arzt Empfehlungen für die

Therapie gegeben. In jüngster Zeit hat sich gezeigt, daß Patienten mit hochresistenten Keimen erfolgreich behandelt werden konnten, doch für eine endgültige Aussage sind noch nicht genügend Daten vorhanden. Trotz dieser Erfolge müssen immer neue Methoden erforscht und entwickelt werden, damit die Laboratoriumsdiagnostik der Mykobakterien dem Arzt immer zuverlässigere, schnellere und aufschlußreichere Auskünfte geben kann.

Die wichtigsten Vertreter der Mykobakterien:

M.kansasii	häufig pathogen
M.marinum	häufig pathogen (Haut)
M.gordonae	häufig **nicht** pathogen
M.xenopi	häufig **nicht** pathogen
M.flavescens	häufig **nicht** pathogen
M.szulgai	häufig pathogen
M.scrofulaceum	häufig pathogen
M.avium intracellulare	häufig pathogen, vor allem bei HIV-Patienten
M.malmoense	häufig pathogen
M.terrae	häufig **nicht** pathogen
M.monchromo genicum	häufig **nicht** pathogen
M.chelonae	häufig **nicht** pathogen
M.fortuitum	häufig **nicht** pathogen

In unserem Lande hat man die Tuberkulose (noch?) im Griff. Dazu beigetragen hat in erheblichem Maße das Deutsche Zentralkomitee zur Bekämpfung der Tuberkulose mit Professor Dr. Rudolf Ferlinz in Mainz. Ferlinz sieht keine Gefahr auf die Deutschen zukommen von den Flüchtlingen aus den Kriegsgebieten des ehemaligen Jugoslawien, warnt aber: „Medizinisch nicht betreute Ex-Jugoslawen stellen vor allem untereinander ein riesiges Infektionspotential dar.“

Er wird nicht müde zu betonen: Tb wird oft nicht rechtzeitig erkannt, weil weder Arzt noch Patient daran denken. Also wird die Behandlung verschleppt. Die Leitsymptome der Tb sind sehr vage: Müdigkeit, Appetitlosigkeit, etwas Hüsteln, kaum mehr. Die Gefahr liegt darin, daß bei vorzeitigem Abbruch der Behandlung die Chance für einen gefährlichen Rückfall auf bis zu 30 Prozent steigt.

Wohin?

Was sagt uns das alles – die Geschichte, unsere Gegenwart, für morgen, übermorgen? Wir können festhalten: Der Mensch, als Wirt oder Opfer, steht – neben vielen anderen – zwei pandemischen Mikroorganismen gegenüber, die seinen Fortbestand stark gefährden können:

Mycobacterium tuberculosis –	virulent, mutierend, resistent; zur Zeit Gewinner im Wettlauf mit der Pharmaindustrie; raffinierter Opportunist im Schlepptau von HIV.
HIV –	aus dem Nichts gekommen, rasant mutierend, in der Gestalt hochvariabel, viel virulenter, rasend schnelle Ausbreitung.

Niemand garantiert, daß der natürliche Konkurrenzstreit zwischen Mikroorganismen und Menschen diese immer als Gewinner sehen muß. Schwierigste Aufgabe: Die Medizin soll einen Impfstoff entwickeln gegen ein Virus, das sich das Immunsystem selbst als Angriffsziel aussucht. Sie soll auch neue Antibiotika entwickeln im Wettlauf mit der Tendenz bakterieller Erreger, resistente Mutanten zu entwickeln.

Als ob es der Probleme nicht genug wären, steht die Welt vor einer Vermehrung ihrer Bevölkerung, die keine Parallele in der Geschichte kennt, und damit einer Potenzierung aller Infektionen. Zur Zeit leben etwa 5,5 Milliarden Menschen, pro Jahr werden es ca. 100 Millionen mehr. Um 2025 werden es schätzungsweise 8,5 Milliarden sein. Und $^4/_5$ davon leben in der Dritten Welt. Die verarmten Menschenmassen werden in Richtung Nord zu den Reichen wandern, die sich dem wahrscheinlich nicht mehr entziehen können.

Nehmen wir einmal an, es gelänge der westlichen Wissenschaft, die neuen Medikamente und Impfstoffe bald zu finden. Die Auseinandersetzungen um Sein und Nichtsein spielen sich nicht in der Industriewelt ab, sondern unter den Menschenmassen der Entwicklungsländer, für die es relativ uninteressant ist, ob die Deutschen und Amerikaner wirksame Heilmittel haben, denn in Asien, Südamerika, Afrika wird sich immer nur eine kleine Oberschicht die Mittel besorgen können. Der große Rest leidet – und stirbt.

Die Frage bleibt: kann sich der Mensch angesichts der Bedrohung für seinen biologischen Fortbestand zu einer Solidarität aufraffen, die nur den Menschenbruder meint, nicht Nationen, Blöcke, Religionen. Dann könnte er die Tuberkulose als Modell begreifen zum Verständnis des Wesens der Krankheiten, ihrer Mechanismen und des Krankheitsverhaltens der Bevölkerungen. Vielleicht ist die Tuberkulose dann auch ein Modell zur Übung internationaler Solidarität?

Clanchef Orkkh in der Höhle von Trois Frères und Bill in der Hölle von New York standen am Anfang unserer Geschichte – Leidensbrüder getrennt durch 100 000 Jahre Menschheitsgeschichte. Doch ein winziger Bazillus verbindet sie über den Abgrund von Raum und Zeit – und könnte die Spezies *Homo sapiens* einst überleben: *Mycobacterium tuberculosis.*

Danksagung

Ich hätte dieses Buch nicht schreiben können ohne den Rat, den Beistand und die Ermutigung zahlreicher Persönlichkeiten, von denen hier die wichtigsten genannt seien, um auf diese Weise einen Dank abzustatten, der mir sehr am Herzen liegt:
Steffen Berg, Sylvie Blum, Gabriele Brang, Jacques Chrétien, Stanislaw Domin, Rudolf Ferlinz, Marc Gentilini, Beate Großmann-Hofmann, Claude Guisard, Dominique Gros, Wolfgang Homering, Erika Jonczyk-Rast, Peter Krietsch, Margret Löwi, Brigitte Lohff, Marie-Christine Meynard, Christoph von Podwinski, Hans Pohle, Wolfgang Presber, William Rom, Sabine Rüsch-Gerdes, Max Schlaak, Dr. Heribert Schwan, Jan Zielinski.

Das vorliegende Buch nutzt u. a. die Recherchen für die Produktion zweier Fernsehfilme („Die Tuberkulose" für WDR und ARTE, „Traumschloß eines Sonderlings" für das ZDF).

Was man über die Tuberkulose wissen sollte

Deutsches Zentralkomitee zur Bekämpfung der Tuberkulose (99)

Die Tuberkulose ist eine Infektionskrankheit. Infektionskrankheit bedeutet, daß ein Krankheitserreger von außen in den Körper eindringt, in diesem Schädigungen setzt, auf die der Organismus dann mit Abwehrreaktionen antwortet. In der Umgangssprache nennt man das Eindringen von Keimen auch „man hat sich angesteckt". Weit verbreitet und allgemein bekannt sind z. B. Erkältungsinfekte, die sog. „Grippe", man hat sich mit Grippe-Viren angesteckt.
Bei der Tuberkulose ist der Erreger das Tuberkelbakterium (Mycobacterium tuberculosis).

Wie kann man sich anstecken?

Die Ansteckung mit Tuberkulosebakterien erfolgt heute in unserer Region praktisch nur noch über die Atemwege von einem Menschen auf den anderen. Der an offener Tuberkulose Erkrankte gibt beim Sprechen, Husten, Niesen mit seinem Ausatemstrom feinste Tröpfchen, die Tuberkelbakterien enthalten, in seine Umgebungsluft ab. Diese Tröpfchen schweben eine Zeitlang im Raum und können dann von einem anderen Menschen eingeatmet werden. So gelangen die Tuberkelbakterien in die Atemwege eines Gesunden. Früher war – vor allem in ländlichen Gebieten durch den Genuß roher Milch –, auch eine Infektion über den Darm möglich. Durch die Ausrottung der Rindertuberkulose seit Ende der 50er Jahre kommt das heute nicht mehr vor.

Was geschieht, wenn Tuberkelbakterien in den Körper eindringen?

Das Eindringen von Tuberkelbakterien verursacht eine Reaktion im Gewebe, die nach ganz bestimmten, für die Tuberkulose spezifischen Gesetzmäßigkeiten abläuft. Deshalb wird die Tuberkulose auch „spezifische Entzündung“ genannt. Sie führt zur Ausbildung kleiner Knötchen, die Tuberkel genannt werden. Daher hat die Krankheit ihren Namen „Tuberkulose“. Tuberkel sind etwa stecknadelkopfgroße Knötchen. Die Tuberkelbakterien gelangen durch die Atemluft in die Lungen und siedeln sich dort an. Der Körper beginnt sofort mit der Bildung von Antikörpern gegen die Bakterien und umgibt die Keime mit einem dichten Wall von Zellen, er schließt sie quasi wie in einem kleinen Gefängnis ein. Das sind dann die erwähnten Knötchen oder Tuberkel. In der Lunge bildet sich ein kleiner Herd, und die dazugehörigen Lymphknoten im Brustkorb schwellen an. Das nennt man den **Primärkomplex,** es ist das erste Stadium nach einer Infektion mit Mycobacterium tuberculosis, das alle Infizierten durchmachen. Etwa 6 Wochen nach der Infektion kann man mit dem Tuberkulintest nachweisen, daß sich Antikörper gegen Tuberkelbakterien gebildet haben, d. h. also, daß sich der Patient mit Tuberkelbakterien infiziert hat.

Infektion mit Tuberkelbakterien bedeutet nicht immer Krankheit

Glücklicherweise erkranken nur etwa 5% der Infizierten an Tuberkulose, die übrigen 95% bleiben gesund und sind von nun an mehr oder weniger immunisiert gegen eine spätere erneute Infektion mit Tuberkulose. Man muß also bei der Tuberkulose streng zwischen „infizierten“ und „erkrankten“ Personen unterscheiden. „Infiziert“ ist, wer eine positive Tuberkulinreaktion hat. Bei den meisten Infizierten bildet sich der Primärkomplex zurück. Häufig fühlt sich der Betroffene in dieser Zeit nicht krank und weiß überhaupt nicht, daß er sich mit Tuberkelbakterien angesteckt hat. Dies wird oft Jahre später erst bekannt, wenn aus irgendeinem Grund ein Tuberkulintest gemacht wird und dieser dann positiv ausfällt.

Wenn eine große Menge von Tuberkelbakterien in den Menschen eingedrungen sind und die körpereigenen Abwehrkräfte nicht ausreichen, die Bakterien unschädlich zu machen, entwickelt sich die Tuberkulose weiter. Von dem Herd in der Lunge können die Tuberkelbakterien vorwiegend über die Blutbahn in andere Organe gelangen und dort eine tuberkulöse Entzün-

dung hervorrufen. Die wichtigsten Absiedelungsorte sind Hirnhaut, Lymphknoten, Rippenfell, Lunge, Nebenniere, Niere, Knochen, Eierstöcke, Nebenhoden. Die Lymphknoten werden besonders bei Erkrankten aus südlichen Ländern und aus Südostasien betroffen. Diese neugesetzten Herde können nun auch entweder zur Ruhe kommen oder sich zur Krankheit „Tuberkulose" weiterentwickeln. Auch ruhende Herde können mitunter nach vielen Jahren aufflackern und zu einer manifesten Tuberkulose-Erkrankung führen. Das ist besonders in höherem Alter der Fall. Diese sog. „Alterstuberkulose" macht bei der deutschen Bevölkerung heute einen beträchtlichen Teil der Erkrankungen an Tuberkulose aus. Diese „Neuerkrankungen" gehen aber meist auf eine Infektion zurück, die schon vor Jahren oder Jahrzehnten stattgefunden hat.
Bei sehr schlechter Abwehrlage des Erkrankten können sich die Tuberkelbakterien über den Blutweg diffus in Form kleiner hirsekorngroßer Knötchen eventuell auch gleichzeitig in mehreren Organen ansiedeln, es entwickelt sich eine **Miliartuberkulose,** ein sehr schweres lebensbedrohliches Bild der Tuberkulose. Der Ausdruck „Miliartuberkulose" kommt von dem lateinischen Wort „milium", das Hirsekorn.
Die Tuberkulose anderer Organe als der Lunge nennt man **extrapulmonale Tuberkulose** (das bedeutet außerhalb der Lunge bestehende Tuberkulose). Es kann durchaus vorkommen, daß ein Patient längere Zeit nach seinem Primärkomplex in der Lunge an einer extrapulmonalen Tuberkulose erkrankt und man in der Lunge des Betreffenden gar keinen Hinweis auf eine durchgemachte Tuberkuloseinfektion findet.
Die häufigste Erkrankung an Tuberkulose ist aber die **Lungentuberkulose.**

Entwicklung der Lungentuberkulose

Die Tuberkelbakterien in dem entzündlichen Herd vermehren sich, und der Herd wird größer. Es kommt vor, daß das entzündliche Gewebe zerfällt, sich verflüssigt und der tuberkulöse Herd Anschluß an einen Ast der Luftröhre (Bronchus) bekommt. Das zerfallene Gewebe wird dann ausgehustet, und in der Lunge entsteht an dieser Stelle ein Hohlraum, eine **Kaverne.** Das mit dem Hustenstoß abgehustete Gewebe enthält Tuberkelbakterien. Man spricht dann von einer **offenen Tuberkulose.**
Wenn der tuberkulöse Herd in der Lunge keine Tuberkelbakterien in die Atemwege abgibt, das heißt, der Patient keine Bakterien aushustet, dann

spricht man von einer **geschlossenen Tuberkulose.** In dem Augenblick, wo ein Patient Tuberkelbakterien aushustet, er also eine offene Tuberkulose hat, bedeutet dies eine Gefahr für seine Umgebung, denn diese Personen können sich nun an seinen ausgehusteten Bakterien anstecken und auch an Tuberkulose erkranken. Es ist logisch, daß gerade Personen, die in engem Kontakt mit dem Erkrankten leben (Familie, Berufskollegen, Diskothekbesuch), besonders ansteckungsgefährdet sind und deshalb beobachtet werden müssen. Im allgemeinen rechnet man, daß ein Offentuberkulöser, wenn er nicht richtig behandelt wird, innerhalb eines Jahres etwa 10 andere Menschen ansteckt. Einer der wichtigsten Punkte in der Tuberkulosebekämpfung ist daher eine möglichst rasche Diagnose bei dem Erkrankten, denn dann kann sofort eine wirksame Behandlung einsetzen. Dies nützt natürlich zunächst dem Erkrankten, es ist aber auch der sicherste Weg, die Ansteckung anderer Menschen mit Tuberkulose zu verhindern.

Wie kann der Arzt die Diagnose „Tuberkulose" stellen?

Krankheitssymptome

Da sind als erstes die Beschwerden des Erkrankten, die ihn zum Arzt gehen lassen. In ihrem Anfangsstadium macht die Tuberkulose meist keine besonders auffälligen und für sie charakteristischen Beschwerden.

Die Patienten klagen im allgemeinen über

- Husten oder Hüsteln,
- Gewichtsabnahme,
- Appetitlosigkeit,
- Müdigkeit,
- leichtes Fieber, besonders in den Nachmittagsstunden,
- Stechen in der Brust,
- Nachtschweiß,
- selten sind Blutbeimengungen im Auswurf.

Das sind aber z. T. Beschwerden, die auch bei vielen anderen Krankheiten vorkommen können. Wichtig ist, daß der Arzt, wenn ihm der Patient diese Symptome schildert, bei seinen Überlegungen auch an die **Tuberkulose denkt.**

Diagnostische Verfahren

1. Tuberkulintest

Der Tuberkulintest ist ein Hauttest. Tuberkulin wird in die Haut eingebracht, und wenn der Betroffene sich einmal mit Tuberkulosebakterien infiziert hat, reagiert er positiv. An der Teststelle bildet sich ein tastbares Knötchen.
Es gibt zwei Arten der Tuberkulintestung:
den **Stempeltest,** bei dem mit einem Stempel, der einige kleine Zacken hat, das Tuberkulin in die Haut eingedrückt wird, und
den **Test nach Mendel-Mantoux** (benannt nach den französischen Ärzten Felix Mendel und Charles Mantoux, die diese Methode der Tuberkulintestung angegeben haben), bei dem mit einer Spritze eine genau bestimmte Menge Tuberkulin in die Haut gespritzt wird. Der Test nach Mendel-Mantoux ist exakter und damit aussagefähiger. Es kann deshalb vorkommen, daß der Arzt nach einem negativ ausgefallenen Stempeltest noch einen Test nach Mendel-Mantoux anschließt. Erst, wenn auch dieser Test negativ bleibt, kann man davon ausgehen, daß keine Infektion mit Tuberkelbakterien stattgefunden hat.
Ein positiver Tuberkulin-Test bedeutet aber noch nicht, daß der Betroffene auch an Tuberkulose erkrankt ist, er sagt lediglich aus, daß einmal eine Infektion mit Tuberkelbakterien stattgefunden hat. Andererseits kann bei sehr schwerer Erkrankung an Tuberkulose, z. B. bei der Miliartuberkulose und auch bei HIV-Infektion, der Tuberkulintest manchmal negativ sein.
Im allgemeinen bleibt der Tuberkulintest über Jahrzehnte positiv, unabhängig davon, ob der Infizierte an Tuberkulose erkrankt oder nicht. Auch die antituberkulöse Behandlung bringt die Tuberkulinreaktion nicht zum Erlöschen.

2. Röntgenaufnahme der Lunge

Ist der Tuberkulintest positiv, und besteht der Verdacht auf eine Erkrankung an Tuberkulose, wird der Arzt eine Röntgenaufnahme der Lunge machen. Ist nun auf der Röntgenaufnahme der Lunge ein krankhafter Befund zu sehen, weiß der Arzt aber noch nicht sicher, ob es sich hierbei um eine Tuberkulose handelt. Er hat jetzt den Verdacht. Die **Diagnose Tuberkulose** kann man aber nur mit Sicherheit stellen, wenn man Tuberkelbakterien nachweisen kann.

Prominente Tuberkulosekranke (Auswahl)

Eugen Albrecht (1872—1908)
Martin Andersen Nexö (1869—1954)

Elisabeth Barrett-Browning (1806—1861)
Maria Konst. Baschkirceva (1860—1884)
Alexander Gottl. Baumgarten (1714—1762)
Aubrey Vincent Beardsley (1872—1898)
August Bebel (1840—1913)
Aloys Blumauer (1755—1798)
Ludwig Börne (1786—1837)
Anne Brontë (1819—1849)
Emily Brontë (1818—1848)
Gottfried August Bürger (1747—1794)

Johannes Calvin (1509—1564)
Friedrich Ludw. von Canitz (1654—1699)
Adelbert von Chamisso (1781—1838)
Frédéric Chopin (1809—1849)
Matthias Claudius (1740—1815)
Charles de Coster (1827—1879)
Stephen Crane (1871—1900)

Simon Dach (1605—1659)
Denis Diderot (1713—1784)
Annette von Droste-Hülshoff (1797—1848)
Eleonora Duse (1859—1924)

Paul Ehrlich (1854—1915)
Dorothea Christiane Erxleben (1715—1762)

Stephen Collins Foster (1826—1864)

Christian Fürchtegott Gellert (1715—1769)
Oliver Goldsmith (1728—1774)
Maxim Gorki (1868—1936)
Albrecht von Graefe (1828—1870)

Agnes Günther (1863—1911)
Ludw. Heinr. Chr. Hölty (1748—1776)
Ludwig Frhr. von Holberg (1684—1754)

Washington Irving (1783—1859)
August Wilhelm Iffland (1759—1814)

Jens Peter Jacobsen (1847—1885)
Joseph II. von Österreich (1741—1790)

Franz Kafka (1883—1924)
John Keats (1796—1821)
Ernst Ludwig Kirchner (1880—1938)
Klabund (1890—1928)

Théophile Hyacinthe Laënnec (1781—1826)
Jules Laforgue (1860—1887)
Sidney Lanier (1842—1881)
D. H. Lawrence (1885—1930)
Ludwig XIII. von Frankreich (1601—1643)

Katherine Mansfield (1888—1923)
Amadeo Modigliani (1884—1920)
Molière (1622—1673)
Christian Morgenstern (1871—1914)
Karl Philipp Moritz (1757—1793)
Henri Murger (1822—1861)

Novalis/Hardenberg (1772—1801)
Eugen O'Neill (1888—1953)

George Orwell (1903—1950)

Niccolò Paganini (1782—1840)
Giovanni Battista Pergolesi (1700—1736)
Alexander Petöfi (1823—1849)
Alfons Petzoldt (1882—1923)
Alphonsine Plessis (1824—1847)

Karl Herzog v. Reichstadt (1811–1832)
Jean Jacques Rousseau (1712–1778)
Karl von Rumohr (1785–1843)
Philipp Otto Runge (1777–1810)

Angelus Silesius (1624–1677)
Baruch Spinoza (1632–1677)
Laurence Sterne (1713–1768)
Robert Louis Stevenson (1850–1894)

Henry David Thoreau (1817–1862)
Anton Tschechow (1860–1904)

Marquis de Vauvenargue (1715–1747)

Wilhelm Heinr. Wackenroder (1773–1798)
Antoine Watteau (1684–1721)
Carl Maria von Weber (1786–1826)
Wilhelmine von Bayreuth (1709–1758)
Wilhelm Wundt (1832–1920)

Literaturhinweise

1 Osche, Günther: Die Welt der Parasiten. Zur Naturgeschichte des Schmarotzertums. Berlin – Heidelberg – New York, 1966.

2 Tischler, Wolfgang: Grundriß der Humanparasitologie. 2. Aufl., Jena 1977.

3 Lederberg, Joshua: Die Rache der Kleinsten. Zur Evolution der Mikroorganismen. Kursbuch 94 „Die Seuche", 11/1988.

4 in: Steiner, Harald: Höhlen – keine dauerhafte Bleibe. Frankf. Allg. Zeitg., 19. 9. 1984.

5 Bosinski, Gerhard: Jagd im Eiszeitalter. Köln 1979, und: Bosinski, Gerhard: Pompeji im Neuwieder Becken. Die Waage, 6, 1979, Bd. 17.

6 Haaf, Günther: Anthropologen zeichnen ein neues Bild vom Neandertaler. Die Zeit, 19. 1. 1979.

7 Thorwald, Jürgen: Macht und Geheimnis der frühen Ärzte. München – Zürich 1962.

8 Richert, Heinrich G.: Lateinische Sentenzen. Essays. Wiesbaden 1948.

9 Thukydides: Der Große Krieg. übers. v. Heinrich Weinstock. Stuttgart 1954.

10 Sournia, Jean-Charles; Poelet, Jacques et al.: Histoire de la Médicine, de la Pharmacie, de l'Art Dentaire et de l'Art Vétérinaire. Paris 1978.
Dt. Bearbeitung unter fachl. Beratung von Prof. Richard Toellner, Münster: Sternstunden der Medizin. Salzburg 1984.

11 Porkert, Manfred: Die chinesische Medizin. 2. Aufl, Düsseldorf 1986.

12 Durant, Will: Caesar und Christus. Eine Kulturgeschichte Roms und des Christentums. 3. Aufl. Bern 1959.

13 Borst, Otto: Alltagsleben im Mittelalter. Frankfurt 1983.

14 Ruffié, Jacques; Sournia, Jean-Charles: Die Seuchen in der Geschichte der Medizin. Stuttgart 1989.

15 Vasold, Manfred: Pest, Not und schwere Plage. Seuchen und Epidemien vom Mittelalter bis heute. München 1991.

16 McNeill, William H.: Die großen Epidemien. Bergisch Gladbach 1983.

17 Sontag, Susan: Krankheit als Metapher. Frankfurt 1981.

18 Imhoff, Arthur E.: Die verlorenen Welten. München 1984.

19 Lüth, Paul: Paracelsus. Bild der Wissenschaft, 3/1986.

20 Paracelsus: Die Geheimnisse. Kommentar von Will-Erich Peuckert. München 1990.

21 Corbin, Alain: Pesthauch und Blütenduft. Eine Geschichte des Geruchs. Berlin 1984.

22 Freund, Michael: Deutsche Geschichte. Gütersloh 1960.

23 Schreiber, Hermann: Die Inszenierung der Macht. Damals 25. Jhrg., Nr. 10, 1993.

24 Ebstein, Erich: Tuberkulose als Schicksal. Stuttgart 1932.

25 Reimers, D.: Tuberkulose und Kunst. MedWelt Bd. 32, Heft 12, 1982.

26 Harlau, Friedrich: Molière. Reinbek 1976.

27 Hall, Rupert: Die Geburt der naturwissenschaftlichen Methode, 1630—1720. Gütersloh 1965.

28 Murken, Axel H.: Vom Armenhospital zum Großklinikum. Die Geschichte des Krankenhauses vom 18. Jahrhundert bis zur Gegenwart. Köln 1988.
29 Kosellek, R.: Geschichtliche Grundbegriffe, Bd. 2, Stuttgart 1975.
30 Rosebury, Theodor: Der Reinlichkeitstick. Flora und Fauna des menschlichen Körpers. Hamburg 1972.
31 Sandblom, Philip: Kreativität und Krankheit. Vom Einfluß körperlicher und seelischer Leiden auf Literatur, Kunst und Musik. Berlin – Heidelberg 1990.
32 Goldschmit-Jentner, Rudolf K.: Genius der Jugend. Gestalten und Werke der Frühvollendeten. München – Basel 1960.
33 Ziechmann, Jürgen (Hrsg.): Panorama der Fridericianischen Zeit. Friedrich der Große und seine Epoche. Edition Ziechmann, Bremen 1985.
34 Pangels, Charlotte: Königskinder im Rokoko. München 1976.
35 Ebstein, Erich: Tuberkulose als Schicksal. Stuttgart 1932.
36 Schulz, Gerhard: Novalis. Reinbek 1969.
37 Klessmann, Eckart: Die Welt der Romantik. München 1969.
38 Bernal, John Desmond: Wissenschaft, 2. Band. Reinbek 1970.
39 Nipperdey, Thomas: Deutsche Geschichte 1800—1866. München 1983.
40 Schäffer, Dr. Jac. Christian Gottlieb: Zeit und Volkskrankheiten der Iahre 1806 und 1807 in und um Regensburg. Regensburg 1808.
41 Walsh, William: Introduction to Keats. London – New York 1981.
42 Cermak, Ida: Klagelied und Freudenhymne. Begegnungen mit der Krankheit in Selbstzeugnissen schöpferischer Menschen. Frankfurt 1991.
43 Leinert, Michael: Carl Maria von Weber. Reinbek 1978.
44 Schiel, Irmgard: Marie Louise. Stuttgart 1983.
45 Ramadge, Franz Hopkins: Die Lungenschwindsucht ist heilbar. Hildburghausen – Amsterdam – New York 1835
46 Lahnstein, Peter: Adelbert von Chamisso. München 1984.
47 Glaser, Horst Albert (Hrsg.): Deutsche Literatur, Bd. 5. Reinbek 1980.
48 Maurois, André: Das Leben der George Sand. München 1985.
49 Schlientz, Giesela: George Sand. Frankfurt 1987.
50 Reimers, D.: Tuberkulose und Kunst. MedWelt Bd. 33, Heft 12/1982.
51 Griesbach, Rolf: Die Epidemiologie der Tuberkulose und ihre Folgerungen für eine neuzeitliche Tuberkulosebekämpfung. Der Öffentliche Gesundheitsdienst, 22. Jhrg., Heft 9, Stuttgart 12/1960.
52 Shorter, Edward: Der weibliche Körper als Schicksal. Zur Sozialgeschichte der Frau. München 1984.
53 Toellner, Richard: Illustrierte Geschichte der Medizin, Bd. 5, Salzburg 1980.
54 Störig, Hans-Joachim: Kleine Weltgeschichte der Wissenschaft, Bd. 2, Frankfurt 1982.
55 Brandis, Hermann; Otte, Hans Jürgen (Hrsg.): Lehrbuch der Medizinischen Mikrobiologie. Stuttgart – New York 1984.
56 Weber-Kellermann, Ingeborg: Landleben im 19. Jahrhundert. München 1987.
57 Frahne, Karl Heinrich: Von Chaucer bis Shaw. Hamburg 1947.

58 Waldmann, Werner: Die Schwestern Brontë. Reinbek 1990.
59 Berglar, Peter: Droste-Hülshoff. Reinbek 1967.
60 Evans, Richard J.: Tod in Hamburg. Reinbek 1990.
61 Burnet, F. Macfarlane: Naturgeschichte der Infektionskrankheiten des Menschen. Frankfurt, ohne Jahr.
62 Glaser, Hermann: Literatur des 20. Jahrhunderts. Motive, Bd. 1 1870—1918. München 1978.
63 Vasold, Manfred: Politik ist Medizin im Großen. Die Zeit 1. 6. 1990.
64 Langerbeins, Ingeborg: Lungenheilanstalten in Deutschland 1854—1945. Dissertation, Frankfurt 1979.
65 Jaeckel, Gerhard: Die Charité. Bayreuth 1986.
66 Kirchner, Martin: Robert Koch. Wien und Berlin 1924.
67 Das vollständige Gedicht in: Union Internationale contre la Tuberculose. 3, Rue Georges Ville, 75116 Paris.
68 Jaffe, Bernard: Männer der Forschung in Amerika. New York 1944.
69 Ashborn, R. M.: The Ranks of Death. New York 1947.
70 Klumpjan, Hans-Dieter und Helmut: Thoreau. Reinbek 1986.
71 Haas, Rudolf: Amerikanische Literaturgeschichte, 2. Auflage. Heidelberg 1974; amerikanische Ausgabe: Bradley, Sculley (Hrsg): The American Tradition in Literature, 4. Aufl. USA 1974.
72 Oppenheimer, Franz: Erlebtes, Erstrebtes, Erreichtes. Düsseldorf 1964.
73 Bromme, Moritz Th. W.: Lebensgeschichte eines modernen Fabrikarbeiters. Nachdruck. Frankfurt 1971.
74 Wettendorfer, A.: Ursachen und Verhütung der Schwindsucht. Ohne Ort und Jahr.
75 Lang, Moritz (Hrsg.): Dokumente der Frauen. Wien – Leipzig 1899 (Band 7, 1902). In: Glaser, H.: Von der Kultur der Leute. Frankfurt 1983.
76 Chronik 1900. Dortmund 1987.
77 Chronik 1908. Dortmund 1992.
78 Chronik 1913. Dortmund 1987.
79 Beheim-Schwarzbach, Martin: Christian Morgenstern. Reinbek 1964.
80 Chronik 1917. Dortmund 1986.
81 Chronik 1921. Dortmund 1989.
82 Diehl, Gaston: Modigliani. München 1993.
83 Erler, P. : Der Kampf gegen die Tuberkulose in Europa. Stuttgart 1985.
84 Alexander, Meta; Raettig, Hansjürgen: Infektionskrankheiten, 4. Aufl. Stuttgart 1992.
85 Deutsches Zentralkomitee zur Bekämpfung der Tuberkulose: Empfehlungen zur BCG-Impfung in der Bundesrepublik Deutschland. Sonderdruck aus Pneumologie 47 (1993) 563—565, Stuttgart 1993.
86 Griesbach, Rolf: Die Epidemiologie der Tuberkulose und ihre Folgerungen für eine neuzeitliche Tuberkulosebekämpfung. Der öffentliche Gesundheitsdienst, 22. Jhrg., Heft 9, Stuttgart 12/1960.
87 Wagenbach, Klaus: Kafka. Reinbek 1964/1984.

88 Aldington, Richard: D. H. Lawrence. Reinbek 1981.
89 Günther, Herbert: Ringelnatz. Reinbek 1964.
90 Müller, R.: Medizinische Mikrobiologie. 3. Aufl., Berlin 1946.
91 Crick, Bernard: George Orwell, Reinbek 1952.
92 Chronik 1949. Dortmund 1988.
93 Chronik 1957. Dortmund 1986.
94 Raddatz, Fritz J.: Weine nicht um mich, wenn ich sterbe. Die Zeit, Nr. 31, 30. 7. 1993.
95 Shilts, Randy: AIDS and the Band Played On. München 1987.
96 Die lesenswerten Arbeiten von Sir Gustav J. V. Nossal und Warner C. Green finden sich in „Spezial: Immunsystem“. Spektrum der Wissenschaft, Spezial 2, Heidelberg.
97 Jonsen, Albert R.; Stryker, Jeff: The Social Impact of AIDS in the United States. Washington D.C. 1993.
98 Tuberkulose kehrt zurück. AIDS-Nachrichten. Aus Forschung und Wissenschaft 1/1992.
99 Deutsches Zentralkomitee zur Bekämpfung der Tuberkulose. 19. Informationsbericht, Mainz 1992.

Bildnachweis

S. 16, 19, 21, 26, 69, 123, 124, 143, 170, 180: mit freundlicher Genehmigung von Professor Dr. Hans Schadewaldt, Institut für Geschichte der Medizin der Universität Düsseldorf.

S. 49, 82, 89, 98, 129, 136: HISTORIA-Photo, Hamburg.

S. 61, 67, 100, 182 (Foto: Felix H. Man, 1949): Bildarchiv Preussischer Kulturbesitz, Berlin

S. 94, 159: Ullstein Bilderdienst, Berlin.

S. 103 u. 104, 113, 115, 120, 145: Privatarchiv Jürgen Voigt, MULTIMEDIA, Hamburg.

S. 107: entnommen aus: Gustave Doré, Das graphische Werk, © 1975 by Rogner & Bernhard, München.

S. 140: entnommen aus: Das große Zille-Album, © 1961 by Fackelträger-Verlag, Hannover.

S. 152: mit freundlicher Genehmigung von Dr. Martin Beblo, München.

S. 177: entnommen aus: Geschichte der Medizin, © 1993 by vgs verlagsgesellschaft, Köln.

S. 178: mit freundlicher Genehmigung der Firma BAYER LEVERKUSEN, Leverkusen.

S. 194: entnommen aus DER SPIEGEL Nr. 50/1992, S. 221 (Quelle der Daten: WHO); mit freundlicher Genehmigung des Wochenmagazins DER SPIEGEL, Hamburg.

Register

Geschichte der Medizin

Von der Antike bis zum Jahr 2020

Nancy Duin und Jenny Sutcliffe
mit einem Vorwort von Professor Hero van Urk

Humphrey Davy beglückte Anfang des 19. Jahrhunderts die vornehme Gesellschaft mit einer heiteren Entdeckung: dem Lachgas. In zeitgenössischen Berichten lesen wir von der ausgelassenen Stimmung der „Ätherpartys" – und von der verblüffenden Schmerzlosigkeit der Teilnehmer. Die moderne Anästhesie nahm ihren Anfang.

Medizinischer Fortschritt vollzog sich bisweilen über amüsante Umwege, in der Regel war er jedoch das Ergebnis eines hartnäckigen Kampfes gegen die verschiedensten Krankheiten und ihre Symptome. Die *Geschichte der Medizin* berichtet von großartigen Triumphen und tragischem Scheitern, von Kreativität und Phantasie ihrer zahlreichen Protagonisten, die dem Fortschritt dienten, angetrieben von aufopferungsvoller Selbstlosigkeit oder exzentrischer Selbstsucht: ein umfassender Überblick über den langen Weg von altertümlichen Heilmethoden und Instrumenten bis zu „Hightech"-Operationssälen und Gentechnik der Neuzeit.

vgs verlagsgesellschaft, Köln

Die Rückkehr der Seuchen

Ist die Medizin machtlos?

Prof. Dr. Hans Schadewaldt (Hrsg.)

Die großen Seuchen der Geschichte – wir glaubten sie längst besiegt. Aber: die Cholera grassiert heute in Südamerika, Afrika, weiten Teilen Rußlands und tritt inzwischen auch in Deutschland auf; nicht nur in den USA, sondern ebenso in Europa ist die Tuberkulose wieder auf dem Vormarsch; die Malaria-Fliege im Flughafen Tegel – eine wieder durchaus realistische Vorstellung.

Soziale Mißstände, Klimaveränderungen, Ferntourismus, Erreger-Resistenz sind nur einige Faktoren, die es den Seuchenerregern heute ermöglichen, sich wieder in der ganzen Welt zu etablieren. Welche Möglichkeiten hat die Medizin, die drohenden Gefahren zu bannen? Was kann der Einzelne tun, um sich zu schützen?

Erfahrene Wissenschaftler und Wissenschaftsjournalisten informieren über Erreger, Krankheitsentwicklung und Vorbeugemaßnahmen, eingebettet in kulturhistorische Aspekte, sozioökonomische Zusammenhänge sowie Ausblicke in die Zukunft der Seuchen: Pest, Lepra, Tuberkulose, Cholera, Fleckfieber, Gelbfieber, Malaria, Bilharziose, Schlafkrankheit.

vgs verlagsgesellschaft, Köln

Teufelskreis

Wenn Antibiotika krank machen

Geoffrey Cannon

Seit mehr als 50 Jahren genießen wir die durchgreifende Wirkung der Antibiotika. Als Wundermittel befreiten sie uns von Krankheiten, die noch Anfang dieses Jahrhunderts zahllose Opfer forderten.

Doch vielleicht ist unser Vertrauen zu groß: Nicht nur kehren vergessene Seuchen – trotz oder auch wegen der großzügig eingesetzten Antibiotika – in die „zivilisierte" Welt zurück, sondern die Wundermittel selbst können schwere Krankheitsbilder verursachen. Schaden Antibiotika manchmal mehr als sie nutzen? Können Antibiotika sogar krank machen?

Der Autor durchleuchtet kritisch, nicht polemisch, distanziert und präzise gängige Therapiemethoden und ihre möglichen Auswirkungen, den Zusammenhang von neuen, rätselhaften Erkrankungen mit der fortgesetzten Entwicklung neuer Medikamente sowie die Probleme des gesetzlichen Regelwerks medizinischer und pharmazeutischer Bestimmungen.

Mit einem Verzeichnis aller wichtigen und verfügbaren Antibiotika von A–Z.

vgs verlagsgesellschaft, Köln